Karl A. Frank

Sturm aus Atlantis

KARL A. FRANK

Sturm aus Atlantis

Das Abenteuer
einer neuen Urgeschichte

HOCH-VERLAG · DÜSSELDORF

Sämtliche Abbildungen: K. A. Frank. Nachgezeichnet nach Originalvorlagen, deren Herkunft jeweils bei den Bildern angegeben ist.

Meiner Frau

In Erinnerung an manches gemeinsam erlebte Abenteuer zwischen Bosporus und Schott el-Dscherid

ISBN 3-7779-0187-3
Schutzumschlag von Studio Schwarzat
Zeichnungen von Karl A. Frank

Gesetzt aus Garmond Times Roman
Druck: Hub. Hoch, Düsseldorf

Inhalt

Vorwort: Atlantis – warum immer noch ein Rätsel?

Um 1925 ging eine Notiz durch die Presse, wonach der spanische Professor GIL TORELOS denjenigen zum Erben seines Vermögens bestimmt habe, der die einstige Lage von Atlantis einwandfrei nachweisen könne. Bis heute befassen sich über 40 000 Druckwerke mit diesem Problem. Noch keinem Autor wurde jedoch das Erbe des Professors zugesprochen.

Es gibt vier Möglichkeiten, sich mit dem Atlantisproblem auseinanderzusetzen:

1. *Ablehnung:* Atlantis = »Roman« ohne historischen oder sonstigen wissenschaftlichen Wert. Dazu ein Zitat: »Gegenüber allen Lokalisierungsversuchen muß besonders energisch betont werden, daß sie (die Atlantis-Insel) *eine reine Fiktion ist, der keinerlei geschichtliche oder naturwissenschaftliche Kenntnisse zugrunde liegen.*« (KRÖNER, Wb. d. Antike 1955. – *Urteil* von EDUARD MEYER, Altmeister der antiken Geschichte, 1855–1930)

2. *Kompromißversuch:* Atlantis = Mischung aus »Dichtung und Wahrheit«. Nach dieser Ansicht, die in vielfachen Varianten auftritt, hat eine Insel Atlantis und ein Volk der Atlanter nie existiert. Was PLATON erzählt, ist eine philosophisch-politische Dichtung, die seine staatspolitischen Ideen verdeutlichen sollte. Um dem Bild einer fremden Kulturwelt einen realen Anstrich zu geben und es dadurch eindrucksvoller zu gestalten, bediente sich der Autor eines alten schriftstellerischen Tricks, indem er es in den Rahmen einer fingierten historischen Überlieferung spannte (Berufung auf SOLON und ägyptische Quellen). Dabei mischte er teils historische Vorkommnisse, teils mythische Anschauungen, teils auch geographische Kenntnisse seiner Zeit hinein.
Hierher gehören die drei jüngsten und noch heute lebhaft diskutierten Atlantistheorien von *Tartessos, Helgoland* und *Thera.*
Tartessos, das *Tarschisch* der Bibel, lag im Umkreis der jetzigen Guadalquivir-Mündung in SW-Spanien. Als Beherrscherin der Gold-, Silber- und Kupfergruben des eigenen Hinterlandes und als Umschlagplatz für das Zinn aus der Betragne und aus Wales war sie die mächtigste Handelsmetropole der Bronzezeit im fernen Westen. Nach Funden in den Bergwerken von Almeria wurde die Gegend schon im 3. Jahrtausend von den Schiffen der Kreter angelaufen; ihnen folgten um 1100 die Phöniker und Ende des 8. Jh. die ersten Griechen. Um 500 sperrten die Kar-

thager den Ausgang zum Ozean und zerstörten die unbequeme Handelskonkurrentin. Das geschah so gründlich, daß man trotz jahrelanger Grabungen bis heute noch keine Spur gefunden hat, die eine genaue Lokalisierung von Tartessos erlauben würde. Der deutsche Professor ADOLF SCHULTEN (1870–1960) sah in der strahlenden Gold-, Silber- und Bronzestadt das Urbild von PLATONS Atlantis. Den angeblichen Untergang der Atlantis-Insel deutete er als »mythischen Ausdruck« für die Zerstörung von Tartessos; als die Karthager dieses Kulturzentrum ausgelöscht und die Gibraltarstraße gesperrt hatten, war Tartessos so plötzlich und so völlig aus dem Gesichtskreis der Mittelmeervölker verschwunden, als habe es der Ozean verschlungen.
Östlich von *Helgoland* sucht der norddeutsche Pastor JÜRGEN SPANUTH den untergegangenen Königssitz der Atlanter. Nach seiner Theorie begruben im 13. Jh. v. Chr. riesige Sturmfluten weite Gebiete an der Nordsee unter sich, auch den sog. »Steingrund«, eine Untiefe, die ihren Namen umfangreichen Steinhaufen verdankt. Letztere sollen auch behauene Platten und wall-ähnliche Formen aufweisen. SPANUTH glaubt, sie als Reste der versunkenen Atlantisburg ansehen zu dürfen. Die Überlebenden der Katastrophe hätten süd- und südostwärts ganz Europa bis in die Mittelmeerländer durchzogen und mit letzten Ausläufern Ägypten erreicht, wo sie um 1200 vernichtend geschlagen wurden. Wenn bei PLATON von einem Kriegszug der Atlanter gegen Europa und Asien die Rede ist, so handelt es sich nach SPANUTH in Wirklichkeit um eine Erinnerung an den Angriff der sog. »Seevölker«, wie er in den Reliefs und Inschriften des Ramsestempels von Medinet Habu verewigt steht. (s. Anhang)
Die kleine, ringförmige Inselgruppe *Thera (od. Santorin,* 130 km nördl. Kreta) stellt die Reste eines Vulkankegels dar, der bei einem Ausbruch um 1525 v. Chr. in die Luft flog; das Datum läßt sich an Hand der Radiokarbontests in den Bodenschichten festlegen. Flutwellen von unvorstellbarer Wucht verwüsteten den gesamten Umkreis der Ägäis; Ausläufer überschwemmten noch das Nildelta und die phönikischen Seehäfen. Der verheerendste Stoß traf naturgemäß das frontal gegenüberliegende Kreta und vernichtete die dortige Hochkultur der minoischen Bronzezeit. Zahlreiche angelsächsische und griechische Gelehrte (u. a. MAVOR, LUCE, MARINATOS, GANELOPOULOS) glauben, daß das minoische Seereich mit seiner erzglänzenden Kultur sowie sein Untergang durch die Thera-Katastrophe den historischen Kern der »Atlantis-Legende« bilden; alles andere sei als »zeitliches und topographisches Rahmenwerk« PLATONS auszuschließen.

Eine Variante dazu stellt sich folgendermaßen dar:

»Man neigt heute dazu, die A.-Erzählung als freie Erfindung zu betrachten, in die allerdings durch Mißverständnisse unabsichtlich entstellte, vielleicht tatsächlich über Solon und Platon überkommene Reminiszenzen an die minoische Kultur und das wohl im 15. Jh. v. Chr. infolge eines katastrophalen Ausbruchs des Thera-Vulkans buchstäblich »untergegangene« kretisch-minoische Seereich eingeflossen sein mögen. Tatsächlich enthält vor allem der Bericht in Platons *Kritias* eine Reihe von Zügen, die sich im Licht neuerer archäologischer Entdeckungen sehr »minoisch« ausnehmen. Schließlich könnte sogar der Platon wohlbekannte Hafen von *Syrakus (Sizilien)* bei der Schilderung der inselhaften Hauptstadt von A. mit ihrem Binnen- und Außenhafen Pate gestanden haben. Völlig indiskutabel ist der von Platon angegebene Zeitansatz.« – (WARWICK BRAY u. DAVID TRUMP, A Dictionary of Archaeology 1970, dtsch. 1973 Edition PRAEGER München, Lexikon der Archäologie).

3. *Anerkennung:* Atlantis = historisch echte Aufzeichnung einer ägyptischen Überlieferung. Die Vertreter dieser Auffassung glauben an die ägyptische Quelle aus Sais, die über SOLON zu PLATON gelangte und von diesem in der vorliegenden Form aufgezeichnet wurde. Allerdings gingen die Phantasie, die kritischen Varianten und auch die Methoden der Forscher seltsame Wege. Als sich Amerika nicht als Indien, sondern als eine völlig neue Welt mit goldstrotzenden Hochkulturen erwies, vertrat schon 1553 der Spanier GOMARA die Ansicht, daß Atlantis oder wenigstens ein Teil des Timaiosberichts mit *Amerika* übereinstimme. Um die Mitte des vorigen Jahrhunderts führte man den Atlantisbericht auf eine Urentdeckung Amerikas durch die Phöniker zurück. Beide Theorien werden noch heute verfochten. Dort, wo Atlantis nach dem Urtext am ehesten hingehört, nämlich in der Gegend der *Azoren,* hat sie zuerst der deutsche Jesuitenpater und Naturforscher ATHANASIUS KIRCHER gesucht. In seinem 1665 erschienenen *Mundus Subterraneus = die unterirdische Welt* bezeichnete er die Azoren als die Berggipfel des versunkenen Kontinents, die noch aus dem Wasser ragen. Naturgemäß vereinigt diese Auffassung die meisten Anhänger auf sich. Vor einem Dutzend Jahren versuchte der Engländer EGERTON SYKES, mit Radargeräten die versunkene Stadt, die er in 3000 m Tiefe vermutete, zu orten und mit Hilfe von Wasserbomben etwaige Reste an die Oberfläche zu bringen. Von einem Erfolg der Bombardierung wurde nichts bekannt.

Seit dem Ende des 17. Jh. suchte man Atlantis in *Schweden, Südafrika, Spitzbergen, im Kaukasus, in Palästina, Attika, Brasilien, Mexiko, Sardinien, Persien, auf Cypern, in Nigeria, Britannien, im nördlichen Eismeer, auf Ceylon, in Zentralasien, Hinterindien, bei Helgoland, auf den Kana-*

ren und auf Dscherba in der Syrte, in Marokko, Neufundland, Irland, natürlich auch in Yukatan, dem Land der Maya, die zusammen mit den Tolteken in keiner Atlantis-Phantasie fehlen dürfen. Im August 1929 berief die »Gesellschaft für atlantische Studien« einen Kongreß nach Paris ein. Bei einem Vortrag in der Sorbonne behauptete ein Redner, Atlantis sei mit *Korsika* identisch. Ein Gegner dieser Theorie warf eine Tränengasbombe in den Saal. Redner und Zuhörer ergriffen weinend die Flucht; gelöst wurde das Problem damit freilich nicht. Gleich in der Nachbarschaft, bei *Ansedonia,* 110 km nördlich von Rom, wurden an der Felsküste Skulpturen entdeckt, große, aus dem Fels gehauene Löwen, die nach dem italienischen Archäologen CATTOI eine versunkene Stadt bewachen, die Atlantis gewesen sein soll. Sogar der Pazifik ist Schauplatz einer Atlantistheorie geworden, als man im *Marquesas-Graben* südwestlich von Peru gewaltige, angeblich von Menschenhand gefertigte Säulen unter Wasser fotografierte. Tatsächlich dürfte es sich um Lavaflüsse handeln, wie man sie aus der Fingalshöhle auf der schottischen Insel Staffa kennt; dort sind es sechseckige Säulenbündel.
Die vorläufig jüngsten Presseberichte (vom Juli 1973) zum Thema Atlantis besagen, daß eine Forschergruppe der PEPPERDINE UNIVERSITY OF LOS ANGELES vor dem spanischen Ozeanhafen Cadiz ein unterseeisches Plateau entdeckt habe, das angeblich 6000–7000 Jahre v. Chr. bewohntes Land gewesen war. Sechzehn Meilen vor der Küste lägen in 30 m Tiefe antike Säulen, Mauern und Straßen. Atlantis sei gefunden, die Bucht von Cadiz ein Teil des versunkenen Reiches . . .

4. *Theosophische Schau:* Atlantis = Ursonne aller menschlichen Kultur. Die Anhänger der sog. »Geheimlehre« glauben, das Atlantisrätsel teils durch okkulte Überlieferungen aus Indien und Tibet (ELENA BLAVATSKY und ihre Nachfolger), teils durch hellseherische Rückschau (u. a. EDGAR GAYCE, der »schlafende Prophet«) gelöst zu haben. Das Ergebnis ist ein – allerdings keineswegs einheitliches, vielfach schillerndes – Geschichtsbild, das den Atlantiden bereits vor Jahrhunderttausenden eine technische Zivilisation zuschreibt, die unserer heutigen überlegen war, z. B. Luftschiffahrt durch Aufhebung der Schwerkraft, Antriebsmittel durch ätherische Kraft, Todesstrahlen, Gedankenfotographie usw. Dazu tritt in neuerer Zeit die Theorie von der Landung außerirdischer Wesen, die ihre kulturellen Errungenschaften den ältesten Atlantiden vermittelten.

Alles in allem: ein Chaos von subjektiven Stellungnahmen, Theorien und Glaubenssätzen. Der Versuch, eine halbwegs objektive Bilanz daraus zu ziehen, grenzt an ein diplomatisches Kunststück:

»Atlantis, antiker Name einer sagenhaften Insel. Nach PLATON soll A. ›außerhalb der Meerenge‹ (von Gibraltar?), ›in der Gegend von Gades‹ gelegen haben und ›größer als Asien und Libyen zusammen‹ gewesen sein. Gestützt auf Angaben ägyptischer Priester verlegte er hierher das mächtige Reich, das ›9000 Jahre‹ vorher versunken sei. Die Frage nach der Lage von A. ist sehr umstritten. Mit größter Wahrscheinlichkeit ist es mit *Tartessos* in Südspanien gleichzusetzen; andere suchen es auf den Kanarischen Inseln, an der Nigermündung, an der Kleinen Syrte (Tritonsee), in Amerika oder in Skandinavien. Geologisch scheint eine derartige Versenkung westlich von Gibraltar als möglich. Die Annahme, A. habe an der Nordsee gelegen (SPANUTH), unterliegt heftiger Kritik.« – (BROCKHAUS Enzyklopädie 1966–74)

Atlantis – warum immer noch ein Rätsel? Hier meine Antwort: weil – soweit ich sehe – alle Atlantisforscher bereits mit einer subjektiven Einstellung, einer vorgefaßten Meinung an das Problem herangehen. So hat der negative Kritiker, und sei es auch nur unterbewußt, schon von vornherein die Absicht, zu beweisen, daß PLATONS Text keinerlei historischen Wert besitzt. Der Kompromißler handelt im Grund ebenso voreingenommen. Da blitzen z. B. vor dem Auge SCHULTENS, SPANUTHS oder der THERA-Vertreter gewisse Ähnlichkeiten des Atlantisberichts mit Tartessos, dem Zug der »Seevölker« oder mit der Vulkankatastrophe von Thera auf – und schon ist die vorgefaßte Einstellung geboren. Anschließend werden die Jahreszahlen bei PLATON um die entsprechenden Jahrtausende herabgesetzt und der Text solange zurechtgebogen, zurechtgestutzt und zurechtgedeutelt, bis er eben nach Tartessos, Helgoland oder Thera paßt. Was man nicht brauchen kann, fliegt als »romanhaftes Beiwerk« oder »mythische Umdeutung« PLATONS in den Mülleimer. Nicht viel anders machen es die Atlantis-Gläubigen; auch bei ihnen paßt schließlich der Urtext überallhin zwischen dem Nord- und Südpol. Das theosophische Atlantisbild schließlich entzieht sich jeder realen Quellenkontrolle und hat im übrigen mit PLATONS Überlieferung überhaupt nichts mehr gemein.
Das andere Extrem besteht in einer überspitzt kritischen Einstellung, einem Objektivitäts-Tick, möchte ich sagen, der viele Fachleute vor lauter Wenn und Aber, Fragezeichen und Vorbehalten, Fußnoten und Anmerkungen daran hindert, eine Entscheidung zu wagen und einen Standpunkt zu beziehen. Das gilt nicht nur gegenüber der Atlantisüberlieferung, sondern gegenüber den mythischen Traditionen überhaupt.

Wo zeigt sich ein Ausweg? Ich sehe nur einen: wieder von vorne anzu-

fangen, bei der Urquelle, beim Urtext selber, und diesen zunächst so anzunehmen, wie er dasteht. Leider sind die Ansätze zu einer solchen Arbeitsweise in den zuständigen Fachkreisen noch recht schüchtern:
»Noch kaum hervorgewagt hat sich bisher eine Forderung, man solle statt der früheren Hyperkritik (= übersteigerte K.) die gesamte Überlieferung so lange als richtig und glaubhaft annehmen, bis sich ihre Unglaubhaftigkeit herausstelle ... Soweit man bis jetzt darüber urteilen kann, muß man diese Methode wenigstens einmal versuchen.« – (KRÖNER WB. d. Antike, »Frühgeschichte«)
Nun, das habe ich in dem vorliegenden Buch getan. Ob und mit welchem Erfolg, darüber mag der Leser selber nach den letzten Seiten dieses Buches urteilen.
Allerdings sprechen die beiden Atlantisberichte im TIMAIOS und KRITIAS eine derart enorme Fülle von Stoff und Problemen an (Geologie, Geographie, Völkerkunde, Kulturgeschichte, Sprachforschung, Textkritik usw.), daß man nicht alles zusammen im Rahmen eines einzigen Buches erfassen oder gar lösen kann. Ich habe mich daher in diesem Band auf den sog. »Kurzbericht« im TIMAIOS konzentriert, der ja auch bei PLATON an erster Stelle steht.
Der »Großbericht« im KRITIAS ist Gegenstand einer weiteren Studie, die, wie ich hoffe, diesem ersten Atlantisband in absehbarer Zeit folgen wird.

Der Verfasser

Zur Einführung:

Der Atlantisbericht und die zeitgeschichtlichen Umstände in Ägypten bei Solons Besuch in Sais

Sturm aus Atlantis!

Nach unserem Kalender schreibt man die Zeit um 9600 v. Christus. Bei den »Säulen des Herakles«, den heutigen Felsen von Gibraltar und Céuta, sammeln sich Heerhaufen und Schiffsgeschwader von den Inseln und Randländern des Ozeans. Die Krieger blicken zur aufgehenden Sonne; nach Osten wollen sie ziehen: »voll Eroberungslust gegen ganz Europa und Asien«, heißt es in der griechischen Wiedergabe des alten ägyptischen Berichts.
Über die zahlenmäßige Stärke wissen wir nichts. Auf dem Vormarsch stoßen Scharen aus Tyrrhenien und Libyen zum Hauptheer, da die genannten Gebiete an den Gestaden des westlichen Mittelmeeres zum Machtbereich der Atlanter gehören. Der Bericht spricht von einer »gesamten vereinigten Streitmacht«. Wir müssen uns einen Wanderzug vorstellen: Krieger, Weiber und Kinder, Viehherden und Troß wälzen sich in abenteuerlichen Haufen durch die Steppen Nordafrikas dahin, während vor der Küste, parallel zu den Staubwolken der Marschierer an Land, die Ruderschiffe silberne Furchen durch die dunkelblaue See ziehen.
Leider ist der Haupttext nur zur Hälfte überliefert; wir haben auch keine Angaben über Dauer und Verlauf des Heereszuges. Doch eine kurze Umschau in der damaligen Landschaft und ihren archäologischen Schichten genügt, um ein lebendiges Bild des Atlantersturmes vor unseren Augen abrollen zu lassen. Tage, Wochen, Monate gehen dahin. Subtropische Gewitter, Überschwemmungen, lange Rasten zum Auffüttern der abgetriebenen Tiere, vom Feind gelegte Steppenfeuer und zahllose Scharmützel halten den Marsch auf; doch zum Stehen bringen sie ihn nicht.
Irgendwann sichtet die Vorhut einen blaugrünen Saum am Horizont. Das sind die Galeriewälder des Ur-Nil. Unabsehbar wie ein Meer strömt er vorüber. Schaumgekrönte Strudel gurgeln um Schlammbänke und Inseln, ehe sie in der trägen Hitze der Papyrussümpfe ermatten. Scharen von Wasservögeln schnattern. Flußpferde brüllen und schnaufen. Wasserbüffel stampfen sich Bahn durch das hohe Gras. Fische aller Art

wimmeln in den braunen Wellen. Weide, Wasser, Wild im Überfluß! Man baut Flechthütten aus Schilf, jagt und fischt. Die Schiffe setzen Menschen, Troß und Vieh über. Das allein dauert Wochen; denn der Strom ist breit und gewalttätig. *Aa = Adler* nennen ihn die Anwohner, wie uns schon älteste Texte verraten.
Von nun an biegt der Weg nach Norden. Tamariskengehölze, Palmenhaine, Zedernbrüche bedecken die Täler und Hügel von Kanaan und die Hänge des Libanon. In den versumpften Dschungeln Nordsyriens trompeten Elefanten. Vulkane rauchen auf dem Golan und Hauran. Nachts röten Waldbrände den Himmel; Rinnsale glühendflüssiger Lava sickern durch die Schluchten. In den schwarzen Pässen des Taurus und den Basaltwüsten Kleinasiens ist es nicht anders.
Der ganze Landstrich gehört zu dem Gebiet, in dem die Archäologie die bisher ältesten Spuren städtischer Kultur ausgegraben hat. Auf dem Hügel von Çatal Hüyük im nördlichen Taurusbogen reichen sie zurück bis über 6500 v. Chr., wobei die noch tiefer liegenden Schichten erst ihrer genauen Radiokarbon-Datierung harren. Die Ruinen von Jericho weisen sogar bis 8000 v. Chr. zurück; die untersten Mauerreste, die man bisher freilegte, sind nur um 1500 Jahre jünger als der Atlantersturm! Ortschaften werden geplündert, niedergebrannt, die Männer erschlagen, die Weiber und Kinder zum Vieh und Troß gesteckt. Manche unterwerfen sich freiwillig, liefern Proviant, bieten den Verwundeten und Kranken Obdach. Die Hirtenstämme im offenen Feld flüchten ins Hinterland, andere werden im Sog der Wanderung mitgerissen. Zusammen mit abenteuerlustiger Jungmannschaft aus den Siedlungen füllen sie die Breschen auf, die Kämpfe und Seuchen in die Reihen des Atlanterheeres geschlagen haben. Endlich – einige Jahre sind es wohl her seit dem Aufbruch von den »Säulen« – ist der riesige Bogen um das Mittelmeer vom Ozean bis zur Ägäis geschlagen. Während sich die Kriegshaufen zu Land an der zerklüfteten Küste Kleinasiens aufstauen, dringen die Schiffe von Süden her in diese merkwürdige Nebenbucht des offenen Meeres ein, aus der Inseln herausragen wie Kieselsteine aus einer seichten Pfütze. Und dort, in diesem ägäischen Raum, erleben die Atlanter und die unterwegs angegliederten vielsprachigen und vielrassigen Horden aus dem prähistorischen Afrika und Nahen Osten ihr »Stalingrad«. Auf der abendländischen Seite der Ägäis steht ein Volksstamm, der bereit ist, Widerstand zu leisten bis aufs Messer. Der Text beschreibt eine ringförmige Festung auf einem Plateau, einer Art niederem Tafelberg. Dieser bedeckt die ganze Fläche des späteren Athen, in dem die Zwischenräume zwischen den nachmals freiliegenden Felsen und Klippen (Akro-

Wanderzug (Fessan), Kriegsmarsch (Tassili), Kampf und Jagd (Grabplatte von Kom el-Achmar), Lager (Zelt oder Flechthütte, Uweinat-Gebirge) . . . diese Bilder könnte man geradezu für eine Illustration des Atlanterzuges verwenden. – (BRENTJES, SCHIFFERS, LHOTE)

polis, Pnyx, Areiopag usw.) noch mit Erd- und Geröllmassen aufgefüllt sind, die erst im Lauf der Zeit durch Erosion verschwinden.
Diese »Ur-Athener« haben ebenfalls Scharen aus der Nachbarschaft an sich gezogen. Das schier Unfaßbare geschieht: die Invasion der Atlanter, der bisher keine Macht der Erde standhalten konnte, wird zum Stehen gebracht, ja, ein kraftvoll geführter Gegenstoß wirft die Eindringlinge aus dem ägäischen Raum hinaus. Danach steigern sich die Heldentaten der »Ur-Athener« fast bis zur Legende: verstärkt durch Zulauf aus den unterjochten Stämmen, die sich gegen die atlantischen Zwingherrn erheben, drängen sie den Feind Schritt um Schritt zurück. Das ganze Kriegsgeschehen wiederholt sich durch neue Monate und Jahre, jetzt nur in umgekehrter Richtung bis zu den »Säulen des Herakles«, von woher die Eroberer einst aufgebrochen waren.
Die dramatische Wucht dieser Ereignisse kann nur noch durch den Eingriff einer übermenschlichen Macht übertroffen und abgeschlossen werden. Mit einem Male erbebt der Boden unter den Füßen der Kämpfenden, die Erdkruste klafft, Flutwellen stürzen über die Küste herein, und draußen im Ozean reißt ein ungeheurer Maelstrom die Insel Atlantis mit all ihrer Macht und Herrlichkeit in die Tiefe.
Weltkrieg und Weltkatastrophe vor 12 000 Jahren . . . Saga vom versunkenen Siebten Kontinent!
Größer als Asien und Libyen zusammen – d. h. als die den Ägyptern bekannten Küstenstriche der beiden Festländer – soll die Insel Atlantis gewesen sein. Ihr östlicher Rand lag nicht weit von den »Säulen des Herakles« entfernt. Durch hohe Berge vor den Polarwinden geschützt, gedieh eine üppige Pflanzen- und Tierwelt. Das Kernstück bildete eine weite Ebene. Schiffbare Kanäle teilten das Kulturland in ein Schachbrettmuster von Verwaltungsbezirken. Im Süden, mit dem Meer durch eine Zufahrt verbunden, lag die Hauptstadt.
Zwei mächtige Ringwälle umgaben sie. Die Mauern zeigten Ziermuster aus schwarzen, weißen und roten Steinen. Die Brustwehren, mit Kupferblech, Zinn- und Erzplatten beschlagen, funkelten in der Sonne. Zwischen den Ringwällen lagen Wassergräben; sie waren so breit, daß sie nicht nur als Schutzgürtel, sondern zugleich als Häfen und Werften dienten.
Auf dem inneren Hügel lagen Königsburg und Tempel, strotzend von Gold, Silber, Erz und Elfenbein; Eisen und Bronze kannten die Atlanter noch nicht. Eine kalte und eine warme Quelle bewässerten den heiligen Hain. Uralte Gesetze, vom Meeresgott Poseidon gegeben, beherrschten das staatliche Leben. Barbarisch-düstere Opferbräuche wurden vollzo-

gen. Eine straff organisierte Heeresmacht und Flotte sorgten für innere Ordnung und äußere Sicherheit. Das Reich erstreckte sich über Nordafrika bis an die Grenzen Ägyptens und im Mittelmeer bis nach Tyrrhenien. Nach Westen zu hatte man Kenntnis von einem riesigen Festland jenseits des Ozeans. Vorgelagerte Inseln erleichterten die Fahrt dorthin . . .
Das also war Atlantis, und alles, was übrigblieb, waren Massen von Schlamm, in die sich kein Schiff mehr hinauswagte, sowie zwei Berichte PLATONS in seinen Büchern TIMAIOS und KRITIAS.

Platon und Solon

PLATON lebte um 400 v. Chr. Er stammte aus dem Hochadel von Athen und war Dichter, Philosoph und Staatsmann. Seine Werke schrieb er meist in Dialogform; einigen gab er die Namen besonders hervorragender Gesprächsteilnehmer als Titel. Das erklärt die Überschriften der Bücher TIMAIOS und KRITIAS. Ersteres bringt (24 d–25 d) den *Kurzbericht* von Atlantis: Lage im Ozean, Nachbarländer, Kriegszug, Katastrophe. Das Buch KRITIAS (113 c – Schluß) enthält den *Großbericht* über Gestalt, Pflanzen, Tiere und Bodenschätze der Insel sowie Kultur und Staatswesen der Bewohner. Aus TIMAIOS 23 e und KRITIAS 111 a geht hervor, daß sich die Ereignisse 9000 Jahre vor SOLON, d. h. umgerechnet 9600 v. Chr. abspielten und 1000 Jahre später von den ägyptischen Priestern aufgezeichnet wurden.
Wie PLATON angibt, hat er die Geschichte von seinem Vorfahr erhalten, dem athenischen Gesetzgeber SOLON (um 600 v. Chr.). Dieser hörte sie in Ägypten, als er bei den Priestern der damaligen Hauptstadt Sais zu Gast weilte. Er machte sich Aufzeichnungen, um das Gehörte später für eine epische Dichtung zu verwenden, wohl nach dem Vorbild HOMERS, der in seiner Ilias und Odyssee ebenfalls historische Stoffe dichterisch gestaltete. SOLON kam nicht dazu, sein Vorhaben auszuführen, gab jedoch den Bericht, sei es schriftlich oder mündlich oder schon skizzenhaft überarbeitet, an einen Verwandten namens DROPIDES weiter, der ihn seinem Sohn KRITIAS DEM ÄLTEREN vererbte. Dieser überlieferte ihn seinem Enkel, ebenfalls einem KRITIAS, der zur Zeit PLATONS nach dem Peloponnesischen Krieg verschiedene hohe Ämter in Athen innehatte. Eben dieser KRITIAS tritt in den beiden oben genannten Dialogen als Sprecher auf und erzählt von Atlantis.

SOLON war ein Abkomme des alten athenischen Königsgeschlechtes der Medonthiden, weitgereister Kaufmann, Dichter, Politiker, Gesetzesreformer, zuletzt angesehener Gast bei König Kroisos von Lydien und dann bei den Priestern von Sais in Ägypten. Schon zu PLATONS Zeiten wurde er zu den Sieben Weltweisen gerechnet. Die ägyptischen Priester wiederum, besonders die der Göttin Neith von Sais, galten als Hüter uralten und geheimen Wissens.

Die saitische Renaissance

SOLON kam zu einer Zeit nach Ägypten, als sich dort gerade ein nationales Wunder vollzog, die sog. *saitische Renaissance.* Drei schwere Jahrhunderte der Zerrissenheit und Not hatte das Land hinter sich – daß eine Nation so etwas durchstehen kann, vermag ein Mensch unserer kulturell entwurzelten und politisch hysterischen Gegenwart schlechterdings nicht mehr zu begreifen. Um die Wende des 1. Jahrtausends v. Chr. rissen libysche Söldnerführer, deren Ahnen als Landsknechte aus dem heutigen Algerien und Tunesien an den Nil gekommen waren, die Krone an sich. Ein Berufsheer aus Libyern, Sarden, Asiaten und Negern ersetzte das alte Volksaufgebot. Solange diese Kriegshaufen etwas zu tun hatten, war alles gut, z. B. bei dem Raubzug gegen Jerusalem, wo sie aus dem Palast und Tempel nahmen, »was zu nehmen war . . . alle goldenen Schilde, die Salomon hatte machen lassen« (1. Kön. 14). Zu Zeiten des Nichtstuns hausten sie im eigenen Land wie nachmals die Wallensteiner in Böhmen.
Ägypten brach in seine zwei geographischen Hälften auseinander, das Niltal und das Delta, und beide zerfielen selbst wieder in kleine Stadtstaaten. Die Küste Palästinas ging an die Philister, die Seeherrschaft an die Phöniker von Tyrus und Sidon verloren. Der Nil stand niedrig, Hungersnöte brachen aus, an denen sich korrupte Beamte bereicherten. Wilde Streiks und Aufstände verzweifelter Bauern verwüsteten die Heimat. Räuberbanden brachen systematisch die Königsgräber bei Theben auf. Als einzige der etwa 30 Felsenkammern blieb das Grab Tut-ench-Amuns verschont, weil der Name dieses Reform-Herrschers als der eines Ketzers aus den Urkunden der Nekropole getilgt war und deshalb nicht aufgefunden wurde.
Im fernen Süden, wo der Nil seine S-förmige Schleife durch die Wüste zieht, vertrieben die eingeborenen Häuptlinge die ägyptischen Beamten und errichteten ein eigenes Reich mit der Hauptstadt Napata (im Su-

dan). Dann überrannten sie das Niltal in seiner ganzen ungeheuren Länge bis an die Schwelle des Deltas und gründeten um die Mitte des 8. Jh. v. Chr. die dunkelhäutige Dynastie von Kusch (Nubien, Äthiopien). Jetzt scharten sich die Gaufürsten des Unterlandes wieder um ihre alte Kriegsgöttin Neith von Sais; schon einmal hatte sie vor langer Zeit als Herrin eines Delta-Reiches im 4. und 3. Jahrtausend die Rote Krone von Unterägypten getragen. Doch nun war es zu spät. Fürst Tefnacht von Sais wurde geschlagen und verlor Memphis; sein Sohn Bekenranef, der letzte Verteidiger des Deltas, endete auf einem Scheiterhaufen des finsteren Kuschiten Schabaka.

670 drangen die Heere des assyrischen Großreiches in Ägypten ein. Sie wurden als Befreier begrüßt; auf ihrer Seite kämpfte und fiel Fürst Nekhau von Sais (griech. Nekos, Necho). Die »Befreier« blieben im Land; die Plünderung des heiligen Theben offenbart das ganze Ausmaß des nationalen Elends:

»Silber, Gold, Edelsteine, den ganzen Besitz seines Palastes, bunte Gewänder, Linnen, prächtige Pferde, Sklaven und Sklavinnen, zwei große Obelisken aus glänzender Bronze mit einem Gewicht von 2500 Talenten, die Tore des Tempels nahm ich von ihrer Stelle und brachte sie nach Assur. Eine ungeheure Beute von unschätzbarem Wert nahm ich aus Theben mit . . .« (Nach einer Siegesinschrift Assurbanipals).

Die ägyptischen Gaufürsten durften ihre Bezirke behalten, aber nur als Vasallen der Assyrer, der grausamsten Militärmacht der Antike. Wieder war es ein Fürst von Sais, Psametik (griech. Psammétichos), der sich gegen das Joch der früheren Verbündeten empörte. Als die Assyrer durch Kämpfe an den eigenen Landesgrenzen gebunden waren, schloß sich Psametik mit dem König Kroisos von Lydien zusammen. Dieser schickte ihm karische und jonische Söldner, und mit Hilfe dieser griechisch ausgerüsteten Legion jagte Psametik die feindlichen Besatzungen aus dem Land. Dann warf er die kleinen Nebenbuhler nieder und begründete 663 v. Chr. die Dynastie von Sais. Länger als ein Jahrhundert beherrschte sie das Reich am Nil und führte es zu seiner letzten Blüte empor.

Den jonischen und karischen Söldnern folgten bald Abenteurer und Reisläufer von den Inseln und aus Hellas selbst. Sie bildeten jetzt die Stützen des Thrones. An der Ausfallstraße nach Palästina gab ihnen Psametik ein Stück Land, das sie befestigten und *Stratopéda = Feldlager* nannten. Daneben entstand ein Markt *Daphne = Lorbeerstadt* (arab. Tell Defennet). So paradox es klingen mag: diese rohen Fremdenlegionäre bereiteten den Boden für einen großartigen Kulturaustausch zwischen Ägypten und der hellenischen Welt, aus dem sich eine ganz neue

Ära künstlerischer und geistiger Blüte entfaltete. Den Anfang machte Psametik damit, daß er junge Ägypter zu den Griechen entsandte, damit sie deren Sprache erlernten: »Diese sind die Vorfahren der heutigen Dolmetscher in Ägypten.« (HERODOT II 154)
Bei dem Söldnerlager von Daphne im Osten und oberhalb der kanobischen Nilmündung im Westen errichteten flinke Händler aus Milet für ihre Landsleute kleine Faktoreien, die schnell aufblühten. Sie besorgten erstmalig die Ausfuhr von Weizen und Baumwolle aus dem Stromtal, das zwei Ernten im Jahr hergab, und ließen durch einheimische Steinschneider und Fayencekünstler Schmuck und Amulette anfertigen, die ein gutes Exportgeschäft darstellten. Die Faktorei im Westen wuchs zu einer regelrechten Industrie- und Handelsmetropole heran und legte sich den Namen Naukratis zu: äg. *nu = Stadt* + griech. *kratýs = mächtig.*
Die höchste Steigerung erfuhr der wirtschaftliche und kulturelle Austausch mit Hellas, das sich seinem klassischen Höhepunkt näherte, unter Ahmose (griech. Amasis 569–525). Naukratis erhielt freie Verwaltung; hierhin lenkte der Pharao den anschwellenden Strom der Einwanderer aus jonischen und dorischen Städten, und von diesem Sammelbecken aus strahlten die griechischen Kaufleute zu anderen Knotenpunkten aus. Bis tief in die Wüste erstreckten sich Kolonien; in der Großen Oase (El Chargeh), sieben Tagemärsche von Theben entfernt, legten Kaufherren aus Samos einen Handelsplatz zu den Karawanenstraßen an, die in die Sahara hinausführten. Mit den Griechen von Kyrene schloß Ahmose ein Bündnis und nahm die dortige Griechin Ladike zur Frau.
Nicht alle Händler und Söldner kamen nur als Geschäftemacher und nur als rohe Kriegsknechte ins Land. In Naukratis lebte z. B. der Bruder der berühmten Dichterin Sappho als Weinhändler; der Dichter Alkaios, wie Sappho aus Lesbos, trat als politischer Flüchtling in die Legion der Söldner ein. Beide weckten den Geschmack gebildeter Ägypter an der griechischen Poesie; Lieder der Sappho finden sich sogar auf ägyptischen Papyri.
Kein Wunder, daß dieses Reich am Nil, das seit Jahrtausenden in steinerner Abgeschlossenheit alles Fremde von sich gewiesen und gleich einer ungeheuren Sphinx über seine Schätze und Geheimnisse gewacht hatte, nun sehr rasch auch das begehrteste Reiseziel der griechischen Gelehrten wurde: »Die weisesten Griechen, Solon, Thales, Platon, Eudoxos, Pythagoras . . . kamen nach Ägypten und pflegten mit den Priestern Lehrgespräche. Eudoxos soll den Chonuphis aus Memphis, Solon den Sonchis aus Sais, Pythagoras den Onuphis aus Heliopolis gehört haben . . .« (PLUTARCH de Is. 10)

THALES aus Milet, ein Zeitgenosse SOLONS (um 600) war Kaufmann, Philosoph, Mathematiker, Physiker, Astronom und Staatsmann. PYTHAGORAS aus Samos (um 550), Philosoph und Physiker, gilt als Begründer der wissenschaftlichen Mathematik. EUDOXOS aus Knidos (um 400) war Philosoph, Mathematiker und Astronom und hatte die erste Vorstellung von der Krümmung der Erdoberfläche.

Sonchis, der Gesprächspartner SOLONS in Sais, hieß äg. *Sonch = der Belebende.* Onuphis entspricht dem äg. *Un-neferu = der gut ist,* ein Beiname des Osiris. Chonuphis führt zurück auf den äg. Schöpfergott *Chnum.* Als PLATONS Lehrer wird anderweitig überliefert ein Sechnuphis, d. i. *Sichnum = Sohn des Chnum.*

Damit sind wir bei den Priestern und ihrer Bedeutung für das Leben im damaligen Ägypten angelangt.

In jenen voraufgegangenen Jahrhunderten der sozialen und politischen Verwilderung im Innern und des nationalen Niedergangs nach außen war es die Kaste der Priester, die dem Staat und Volk einen festen Halt zu geben trachtete. Das einzig geeignete Mittel dazu erschien ihr die Wiedererweckung des altüberlieferten, reinen Ägyptertums zu sein, die Rückbesinnung auf die große Vergangenheit. Als Vorbilder galten die klassischen Perioden des Alten und Mittleren Reiches, auch die ruhmvolle Zeit der Weltmacht unter der 18. Dynastie (1550–1350), in der Namen wie Amenophis, Thutmosis, Nofretete und Hatschepsut geglänzt hatten. Man begann, alte Texte abzuschreiben, und übernahm sogar die alte Orthographie. Die alten Statuen und Reliefs wurden restauriert und kopiert, die von Grabräubern erbrochenen Pyramiden ausgebessert. Zur Stufenpyramide von Sakkara, dem ältesten Steindenkmal Ägyptens, unternahmen die Lehrer mit ihren Schülern regelrechte Klassenausflüge. Die Beamten legten sich die Titel aus der Pyramidenzeit zu; am Hof lebte der alte Kult der Könige wieder auf.

Unter den saitischen Pharaonen, die das Land befreit, geeinigt und wieder stolz gemacht hatten, erreichte diese Tendenz ihren Höhepunkt. Mit Recht bezeichnet man die saitische Epoche als die *saitische Renaissance = Wiedergeburt der klassischen Vergangenheit.*

Freilich erstarrte sie bald zu einem formalen Archaismus; man kopierte z. B. alte Statuen so haargenau, daß die modernen Archäologen Mühe haben, sie zeitlich richtig einzuordnen.

Natürlich stürzte man sich jetzt auch mit verdoppeltem Eifer auf die alten Papyri, *und aus diesem Drang zum Studium der alten Überlieferungen entspringt auch die Wiederentdeckung der verschollenen Geschichte von Atlantis.*

Das »Haus des Lebens« in Sais

Bei dieser Arbeit kam der Priesterschaft zugute, daß sie sich im ganzen Land auf ein Netz von eigenen Forschungs- und Lehranstalten stützen konnte. An den Tempelbezirk jeder großen Stadt lehnte sich ein Gebäude, in dem »die Annalen aller Götter und Göttinnen« geführt und »die geheimen Schriften« aufbewahrt wurden. Es hieß *per-anch = Haus des Lebens* und bestand überall aus einem zentralen Raum, um den sich an den vier Seiten je eine schmale Kammer legte.

Ein Bauwerk solcher Art stellt im alten Ägypten immer ein Abbild des Weltgebäudes dar; seine Seiten sind kosmischen Mächten zugeordnet. Im Lebenshaus gehört der Fußboden dem Erdgott Geb, die Decke der Himmelsgöttin Nut. Über die Kammern nach Ost und West gebieten die Schwestern Iset und Nebthut (Isis und Nephtys) als Geleiterinnen der Morgen- bzw. Abendbarke der Sonne. Die Südkammer ist dem Lichtfalken Hor (Horus) geweiht, dem Herrn der geflügelten Sonnenscheibe. In der Kammer nach Nord herrscht Dhouti (Thot), der Mondgott, der alles sieht und alles weiß, auch im Dunkel der Nacht. Im zentralen Raum ist Usire (Osiris) gegenwärtig, der Gott des Sterbens und der Auferstehung, des großen Kreislaufs aller Dinge und Geschöpfe. Dazu gibt es noch allgemeine Vorsteher des Hauses; dieses Amt verwalten Chnum, Schöpfer der Lebewesen, Gott der Zeugung und Geburt, sowie die Göttin Seschat, die Erfinderin der Schrift, »Die zuerst geschrieben hat«, die »Herrin der Grundpläne und Schriften«.

Mit »Haus des Lebens« bezeichnet man auch die darin tätige Priesterschaft. Sie besteht aus Schriftgelehrten, die alle Überlieferungen der alten Zeit in sich aufgenommen haben und deshalb berufen sind, das Leben der Menschen danach auszurichten. Denn die heiligen Bücher, die hier gelesen, erklärt und weitergegeben werden, tragen für den Ägypter die geheimen Kräfte des Lebens in sich. Man erwartet vom Lebenshaus Hilfe und Auskunft, wenn das Nilhochwasser ausbleibt oder eine Seuche ausbricht. Nach Anweisung des Lebenshauses wird die Anlage von Tempeln und Königsgräbern vorgenommen. Es verfaßt Festgesänge und magische Texte zur Verklärung eines Verstorbenen, redigiert Zaubersprüche und Totengebete, prüft Tiere, z. B. den Apisstier, auf ihre Merkmale, ob sie Anwartschaft auf Heiligkeit und Verehrung haben . . . und so fort.

Mit diesem Überblick über die politischen und geistigen Zeitumstände können wir nun SOLON auf seinem Besuch im Lebenshaus von Sais begleiten.

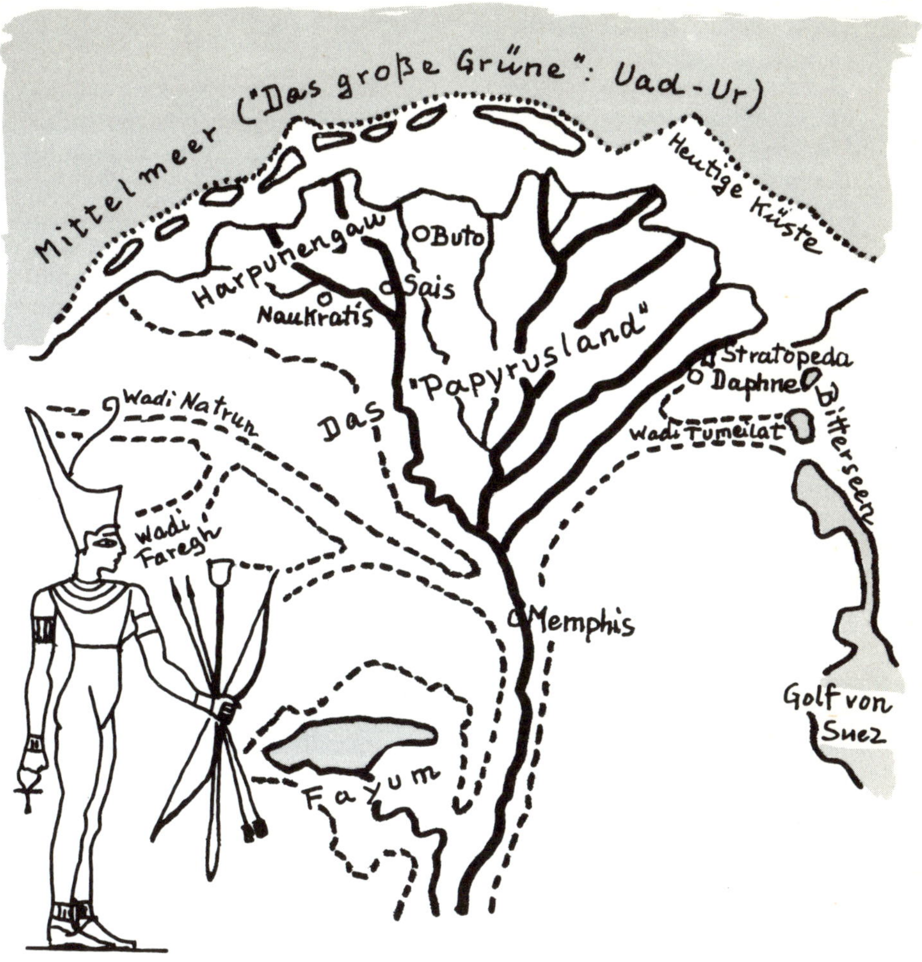

»Wo sich der Nil in seine Mündungsarme teilt, liegt das Gebiet von Sais. Sais ist die Hauptstadt der dortigen Gegend, und Sais ist die Stadt, aus der König Amasis stammt. Schutzpatronin dieser Stadt ist eine Göttin; auf ägyptisch heißt sie Neith, doch versichern die Leute von Sais, es sei keine andere Göttin als die, die wir Hellenen in unserer Sprache Athene nennen. Die dortigen Bewohner erklären daher, sie seien große Athenerfreunde und gewissermaßen mit uns stammverwandt. Dorthin kam nun SOLON, wie er erzählte, und wurde sehr ehrenvoll empfangen.
Als er aber dort war, führte er mit den meisten einschlägig bewanderten Priestern Gespräche, in denen es um die Vergangenheit ging, und dabei blieb ihm die Erkenntnis nicht erspart, daß er schlechterdings nichts von der Vorzeit wisse, und daß das auch für die anderen Griechen gelte.« (KRITIAS 21 e–22 a)

Der Raum, den SOLON betritt, ist der zentrale Raum des Lebenshauses. Er empfängt kein Licht von außen. Unter der blauen, goldgestirnten Decke hängen Lampen. Die Ölflämmchen werfen ihren Schimmer durch laternenartige Gebäude aus Papyrus. Das bräunlich gedämpfte Licht strahlt tiefe Ruhe aus. In den vier Ecken stehen große, rotbraune Tonkrüge mit Nilwasser. Die Wände der Gefäße sind porös, so daß das Wasser in winzigen Tröpfchen nach außen durchschwitzt und durch seine Verdunstung eine angenehme Kühlung der Luft bewirkt. Die Zimmerwände verschwinden hinter Regalen. Zylindrische Behälter aus Kupfer glänzen in den Fächern. Es sind viele Hunderte, jeder mit einem Etikett versehen, das den Inhalt bezeichnet. Diese Behälter schützen die Schriftrollen. Viele von diesen liegen schon seit ungezählten Menschenaltern hier. Vor den Regalen stehen Tische mit offenen Papyrusrollen, Tintenfässern und Schreibrohren. Weißgewandete Priester mit glattgeschorenen Schädeln erheben sich von den Sitzen.
Eine leicht brüchige, doch in der Stille des Raumes deutlich vernehmbare Stimme spricht einige Worte. Sie klingen wie eine mehrmals wiederholte Formel. Die Stimme gehört einem Greis. Er lehnt in einem Sessel an der rückwärtigen Wand. Die Hände, halb zum Gruß erhoben, sinken auf die Knie zurück und bleiben dort ruhen, gelblich auf dem weißen Leinen des Gewandes, mit blauen Adern auf den Handrücken. Der Schädel des Alten ist glattrasiert. Die eingesunkenen Schläfen und hohlen Wangen werfen dunkle Schatten. Die gekrümmte Nase tritt scharf hervor. Doch die Augen, die tief in den Höhlen liegen, funkeln im Schein der Lampen sehr lebendig, und sie sind so hell und blau, wie sie SOLON auf bemalten Statuen der Neith schon bewundert hat.
Der Greis ist SONCH, der Oberpriester und ein uralter Mann, wie es im Text heißt *(eu mala palaiós = gar sehr, überaus alt)*.
Der Priester, der dem Griechen als Dolmetscher dient, neigt sich zum Ohr des Besuchers und übersetzt die Grußworte des Greises: »In Frieden, in Frieden, mein lieber Sohn, in Frieden viele Male! Deine Seele kenne den Weg, der ins Jenseits führt!«
Die anderen Priester verneigen sich, indem sie die Hände bis vor die Knie herabhängen lassen, und murmeln im Chor: »Du mögest leben, du mögest wohlbehalten sein, du mögest gesund sein!«
SOLON erwidert die Grußformeln mit ernster Liebenswürdigkeit und erkundigt sich nach dem Befinden seines Gastgebers. Der Greis lauscht aufmerksam und läßt durch den Dolmetscher antworten: »Ich lebe heu-

te, aber das Morgen ist auf den Händen Gottes!« Und die anderen Priester murmeln wieder: »Gesundheit, Leben, Wohlergehen!«
Für diese erste Begegnung bleibt es bei den stereotypen Formeln der Ägypter und bei einigen Fragen nach Dauer und Art der Reise, nach den Eindrücken von der Stadt und dem Tempelbezirk; ob ihm die Hitze keine Beschwerden bereite; ob er gut untergebracht sei . . .
Nach kurzer Zeit zieht sich SOLON zurück. Tage vergehen. Man führt den Gast durch die Bibliothek; auch die Seitenkammern um den Mittelraum bergen in ihren Regalen ungezählte Schriftrollen. Aber ein Gespräch über die Geschichte von den Anfängen der Menschen und ihrem Werdegang, wie es SOLON herbeiführen wollte, kommt nicht zustande. Da beschließt der Athener, das Thema von sich aus anzupacken:
»Um die Priester zum Reden zu bringen«, sagt der Text, »begann er zu erzählen, was man bei uns (in Hellas) für die allerälteste Überlieferung hält: von Phoroneus, dem angeblich ersten Menschen, von Niobe sowie von Deukalion und Pyrrha, die als einzige die Große Flut überlebt hätten. Er zählte ihre Nachkommen auf, überschlug die Zahl ihrer Lebensjahre und versuchte so, eine Zeitbestimmung der Geschehnisse zu bekommen, von denen er sprach . . .«
Bei der Erwähnung der Großen Flut hatte sich SONCH in seinem Sessel plötzlich aufgerichtet. Nun sagte er:
»Ach, Solon, Solon! Ihr Hellenen seid doch nur Kinder! Einen Griechen, der alt ist, gibt es nicht!« – »Was soll das heißen?« wollte Solon wissen. – Darauf der Alte: »Ich meine, daß ihr alle dem Geist nach jung seid. Nichts von alldem, was ihr denkt, beruht auf althergebrachtem Wissen. Warum das so ist, kann ich dir sagen: immer wieder hat es aus den verschiedensten Ursachen Katastrophen gegeben, die ganze Länder entvölkerten, und immer wieder wird es solche Katastrophen geben. Als besonders gefährliche Naturgewalten haben sich Feuer und Wasser gezeigt . . .« (TIMAIOS 22 a–c)
SONCH erinnerte seinen Gast an dessen eigene Volksüberlieferung von einem Weltenbrand, als Phaeton versucht hatte, den Sonnenwagen seines Vaters Helios zu steuern, ihn aber nicht auf der vorgeschriebenen Bahn halten konnte und der Erde zu nahe kam. Das höre sich wie eine Sage an, gehe aber auf ein wirkliches kosmisches Ereignis zurück. Ebenso gab es immer wieder Sintfluten, die riesige Zerstörungen anrichteten. Zum Unterschied von anderen Ländern blieb Ägypten jedoch von solchen Verwüstungen verschont und konnte deshalb die Erinnerung an alle Ereignisse dieser Art bewahren und weitergeben:
»Und was immer bei euch, bei uns oder in anderen uns bekannten Län-

dern geschehen ist – sofern es bedeutend und erwähnenswert war: wir haben es seit eh und je in unseren Tempeln aufgezeichnet und diese Aufzeichnungen bewahrt. Ihr dagegen und die Bewohner anderer Länder: ihr hattet immer gerade erst lesen, schreiben und was sonst ein kultivierter Mensch braucht, gelernt, da stürzte wieder . . . die Flut vom Himmel und ließ nur diejenigen am Leben, die nicht schreiben konnten und unwissend waren. So seid ihr gleichsam wieder ins Kindesalter zurückgefallen und mußtet von vorne anfangen. Was sich in der Vergangenheit ereignet hatte, blieb euch fremd, sei es unsere oder eure eigene Geschichte. Die Verzeichnisse der Geschlechter, mein lieber SOLON, die du hier vor uns durchgegangen bist, sind also nicht mehr wert als Kindermärchen. Ihr erinnert euch nur an eine einzige Flut, und doch gab es vorher schon viele andere. Ihr wißt nicht, daß dort, wo ihr heute wohnt, ein Volk gelebt hat, von dessen hervorragenden Eigenschaften man gar nicht genug berichten kann. Du, SOLON, und deine Mitbürger, ihr stammt von diesem Volk ab, von dem ein kleiner Zweig den Untergang der anderen überlebte. Und warum ist euch das alles unbekannt? Weil die Überlebenden viele Menschenalter hindurch nicht das geringste Schriftzeugnis hinterließen.« (TIMAIOS 23 a–c)
Der greise Priester machte eine kleine Pause, als wolle er seinem Zuhörer Gelegenheit geben, das innere Gleichgewicht wiederzufinden, um die noch kommenden Enthüllungen fassen zu können. Dann fuhr er fort: »Vor der furchtbarsten Flut, die je die Erde heimsuchte, gab es eine Zeit, da tat die Stadt, die heute den Athenern gehört, sich im Krieg vor allen anderen hervor, und kein Staat war so hervorragend geordnet wie der der Athener . . .«
In PLATONS Aufzeichnungen heißt es nun weiter: »SOLON erzählte, er habe sich über all das gewundert und die Priester inständig gebeten, ihm genau und der Reihe nach von diesen früheren Bewohnern seiner Heimatstadt zu berichten. – Gern will ich dir von ihnen erzählen, habe der Priester geantwortet, nicht nur dir, sondern auch deiner Heimatstadt zuliebe. Vor allem aber wegen der Göttin, die gemeinsame Schutzpatronin, Herrin und Lehrmeisterin unserer beiden Städte ist . . .«
Damit meinte SONCH die griechische Athene und die libysche Neith von Sais, die beide als die gleiche Person galten. Nach einem Exkurs über die staatliche Ordnung der Ur-Athener kam SONCH zum Hauptteil seines Vortrages, dem ersten Bericht über Atlantis. Wir nennen ihn den *Kurzbericht von Atlantis,* eine Art erste Übersicht vor den längeren Ausführungen, die erst später nachfolgten:

»Viele große und wunderbare Taten berichten unsere Aufzeichnungen von eurem Staat. Eine Tat jedoch übertrifft an Größe und Mut alle andern. Unsere Berichte bezeugen, welch einer großen Macht euer Staat ein Ende bereitet hat – einer Macht, die aus Eroberungslust draußen vom Atlantischen Meer her gegen ganz Europa und Asien angestürmt war. Damals war der Atlantische Ozean noch schiffbar. Vor der Meerenge, die ihr die Säulen des Herakles nennt, lag eine Insel. Sie war größer als Asien und Libyen zusammen; von ihr konnte man zu anderen Inseln übersetzen, von denen man schließlich zu dem jenseitigen Festland gelangte, das jenen wahren Ozean begrenzt. Das Meer innerhalb der Meerenge (von Gibraltar) gleicht nämlich eher einer Hafenbucht mit schmaler Einfahrt (Mittelmeer); jenes andere Meer dagegen ist der wahre Ozean, und das jenseitige Land, das diesen umgibt, verdient zu Recht die Bezeichnung Festland. Auf dieser Atlantischen Insel gab es ein mächtiges und bewundernswertes Königtum. Es herrschte nicht nur über die Insel, sondern auch über viele andere Eilande und über Teile des (jenseitigen) Festlandes; sogar innerhalb der Säulen des Herakles erstreckte sich seine Macht über Libyen bis Ägypten und über Teile Europas bis nach Tyrrhenien. Diese gesamte vereinigte Macht versuchte, mit einem einzigen Stoß euer und unser Land sowie alles, was sich innerhalb der Säulen des Herakles befand, zu unterwerfen. Doch da wurde offenbar, welche Tapferkeit und Kraft eure Stadt, SOLON, zu entwickeln vermochte. Allen an Mut und Waffentechnik voran, war sie die Vorkämpferin aller Hellenen. Ja, als alle ihre Mitstreiter sie im Stich gelassen hatten, überstand sie, allein auf sich gestellt, die äußerste Gefahr, triumphierte über die Feinde und bewahrte alle, die noch nicht versklavt waren, vor dem Joch der Knechtschaft. Sie befreite sogar noch alle anderen innerhalb der Säulen des Herakles. Doch später geschahen gewaltige Erdbeben und Fluteinbrüche. An einem einzigen Tag und in einer Nacht voller Schrecken wurden eure Krieger von der Erde verschlungen, und ebenso verschwand die Insel Atlantis in der Tiefe des Meeres. Daher ist die See dort unwegsam und unerforscht; denn schlammige Untiefen halten dort die Schiffe auf, und dies kommt davon, daß dort jene Insel versunken ist.« (TIMAIOS 24 d–25 d)

Soweit der Kurzbericht im Buch TIMAIOS. Er stellt uns vor drei Problemgruppen:

1. Atlantis-Insel im Ozean mit Herrschaftsbereich über die Randländer des westlichen Mittelmeerbeckens;
2. Atlanterkrieg im gesamten Mittelmeerraum zwischen den »Säulen

des Herakles« und Attika: Angriff, Niederlage und Rückzug der Atlanter; Nachstoßen der »Ur-Athener« bis zum Ozean.
3. Geologische Katastrophe mit umwälzenden Folgen.

Ein Imperium solcher Ausdehnung sowie derart umfassende und gewaltsame Ereignisse müssen, falls sie tatsächlich existiert und stattgefunden haben, auch noch im Gedächtnis anderer Völker haften geblieben sein (selbst wenn der alte SONCH mit dem Stolz der ägyptischen Priesterkaste der übrigen Menschheit die Fähigkeit zu einer kontinuierlichen Tradition bis in die Vorgeschichte hinein abspricht).
Gibt es also gleiche oder ähnliche Überlieferungen noch irgendwo?
Ja, es gibt sie.

Die libyschen Atlantis-Berichte aus Alexandria und ihre Problemstellung

Als eines ihrer Hauptargumente führen die Atlantisgegner ins Feld, »daß bis PLATON keine Atlantissage existierte, weder in der voraufgehenden Literatur, noch im Volksglauben, daß somit unser Philosoph der einzige Bürge der Erzählung ist, wie sie vorliegt.« (DEMM)

Das Gegenteil trifft zu. Unabhängig von PLATON gibt es noch mehrere und umfangreichere Berichte, die von gewaltigen Angriffen aus dem ozeanischen Westen bis in den ägäischen Raum, von ihrem Zusammenbruch und von geologischen Großkatastrophen erzählen; nur hat man eine Parallele zum Atlantisbericht PLATONS abgestritten oder gar nicht erst erkannt.

Die drei wichtigsten Traditionen, in denen die Atlanter sogar direkt mit ihrem Namen angesprochen werden, stammen aus der weltberühmten Bibliothek des einstigen Museums von Alexandria.

Unter Museum (griech. *muséion = Haus der Musen, d. h. der Künste und Wissenschaften*) verstand man in der Antike nicht eine öffentliche Sammlung und Ausstellung von Kunst- und anderen Gegenständen, sondern ein wissenschaftliches Forschungsinstitut. Den höchsten Ruf besaß das Museum von Alexandria, das von Ptolemaios I. (322–285) gegründet worden war. Es bestand aus einer ganzen Anzahl von Gebäuden, in denen sich, wie bei den Palästen, griechischer Geschmack und orientalischer Prunk zu einem neuen, hellenisch-ägyptischen Monumentalstil vereinten. Eine Wandelhalle, eine Sitzhalle und ein großer Trakt, in dem sich die Wohnungen und der gemeinsame Speisesaal der am Museum tätigen Gelehrten befanden, bildeten den allgemeinen Teil. An ihn schlossen sich die wissenschaftlichen Anlagen an: botanische und zoologische Gärten, astronomische Observatorien mit riesigen Meßgeräten aus Stein und Bronze, ferner eine Anatomieschule, ausgestattet mit den Mitteln zur Sezierung des menschlichen Körpers, und endlich die Bibliothek, die größte Büchersammlung der Antike.

Im 2. Jh. v. Chr. kam der Geschichtsschreiber DIONYSIOS VON MYTILENE nach Alexandria, um aus dem unerschöpflichen Material, das ihm die Bibliothek bot, eine Art Handbuch der Götter- und Heldensagen zusammenzustellen, dem er den Titel *Kyklos = Kreis* gab. Er arbeitete mit einer solch zähen Beharrlichkeit, daß man ihm den Spitznamen *Skytobrăchion = Leder-Arm* anhängte, im Hinblick auf den unermüdlichen Gebrauch dieses Armes beim Abschreiben.

Einige der Papyri, die er bei seiner Arbeit aufstöberte, beriefen sich auf uralte Nachrichten aus Libyen; die Verfasser dieser Aufzeichnungen waren zur Zeit der Alexandriner selber schon legendäre Persönlichkeiten geworden. Von diesen ältesten Gewährsmännern werden zwei mit Namen genannt: der Sänger LINOS, dem eine Aufzeichnung in phönikisch-pelasgischen Buchstaben zugeschrieben wird, sowie ein gewisser TIMOITES. Letzterer soll in grauer Vorzeit Libyen durchwandert und die Erzählungen der Eingeborenen über ihre Geschichte niedergeschrieben haben. Die Notizen verarbeitete er in seinem sog. *Phrygischen Gedicht,* und zwar ebenfalls »in altertümlicher Sprache und Schreibweise« (DIODOR III 67). Zu den Quellen unseres Abschreibers gehört vermutlich auch eine damals 300 Jahre alte Weltchronik, die ein gewisser XANTHOS, genannt DER LYDER, in griechischer Sprache unter der Regierung des Perserkönigs Artaxerxes verfaßt hatte (um 450). Im Jahre 47 v. Chr. griff Caesar in die Thronwirren zwischen Kleopatra und ihrem feindlichen Bruder ein. Feuer und Schwert wüteten durch die Straßen; der Seewind entfesselte die Brände zu einem Flammenmeer, und mitten in der rasenden Lohe versank das Museum mit der gigantischen Büchersammlung der Ptolemäer. Zu dieser Unglückszeit umfaßte die Bibliothek 700 000, nach anderen sogar 900 000 Bücher. Mehr als 400 000 von ihnen verglühten in ihren Lederhülsen oder schmelzenden Kupferzylindern zu Asche, fast eine halbe Million Papyrus- und Pergamentrollen, viele von ihnen schon Jahrhunderte alt. Ihren unersetzlichen Inhalt kennen nur noch die Götter.

»Bücher haben ihre Schicksale«, sagt ein römisches Sprichwort. In unserem Fall bilden diese Schicksale eine wahrhaft abenteuerliche Kette von Glücksfällen. Die längst verschollenen phönikisch-pelasgischen und phrygischen Manuskripte hatten auf dem Umweg über uralte Ab- und Umschriften unbekannter Griechen endlich eine Heimstatt in der Alexandriner Bibliothek gefunden. Bevor sie dort in der Feuersbrunst des Jahres 47 verbrannten, hatte DIONYSIOS LEDER-ARM große Ausschnitte für seinen *Kyklos* abgeschrieben, die auf diese Weise die Brandkatastrophe überlebten. Irgendwann gingen auch diese Auszüge verloren, doch nicht, bevor ein anderer wiederum einige Kapitel ausgewählt hatte. Dieser andere war der griechische Geschichtsschreiber DIODOROS (abgek. DIODOR). Er lebte unter der Herrschaft Caesars und des Kaisers Augustus um die Mitte des 1. Jh. v. Chr.; nach seiner Heimatinsel hat er den Beinamen SICULUS = der Sizilier. Innerhalb der Grenzen des römischen Imperiums bereiste er weite Teile Europas, Asiens und Afrikas und trug in dreißigjähriger Arbeit den Stoff zu seiner Weltgeschichte zusammen, die er *Historische Bibliothek* nannte. Von den 40 Büchern sind 25 verschollen oder nur in kleinen Bruchstücken erhalten.

Das letzte Glied in der Kette der Glücksfälle bedeutet es, daß sich unter den erhalten gebliebenen Büchern auch das 3. Buch befindet. Dieses befaßt sich ab Kapitel 49 mit der Geographie, Völkerkunde und Vorgeschichte Libyens, d. h. des nördlichen Afrika zwischen Nil und Ozean, und überliefert uns genau die Auszüge DIODORS aus dem verlorenen *Kyklos* des DIONYSIOS LEDER-ARM, die ihrerseits auf die archaischen Urschriften des LINOS und TIMOITES zurückgehen und das entscheidende Material für die Bestätigung der Atlantiserzählung liefern.

Da ist der Sturm der *Amazonen vom Tritonsee* (Schott el-Dscherid), eines Libyervolkes mit mutterrechtlicher Sozialstruktur, unter ihrer Königin *Myrine,* von der auch HOMER zu berichten weiß. Sie kämpfen mit anderen Libyern und mit den *Atlantern am Ozean,* verbünden sich dann mit ihnen und fallen über die *Gorgonen* her, einen ebenfalls matriarchalen Libyerstamm. Der anschließende Zug führt nach *Ägypten,* wo Myrine mit König *Horus* ein Bündnis abschließt. Vom Nil aus stürmt das Heer, nunmehr aus Amazonen, Libyern, Atlantern und Ägyptern bestehend, bis hinauf nach *Kleinasien.* Am *Kaikos,* einem Flüßchen, das südlich von Lesbos in das Ägäische Meer mündet (türk. *Bakyr-tschai = Kupfer-Fluß*), kommt der Vorstoß zum Stehen. Bei dem Zusammenprall mit wandernden Kriegshaufen aus Thrakien und Skythien fallen Myrine und der Großteil ihres Heeres. Der Rest flutet nach Libyen zurück. Später werden die Amazonen und auch die Gorgonen – als *Medusa* deren Königin war – von Herakles auf seinem Zug nach Westen geschlagen. Dann ereignen sich *große Erdbeben, die das Land bis zum Ozean hin zerreißen und den Tritonsee verschwinden lassen.*

Der zweite Bericht ist den *Atlantern* gewidmet. Wir erfahren von einem ersten König *Uranos,* der sein Volk zu hoher Kultur emporführt und wegen seiner Gestirnskunde nach seinem Tod als Himmelsgott verehrt wird. Später treten die Atlanter unter dem Namen *Titanen* auf. Wir lernen ihren König *Kronos* und eine ganze Liste nachfolgender Herrscher und Herrscherinnen kennen. Diese Titanen = Atlanter spielen als Angreifer vom ozeanischen Westen her in der folgenden Geschichte eine gefährliche Rolle.

Davon handelt der dritte Bericht. Held darin ist der *libysche Dionysos.* Wir können vorwegnehmen, daß er kein anderer ist als der *Osiris* der Ägypter. Das Thema ist um so interessanter, als moderne Historiker bereits annehmen, daß Osiris tatsächlich ein prähistorischer Herrscher und Kulturbringer gewesen ist, der später vergöttlicht wurde. Dionysos kam als außerehelicher Sohn des Häuptlings *Ammon von Siwa* und einer libyschen Fürstin aus der Gegend des heutigen Tunis zur Welt. Die rechtmäßige Gattin war *Rhea* od. *Rheia,* Tochter des Königs Uranos und Schwester des Kronos, eine Atlanterin-Titanin. Um das Kind vor ihrem Haß zu schützen, brachte es Ammon auf eine abgelegene Insel *Nysa* im Tritonfluß (Wed Igharghar) wo es unter der Obhut der Einwohner und dem Schutz der Athene aufwuchs. Diese »libysche Athene« ist keine andere als die libysche Kriegsgöttin Neith. Rhea verließ ihren Gatten und bewog ihren Bruder Kronos zu einem Rachefeldzug. Ammon wurde vertrieben und flüchtete nach Kreta.

Dionysos, inzwischen erwachsen, sammelte in Nysa eine Kriegerschar, dem sich die benachbarten Libyer und die Amazonen vom Tritonsee anschlossen. Die Wüstensteppe wurde abermals zum Schauplatz wilder Kämpfe. Siwa ging in Flammen auf, doch unterlag schließlich Kronos und wurde gefangen. Dionysos zog nach Ägypten und brachte den Bewohnern viele Kulturgüter. Er zog auch nach »Indien«; gemeint ist aber nicht der heutige Subkontinent im Schatten des Himalaya, sondern eine Landschaft in Kleinasien. Unterdessen hatten sich die Atlanter-Titanen erneut gesammelt und waren nach Kreta übergesetzt, um dort den Ammon endgültig niederzuwerfen. Doch dieser erhielt Hilfe aus Ägypten und von Dionysos. Die Entscheidungsschlacht auf Kreta endete mit der völligen Niederlage der Atlanter-Titanen.

Soweit die libyschen Traditionen aus DIODORS 3. Buch. Einige Ergänzungen bringen die Bücher 1 und 4. Die Kulturtaten des Osiris stimmen im ganzen mit denen des libyschen Dionysos überein; beide Namen bezeichnen ja ein und dieselbe Person. Zu der Erdbebenkatastrophe am Tritonsee (III 55) tritt die Überlieferung von der *Trennung der vorher zusammenhängenden Erdteile Europa und Afrika in der Gegend von Gibraltar* durch Herakles. Die Sage vermeldet, daß der gewalttätige Held im libyschen Westen *die beiden Festländer auseinandergerissen habe* (IV 18).

Fassen wir das eben Gelesene zusammen, dann haben wir einen kompletten und zudem wesentlich ausführlicheren Parallelbericht zum TIMAIOS vor Augen:

Atlanter in den Ländern am westlichen Ozean; Großangriffe aus diesem ozeanischen Westen über Ägypten bis in den Raum der Ägäis; Niederlage und Rückzug nach Libyen; dort nach weiteren schweren Kämpfen Untergang in gewaltigen Erdkatastrophen.

Welche Probleme stellen sich nun?

Wir müssen nachweisen, daß die Erzählungen vom Amazonensturm und

von den Atlantern sowie die bunten Kapitel des Dionysos-Osiris-Zyklus auf echten geographischen Grundlagen beruhen und historische Ereignisse wiedergeben[1]). Gelingt dieser Nachweis, dann ist auch PLATONS Atlantisbericht historisch echt – zumindest, soweit es sich um die Themen im TIMAIOS handelt.
Die erste Frage stellt sich nach dem Schauplatz:
Bot die damalige Umwelt des Mittelmeeres, vor allem das Gebiet der heutigen Sahara, überhaupt den nötigen Lebens- und Bewegungsraum für eine höhere Kulturentfaltung und für derartig geballte geschichtliche Abläufe?

[1]) Den ersten Versuch in dieser Richtung wagte der Deutsche KIRCHMAIER, der auf Grund des DIODOR-Berichts die Atlantis in Afrika zu finden glaubte (Exercitatio de Platonis Atlantide, Wittenberg 1685). Bei dem damaligen Stand des historischen, geographischen und geologischen Wissens war diese Absicht von vornherein zum Scheitern verurteilt.
Einen ähnlichen Entschuldigungsgrund kann das Werk eines gewissen KNÖTEL (Atlantis und das Volk der Atlanten, Leipzig 1893) nicht mehr für sich geltend machen. Der Verfasser behauptet, das Atlantervolk stamme von einer aus Chaldäa verbannten Priesterkaste ab. Unter ihrem König Atlas, dem Sohn des assyrischen Königs Uranos, schloß sich – so heißt es weiter – diese unkriegerische, der Mystik, Mathematik und Astronomie ergebene Sekte einer großen phöniko-arabischen Völkerwoge an und wanderte mit dieser in Nordafrika ein. Dort gründete sie im Westen des Kontinents ein mächtiges Reich, entfaltete eine großartige Kulturtätigkeit und entdeckte im Verlauf ausgedehnter Handelsfahrten in früher Zeit auch Amerika. In dem letzteren erblickt KNÖTEL die große Meerinsel Atlantis.
Dazu kann man nur kopfschüttelnd sagen, daß es wohl nichts gibt, was man nicht schon aus den antiken Texten herausgelesen hat. KNÖTELS Geschichtsbild hat weder mit den Berichten bei DIODOR noch mit PLATONS Atlantiserzählung das geringste zu tun und wurde auch von der Fachwissenschaft mit Recht zurückgewiesen. Leider hat man dabei wieder das Kind mit dem Bade ausgeschüttet und auch DIODOR und PLATON die Aufnahme in die Liste der ernstzunehmenden Geschichtsquellen weiterhin verweigert.

Die Landschaft des Atlantersturmes

Die Sahara von einst: Grüne Wildnis der Tiere und Menschen

Nicht immer hat der Landstrich vom Nil bis zum westlichen Ozean seinen heutigen Namen *ßáchra = Wüste* verdient (Betonung: Sáhara!). Der Todesgürtel der verbrannten Felsen und wasserlosen Sandmeere ist erst wenige tausend Jahre alt.

In der letzten Eiszeit, als Europa unter Schnee und Gletschern begraben lag und der Boden auch im Sommer kellertief gefroren blieb, herrschte im Norden Afrikas eine feuchte Periode, das Pluvial (lat. *plúvia = Regen,* im Gegensatz zum europäischen Glacial: *glácies = Eis*). Vom Indischen Ozean trieb der Monsum seine Gewitterfronten über Ostafrika bis an die Gebirgsriegel des Ahaggar und seiner Nachbarmassive heran und zeitweise sogar darüber. Sommerdürre und Winterregen formten eine Landschaft, die den Savannen und Steppen des heutigen Sudan ähnlich war. Kalk setzte sich an Bergwänden ab und verrät uns die Stellen, wo einst das Grundwasser aus den Felsen sprudelte. Ein Gewirr von fossilen Flußbetten (arab. *wadi, wed = Trockenbett*) gibt Kunde von reißenden Bächen, die sich zu mächtigen Strömen vereinigten.
Das Wed Igharghar entspricht mit einer Länge von 1300 km dem Rhein vom Ursprung bis zum Meer (1327 km). Der Strom nahm einen breiten Fächer von Zuflüssen auf und grub sich ein Bett, dessen Steilufer 20–50 km weit auseinanderliegen; das ist stellenweise mehr als die Breite der Oberrheinischen Tiefebene. Seine Fluten stürzten in die Senke der heutigen Schotts *(schott, schatt = Fluß; hier = Salzsumpf),* die damals eine riesige Bucht des Mittelmeeres bildeten, und flossen durch eine 20 km breite Mündung in die Syrte. Beinahe kann man von einem kleinen Binnenmeer sprechen; der Schott el-Dscherid, ein zusammengeschrumpfter Rest des einstigen Beckens, bedeckt allein eine Fläche von 4410 qkm = achtmal Bodensee. Die Alten kannten den Igharghar als Tritonfluß; der Schott el-Dscherid war als Tritonsee noch zur Zeit der Römer mit Schiffen aus dem Mittelmeer befahrbar. Andere Wassermassen strömten im mittleren Sudan zusammen und bahnten sich durch die östliche Sahara einen Weg zum Nil. Ihre Spur hat sich, einen ungeheuren Bogen bildend, im Wadi el-Faregh *(= Trockener Fluß)* eingegraben. Seine Länge beträgt rund 1800 km = Donau von Wien bis zur Mündung.
Galeriewälder säumten die Ströme. Rings um die Seen lagen verschilfte Moräste und fruchtbare Schlammböden. Antike Berichte sprechen von den *Schildkrötensümpfen* südlich von Kufra. Heute würde ein Reisender, falls er sich dorthin verirrte, statt der Schildkrötenbuckel die runden Steine der schrecklichen Geröllwüste *(serír)* antreffen und statt der glitzernden Wassertümpel die blausilbrigen Luftspiegelungen sehen, die über den Dünen der Sandwüste *(erg)* wabern. Damals aber waren sogar die Dünen des Libyschen Sandmeeres mit Streifen von Steppengras bewachsen, während Bergwälder, Baumsavannen und Busch das übrige Relief bedeckten.
So glich die Sahara einem Naturpark von der Größe der Vereinigten

Staaten, voller Gras und Wasser und nach allen Seiten von Mensch und Tier unbegrenzt zu durchwandern. Knochenfunde und zahllose Felsbilder, von Menschenhand geritzt oder gemalt, erzählen von einem Tierleben, wie es an Dichte und Vielfalt nur mehr in den Wildreservaten Ostafrikas anzutreffen ist. Noch um 3000 v. Chr. zeigen die Reliefs der Pyramidenbauer Wald- und Jagdszenen, die in der jetzigen Nachbarschaft des Niltals undenkbar wären. Zweieinhalb Jahrtausende später lesen wir bei HERODOT (um 450 v. Chr.) folgende prachtvolle Aufzählung der libyschen Tierwelt:

»... Weißsteiße (Gazellen), Dorkas-Antilopen, Wildstiere und Esel ... Oryx-Antilopen, aus deren Hörnern man bei den phoinikischen Musikinstrumenten die Griffe der Leier macht ... Füchse (Fennek), Hyänen, Stachelschweine, Wildschafe (Mufflon), Netztiere (Giraffen, wegen der netzartigen Zeichnung des Fells), Schakale, Panther, Krokodile, etwa drei Ellen lang und auf dem Festland lebend, den Eidechsen ähnlich; Strauße, die unter der Erde leben (wohl das Märchen vom Kopf im Sand!) und kleine Schlangen, die jede ein Horn haben (Hornviper) ... Mäuse gibt es mit zwei Beinen (Wüstenspringmaus mit überlangen Hinterbeinen) ... es gibt auch Wiesel, den tartessischen ähnlich (spanische Frettchen).« (IV 192)

Das Atlasgebiet westlich des Triton »... ist sehr gebirgig, dicht bewaldet und hat viele große und wilde Tiere; denn sowohl die Riesenschlangen als auch die Löwen leben hier, sowie Elefanten, Bären, Aspis-Schlangen (Kobra) und gehörnte Esel (wohl große Antilopen) ...« (IV 191)

Wir können hinzufügen, daß noch die Karthager des 3. Jh. v. Chr. ihre Kriegselefanten aus den damaligen Savannen um Biskra holten.

Der Ur-Nil und seine Uferländer

Hinter der Großen Pyramide des Khufu (griech. Cheops) öffnet sich nach Nordwesten ein breites Wüstental. Es bildet den Anfang des uralten Karawanenwegs, der durch das Wadi Natrun nach dem fernen Siwah hinausführt; umgekehrt mündet hier auch die westliche Pilgerstraße, der einstige Weg der nordafrikanischen Mekkapilger zum Niltal.

Hat man einen Kameltrott von drei Stunden durchgehalten (heute kann man auch den Jeep benutzen), dann taucht der *Kom el-chaschab = Hügel des Holzes* auf. Er galt lange Zeit als eine verfallene Pyramide, bis man entdeckte, daß er ein natürlicher Buckel ist, um den versteinerte Baumtrümmer herumliegen. Es lohnt sich, mit dem Taschentuch ein

wenig die vom Flugsand und vom Tau der Nacht zusammengebackene Kruste wegzuwischen. Dann kommt die Borke der alten Stämme zum Vorschein, braun oder schwarz, glashart und wie poliert; da und dort haben sich Einschlüsse von Chalzedon gebildet.
Dieses Ruinenfeld einstigen Waldwuchses zieht sich durch das ganze Wüstental hinauf bis zum Wadi Natrun. In tieferen Mulden liegen die versteinerten Stämme in einer bestimmten Streichrichtung; diese entspricht dem Verlauf des Tales und verrät, daß es sich um Schwemmholz eines ehemaligen Flußbetts handelt. Die historische Geographie nennt es den *Libyschen Urnil.* Die Beduinen sprechen von einem *Bahr bela mā = Fluß ohne Wasser.* Von Westen mündet das schon genannte Wadi el-Faregh herein. Hier sind zu einer Zeit, als es das Nildelta noch nicht gab, riesige Wassermassen aus dem Süden und Westen zusammengeflossen, um sich unmittelbar ins Meer zu stürzen. Die Küste lag weiter landeinwärts als jetzt und bildete eine dreieckige Bucht, die mit zahllosen Inseln übersät war und mit der Spitze fast bis zum heutigen Kairo hinaufreichte.
Nicht weit dahinter bildete das Fayum (äg. *pa-jom,* kopt. *phiom = Meer*) ein Wasserbecken von 2000 qkm Fläche, dessen Spiegel damals 23 m über dem des Mittelmeeres lag und hoch an den Felsterrassen des umgebenden Plateaus hinaufreichte. Aufgefüllt wurde es durch eine enge Talpforte, an der der Nil seine Fluten in gleicher Höhe und in einer Breite von 25 km vorbeiwälzte.
Mit dem Nachlassen des Pluvials wichen die Wasser zurück. Beiderseits des Nil entstanden Sümpfe, die sich auch an der Mündung ins Meer vorschoben, da der Fluß die Deltabucht mit Sand und Schlamm aufzufüllen begann. Dickichte von zweimannshohem Papyrus und anderen Wasserpflanzen schufen ein Paradies für Millionen von Wasservögeln und Scharen von Krokodilen, Flußpferden und Sumpfbüffeln. Diese Pflanzen- und Tierwelt existierte bis ins Alte Reich.
Gegen Ende der Altsteinzeit versandete das Grünland abseits der Flüsse immer mehr. Die großen Säugetiere wanderten nach Süden ab. Das Klima blieb jedoch heiß; während die Jäger der letzten Eiszeit in Europa in Höhlen Zuflucht nehmen mußten, konnten sie in Nordafrika, wenn sie wollten, im Freiland siedeln. Die Nomaden der verdorrenden Steppen rückten näher an den Fluß und die Seen heran und bevölkerten die Senken des Fayum und von El-Chargeh. In der Jungsteinzeit wandelte sich die benachbarte westliche Steppe zur völlig unbewohnbaren Libyschen Wüste. Die Menschen drängten sich außerhalb des Überschwemmungsbereichs noch enger an das Wasser heran. Der erste Ackerbau entstand;

»Zug der Tiere«. – Ritzbild an einer Felswand bei Silwa, Westufer des Nil. – Zeit der frühen Jäger, 4. Jahrtausend. – (BRENTJES)

die Dorfbewohner kultivierten den Weizen und die Gerste, indem sie gleich nach dem Rückzug der jährlichen Nilflut die Körner in den weichen Schlamm ausstreuten und den besäten Boden feststampften oder eine Herde Schweine darübertrieben.
Aber in den heute todesstarren Gebirgen zwischen Nil und dem Roten Meer sah es anders aus. Felsbilder von Ruderschiffen und von Bootstransporten in den Wadis verraten, daß diese Flußbetten noch gegen Ende des 4. Jahrtausends Wasser führten, zumindest in der Regenzeit.

Europa am Mittelmeer: Wälder, Sümpfe, Bestien und im Norden eine Gletschermauer

Den nördlichen Horizont der eiszeitlichen Erdscheibe sperrten die Pyrenäen und Alpen als kompakte Gletschermassive. Das Französische Zentralgebirge war unter der rauhen Einwirkung der beiden benachbarten Eisriesen eine weiße Wüste, die im Sommer eine Art grünbraune, von Schmelzwassern durchbrauste Tundra bildete. Nach Osten setzten sich die weißen Bergriegel in den mit Schnee und Wintereis bedeckten Karpathen, dem Karst und dem Balkan fort, um dann im Kaukasus zu einem neuen eisgepanzerten Wall anzusteigen.
Die großen Halbinseln Europas im Süden dieser Bergketten waren von Urwäldern, Sümpfen und Grasflächen bedeckt. Im Süden der Iberischen Halbinsel setzte die Waldverwüstung erst durch die Phöniker und Karthager ein, die für die Silberbergwerke Grubenholz und für die Schmelzöfen Feuerholz schlugen. Der Flottenbau, das Abbrennen der Wälder durch die Ziegenhirten und der Ziegenbiß an den Jungbäumen taten das

übrige, wie im ganzen Mittelmeergebiet. Die Ebene des Po bildete eine Wildnis von Kieferbeständen, Eichenwäldern und Sümpfen. Erst im 3. Jh. v. Chr. wurde sie schrittweise durch römische Bauernkolonien erschlossen, die Ackerland trocken legten und durch Deiche schützten. Die Küstenstriche und Flußtäler bis zu den südlichen Maremmen (versumpfte Küsten) zeigten ein ähnliches Bild. Ein Rest hatte sich bis vor kurzem in der fast tropischen, von Malaria verseuchten Pracht der Pontinischen Sümpfe erhalten, wo der Efeu, selbst so dick wie ein Baum, sich um die uralten Eichen rankte und als grüner Vorhang von den knorrigen Ästen herabhing. In den Wäldern hausten wilde Büffel mit meterlangen Hörnern. Der einstigen Gebirgslandschaft im Innern kommt heute noch am nächsten die Natur der Abruzzen und der südwärts anschließenden Ketten. Aus den schroffen, beschneiten Hochländern, wo der Nordwind Mark und Bein durchdringt, fielen noch in späten Jahrhunderten die Äquer, Volsker, Samniten und Lukaner, gleich den Wölfen ihrer Bergwälder von Hunger und Kälte getrieben, in die Ebenen ein.
Auch von den wolkenverhangenen Gipfeln der nördlichen Balkanhalbinsel zogen sich Wälder von Kiefern und Tannen, von Eichen und anderen Laubbäumen weit in den Süden hinunter. Reißende Bergwässer überfluteten die Täler; nicht umsonst wurden die Flußgötter in Gestalt

Die Flußbetten östlich des Nil am Roten Meer waren noch bis in die historische Frühzeit hinein schiffbar; das beweisen die dortigen Felsbilder.
Oben: Hochseeboot der sog. »östlichen Invasoren« aus Mesopotamien oder Südarabien. Wadi Atwani. – Unten: Bootstransport über Land. Wadi Abu Wasil. Beide um 3000 v. Chr. – (BRENTJES)

eines Wildstieres oder Wildpferdes personifiziert. Thessalien war einst ein riesiger Binnensee, bis Poseidon oder Herakles das Tempe-Tal aufriß und so den Wassern einen Abfluß ermöglichte. Anderweitig füllten stagnierende Sümpfe die Talmulden aus; sagenberühmt wurden die Moräste von Lerna, wo Herakles und sein Gefährte Jolaos die vielköpfige Hydra (Wasserschlange) erschlugen; das Ausbrennen der Halsstümpfe, aus denen die abgeschlagenen Köpfe des Ungeheuers immer wieder nachwuchsen, verrät uns den uralten Kampf der Bewohner gegen die Schlangenbrut und die Miasmen der Sümpfe, indem man jedes Jahr das Schilf anzündete. Als eine urzeitliche Erinnerung an zahnbewehrte Vogelarten will uns die Sage von den Stymphalischen Vögeln in Arkadien erscheinen, die im Dschungel um einen See lebten, mit ihren Federn wie mit Pfeilen verwunden konnten und als Menschenfresser überliefert werden. Höhlenlöwen, Wildstiere, Wildpferde, Bären und Wölfe spielen in Kunst und Sage noch lange eine Rolle.

Zedernwälder und Elefantendschungel in Vorderasien

Aus der Landschaft des nahen Orients ist die Zeder nicht wegzudenken. Sie bedeckte die Hänge des Libanon sowie weite Flächen Kanaans und Jordaniens, wo es neben Tamarisken, Pappeln und anderen Bäumen auch mehr Palmen gab als heute. Schon die Sumerer des holzarmen Mesopotamien waren mystisch berührt von den Hörensagen über jenes westliche Gebirge mit den vielen großen Bäumen; im Gilgamesch-Epos ist der Dämon Humbaba der Hüter des Zedernberges. Im Zweistromland und im ebenso waldarmen Niltal waren seit den ältesten Zeiten die unverwüstlichen, harzduftenden Stämme vom »Berg der Wohlgerüche« höchst begehrt und bildeten wohl das erste Exportgut der Kanaaniter. Im nördlichen Syrien und Mesopotamien dehnte sich eine Steppen-, Sumpf- und Dschungelwildnis aus, in der Elefanten hausten. Diese gehörten einer kleinwüchsigen Rasse an und wurden in den Treibjagden der ägyptischen und assyrischen Fürsten bis 800 v. Chr. ausgerottet. Damals hatte die unwegsame Elefantenwildnis eine Ausdehnung von 60–100 000 qkm, etwa zweimal größer als die Schweiz. Als Rest hat sich ein Süßwassersumpf, der Ghab, zwischen Lattakije und Aleppo mit 70 km Länge und 10–15 km Breite erhalten. Knochen von kleinwüchsigen Elefanten hat man in großer Zahl auch auf Malta, Sizilien, Kreta und Zypern gefunden. Sie stammen aus der Zeit, als diese Inseln noch mit dem Festland verbunden waren und bereits Menschen existierten.

An allen Küsten rauchten die Vulkane

Als Odysseus und seine Gefährten von der Insel der Sirenen wegruderten, da – so erzählt der Held – »sah ich von ferne Rauch und mächtige Brandung und hörte ein dumpfes Getöse. Da erschraken die Freunde, die Ruder entfielen den Händen . . .« (HOMER Od. 201 ff)
Es war die Vulkaninsel, die man nachher *Strongyle = die Runde (Strómboli)* nannte. Aus dem Krater faucht ununterbrochen Dampf, und in kurzen Abständen erfolgen Lavaausbrüche, die sich alle 20 Minuten zu einer größeren Eruption steigern. Dabei wird Gestein über 100 m emporgeschleudert. Alle Liparischen Inseln, zu denen der Stromboli zählt, hatten im Altertum Glut in ihren jetzt erstarrten Adern. Eine hieß *Hierá = die Heilige (Volcano)*; sie war dem Hephaistos geweiht, dem Herrn der unterirdischen Schmiedefeuer.
Der südliche Nachbar auf Sizilien, der tertiäre Vulkanriese *Aetna = der Lohende, Rauchende,* birgt den Dämon Typhon in seinem Schlund, wohin das Scheusal von Zeus hinabgeschleudert wurde. Der *Vesuv* auf dem Festland galt als erloschen, bis 70 n. Chr. die Katastrophe über Pompeji und die Nachbarstädte hereinbrach. In der Vorzeit aber hat er sich als Vulkan verraten; man leitet seinen Namen ab von der oskischen Wurzel *fesf = Dampf.* Auf der anderen Seite der Bucht von Neapel liegen die *Phlegräischen Felder,* eine dampfende Landschaft mit Kraterseen, Solfataren und heißen Schwefelquellen. Ein *Phlegra = Brandfeld* gibt es auch auf der Halbinsel Chalkidike, es ist von kolossalen Steinauswürflingen übersät und wurde als eines der Schlachtfelder des Gigantenkampfes betrachtet, wo Zeus die Feinde mit seinen Blitzen niederschmetterte.
Ähnlich wie Odysseus vor Sizilien gerieten die Argonauten bei Kreta in die Reichweite eines Vulkandämons. Das war der Riese Talos, der Steinbrocken auf die Schiffe warf, die sich näherten. Moderne Historiker deuten den Talos als Personifikation der Vulkaninsel *Thera.* Dieser Vulkan muß seit Jahrzehntausenden immer wieder schrecklich gewütet haben. Abgesunkene Aschenschichten eines Ausbruchs um 23 000 v. Chr. bedecken den Meeresboden von Zypern bis zur Stiefelspitze Italiens und von der Mitte der Ägäis samt den dazugehörigen Küsten bis fast zur Kyrenaika. Ein Ausbruch um 1525 v. Chr. vernichtete die bronzezeitliche Kultur Kretas. Auch ganz im Norden dampfte es aus der geologischen Trümmerlandschaft der ägäischen Inseln. *Imbros* hieß, wie eine der Liparen, *Hierá = die Heilige;* die Schmiedefeuer des Hephaistos schickten hier und auf dem benachbarten *Lemnos* ihren Rauch aus den

Felsspalten. Auf der letztgenannten Insel brannten seit Jahrhunderten die Gase, die dem Berg Moschylos entströmten.
Die Schreckenskunde von feuerspeienden Ungeheuern erwartet uns in Kleinasien und läßt uns nicht mehr los, bis wir im libyschen Westen an den Ozean stoßen; Aigis hieß das Untier:
»Zuerst erschien es in *Phrygien* und verbrannte das Land, das noch jetzt das *Ausgebrannte Phrygien* heißt. Dann kam es auf das Gebirge *Taurus* und verbrannte die Wälder . . . zündete in *Phönikien* die Wälder auf dem Libanon an, zog durch *Ägypten,* kam in *Libyen* bis in die westlichen Gegenden und warf sich zuletzt auf die *Keraunischen Berge (= Atlas).* Da nun der Boden überall ausgebrannt war und die Bewohner entweder umkamen oder voll Schrecken ihre Heimat verließen . . ., tötete Athene das Tier.« (DIODOR III 70)
Die Brandspur der Aigis beginnt in Phrygien, dem quartären Vulkangebiet zwischen Afiun Karahissar und Alaschehr. Dort dehnt sich ein Plateau mit aschfarbenem Boden und schwarzen Felsen um Erdschlünde und erloschene Kraterkegel aus, die von den griechischen Kolonisten *Physai Hephaistu = Blasebälge des Hephaistos* genannt wurden. Als die türkischen Steppenkrieger in das Land einritten, nannten sie die Gegend *Kara dewit = Schwarzes Tintenfaß.*
Den Weg des Ungeheuers über den Taurus bezeichnet eine ganze Girlande von Vulkanen. Teils sind es spitze Trachytkegel, teils Kuppen, aber auch mächtige Höhenzüge. Dazu zählen die Vulkane *Kara Dagh = Schwarzer Berg, Karadscha Dagh = Schwärzlicher Berg* und noch andere erloschene Feuerriesen. Wenn wir der Sage folgen, dann spien einige von ihnen noch Glut und Lava, als dort bereits Menschen wohnten. Sicher tat das der schwarze, gletscherbedeckte Trachythorst des fast 4000 m hohen *Erdschias Dag = Weißer Berg.* Der steilwandige Krater rauchte noch zur Zeit um Christi Geburt (STRABON hist. nat. 538).
Dann ließ das Ungeheuer die Zedernwälder des Libanon in Flammen aufgehen. Der Sumpfsee von Homs dünkt den Beschauer wie ein Fußstapfen der Aigis, aus dem Basaltmassen die Umgebung verschütteten, ehe er sich mit Brackwasser füllte. An den Südfuß des Libanon stoßen die Basaltdecken des Golan (bekannt aus den Kämpfen der Israeli und Araber) und des Hauran, auf denen Dutzende von heute toten Vulkankegeln aufgesetzt sind. Von der Nordwestecke des Hauran verläuft ein erstarrter Lavastrom gegen Damaskus. Er erreicht eine Länge von 45 km und, fächerförmig auseinanderfließend, am Ende eine Breite von 35 km. Bei den Alten hieß die wild zerschrundene Lavawüste *Tráchōn = Rauhe Gegend.* Die Araber nennen sie *El Ledschah = Der unwegsame*

Ort. Welch grandiose Höllenlandschaft muß das gewesen sein, als die Berge Rauch und Feuer spien und ein Meer zähflüssiger Glut sich über Tausende Quadratkilometer hinwälzte, Palmen, Zedern, Tamarisken unter sich begrub und Mensch und Tier vor sich herjagte, während das Feuer auch außerhalb des Lavastroms weiterfraß und die Wälder in Bündel von lohenden Fackeln verwandelte ... Wahrlich, die Sage von dem Wüten der Aigis ist nicht aus der Luft gegriffen!
In Kanaan lag zu dieser Vorzeit das Strafgericht von Sodom und Gomorrha noch in ferner Zukunft. Die Gase, die durch Entzündung an Herd- und Hirtenfeuern den biblischen Feuersturm auslösten, schlummerten noch in der Tiefe. Doch säumen einige Vulkankegel den Ostrand des Grabenbruchs am Toten Meer und Wadi el-Araba und leiten über zum nächsten Ziel des Untiers, nach Ägypten.
Dort rissen seine Tatzen den Schlick des Deltas auf und ließen die flüssige Glut aus der Tiefe hervorquellen. Nahe Kairo, bei der Eisenbahnstation Abu Za'bal, trifft man auf einen 20 m hohen Basaltrücken, der in das Delta vorspringt; heute dient er als Steinbruch für den Straßenschotter in der Hauptstadt und in Alexandria. Auch im Fayum und in der Oase Farafra quollen Feuerflüsse aus dem Sandstein der Wüste.
Weiter stampfte das Ungeheuer quer durch Nordafrika. Im Fessan dekken der *Dschebel es-Soda = Schwarzes Gebirge* und der *Harudsch es-Sod = Schwarzer Harudsch* mit ihren düsteren, zerrütteten Basaltmassen weite Flächen, so schauerlich und unheimlich, wie man sich ein lebloses Gebirge nur vorstellen kann. Da und dort leuchten weiße Sandsteinlager aus den pechschwarzen Felswänden und den mit schwarzem Geröll bedeckten Hängen, was den gespenstischen Eindruck noch erhöht. Gegen das Meer hin haben sich riesige Schwefellager abgesetzt.
Überall im Air und Tibesti ragen erstarrte Vulkanmassen empor. Die himmelhohen Phonolithsäulen des Ahaggar zeugen von der fürchterlichen Wucht, mit der die Lava aus dem Erdinnern gepreßt wurde. Man weiß nicht genau, welche Ausbrüche von den Menschen miterlebt wurden. Sicher aber rauchten noch in der Pluvialzeit einzelne Vulkane im Ahaggar, im Uweinatgebiet und im Schwarzen Harudsch, und damals lebten schon Menschen.
Zuletzt warf sich die Aigis auf die Wälder des *Keraunischen Gebirges = Atlas.* Heftigen Vulkanismus in noch junger Zeit verraten die Basaltergüsse zwischen Oran und Tlemcen, die zuweilen quartäre Travertine überdecken und die größte Basalteruption im Atlas darstellen. In geschichtlich faßbarer Zeit wurde keine Vulkantätigkeit mehr beobachtet. Für die Vorgeschichte spricht jedoch außer der Sage von der Aigis noch

die Nachricht von großen Feuerausbrüchen auf einer Insel im Tritonsee (DIODOR III 53). Wahrscheinlich waren es brennende Gasquellen. Übriggeblieben sind in Marokko, Algerien und Tunesien noch Dutzende von mächtigen Thermen und Mineralquellen.
Dieser gesamte geographische Rückblick erstreckt sich über viele Jahrtausende. Natürlich kann niemand die Landschaft auf Jahr und Tag genau rekonstruieren; manche Vulkane z. B. haben zur Atlantiszeit noch gar nicht existiert, sondern sind erst durch die Katastrophe und die nachfolgenden Erschütterungen aufgebrochen. Doch es ging ja nur darum, dem Leser das Bild einer völlig anderen Landschaft zu vermitteln, in der sich der Atlanterkrieg abspielte, um dann in einer großen Katastrophe zu enden.

Der 1. Alexandriner Bericht: Der Siegeszug der Amazonen vom Tritonsee und ihr katastrophales Ende

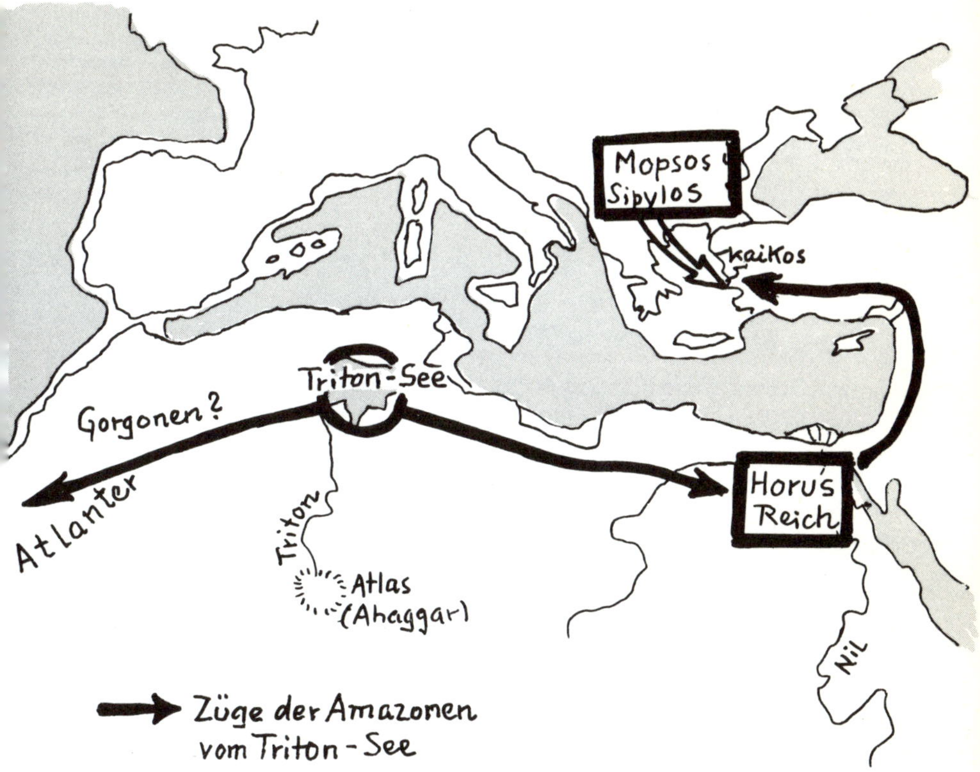

Von den Amazonen erzählen zwei Sagenkreise. Der Mittelpunkt des einen liegt am Pontus (Schwarzes Meer), der des andern am Tritonsee (Schott el-Dscherid). Dem ersten Sagenkreis begegnen wir schon in HOMERS Ilias, wo die Amazonen – lange vor dem Erscheinen der Griechen – gegen Troja ziehen »wie streitbare Männer« (III 189) und als »männliche Weiber« (IV 186). Sie kommen aus dem Inneren Kleinasiens; spätere Quellen erwähnen die Gegend am Fluß Thermodon (heute Terme-tschai östl. Samsun). Von dort unternahmen sie Kriegszüge in Kleinasien und Syrien sowie nach Thrakien und Hellas bis vor Athen, wie es aus den Sagen um Herakles, Theseus und Achilleus bekannt ist.
Manche Historiker vertreten die Ansicht, daß »die Amazonen wahrscheinlich kein wirkliches Volk, sondern Bewohner eines Märchenlandes sind« (ROSE) und daß auch der Einfall in Attika nicht sicher zu beweisen ist (KRÖNER). Als historischer Hintergrund wird

jedoch meist die mutterrechtliche Sozialstruktur der alten Völker in Kleinasien und auf einigen Inseln angenommen. Etwas wirklich Greifbares haben die Historiker noch nicht herausgebracht; ihre Stellungnahmen halten sich zurück.
Bei den Amazonen am Tritonsee weist man ebenfalls auf Weiberherrschaft und Mutterrecht im alten Libyen hin (PAULY-WISSOWA I 1767); es taucht auch schon die Gleichung *Amazonen = Amazigh-Berber* auf (KARST 585). Doch wird die libysche Amazonensage als jünger und nicht ursprünglich eingestuft.
Von einer eingehenden geographischen und historischen Untersuchung des Textes bei DIODOR kann bisher nicht gesprochen werden.
»Ein historisches Urbild der Amazonen läßt sich nicht nennen«, heißt es noch in BROCKHAUS Enzykl. 1966–74.

Der Text (unter Weglassung überflüssiger Weitschweifigkeiten)

Die Amazonen: Volk und Wohnsitze (III 53): »Im westlichen Libyen, an den Grenzen der bewohnten Erde, lebt ein Volk, das von Weibern beherrscht wurde und eine uns fremde Lebensweise führte. Denn bei ihnen war die Kriegskunst eine Sache der Weiber. Sie mußten eine bestimmte Zeit Kriegsdienst tun und unverheiratet bleiben. Sie wohnten auf einer Insel im *Tritonischen See,* die wegen ihrer Lage im Westen *Hespéra (griech. = Abendgegend, Westen)* genannt wurde. Dieser See[2]) liegt nahe am Okeanos, der die Erde umflutet, und hat seinen Namen vom Fluß *Triton,* der in denselben (See) mündet. Er liegt nicht weit von Aithiopien (= dunkles Afrika) und dem Gebirge, das in den Okeanos hinaus abfällt und bei den Hellenen *Atlas* heißt. Die oben genannte Insel hatte einen ziemlichen Umfang und stand voller Fruchtbäume, die den Bewohnern Nahrung boten. Sie beherbergte auch eine Menge Herdenvieh, besonders Ziegen und Schafe, von deren Milch und Fleisch sie sich nähren konnten. Getreide besaß das Volk nicht, weil man den Anbau von Feldfrüchten noch nicht kannte.«

Die ersten Eroberungen: »Die Amazonen unterwarfen zuerst alle Städte der Insel außer einer, die *Mene* genannt wurde. Diese galt als heilig und wurde von aithiopischen Ichthyophagen (Fischessern) bewohnt. Sie lag in der Nähe gewaltiger Feuerausbrüche und besaß eine Menge kostbarer Steine, die bei den Griechen *anthrax, sárdion* und *smáragdos* heißen.

[2]) Im Original steht der vieldeutige Ausdruck *limnē = stehendes Wasser, Überschwemmungswasser eines Flusses, Sumpf, Teich, Lagune, Landsee, auch Meeresbucht.*

Danach unterwarfen sie (die Amazonen) viele der benachbarten Libyer und Nomaden und gründeten im Tritonischen See eine große Stadt, die sie nach ihrer Lage *Cherrónesos* nannten (griech. = *Halbinsel*).

Unterwerfung der Atlanter an der Küste (III 54): »Von der Stadt Cherronesos gingen die Amazonen auf große Eroberungen aus. Das erste Volk, das sie angriffen, waren die *Atlanter, die kulturell am höchsten stehenden Menschen jener Gegenden, die ein glückliches Land bewohnten und große Städte besaßen. Nach ihrer Mythologie wurden die Götter in den Gegenden entlang den Küsten des Okeanos geboren,* was mit den Sagen der Griechen übereinstimmt. Die Königin der Amazonen, *Myrina,* sammelte ein Heer von 30 000 Mann zu Fuß und 3000 Reitern; als Schutzwaffen dienten ihnen die Häute großer Schlangen, denn es gibt in Libyen Schlangen von unglaublicher Größe. Zum Angriff gebrauchten sie Schwerter, Lanzen, auch Bogen. In das Land der Atlanter eingefallen, besiegten sie zuerst die Einwohner von *Kernē* und erstürmten die Stadt, indem sie zugleich mit den Fliehenden in die Mauern eindrangen. Sie metzelten die ganze waffenfähige Jungmannschaft nieder, schleppten Weiber und Kinder in die Gefangenschaft und zerstörten die Stadt. Als sich die Kunde von dem schrecklichen Schicksal der Kernäer verbreitete, übergaben die anderen Atlanter ihre Städte und versprachen Gehorsam. Die Königin Myrina schloß ein Bündnis mit ihnen und baute anstelle der zerstörten Stadt eine neue, die ihren Namen (Myrina) führen sollte. Dort siedelte sie die Gefangenen an und auch Eingeborene, die dies wollten.«

Der Kampf mit den Gorgonen (III 54–55): »Nun waren die Einwohner häufig von dem benachbarten Volk der *Gorgonen* bedrängt. Myrina wurde von den Atlantern gebeten, in das Land der Gorgonen einzufallen. Es kam zu einem hitzigen Treffen mit den Amazonen. Diese behielten die Oberhand, erschlugen viele Feinde und nahmen an 3000 gefangen. Der Rest flüchtete in eine Waldgegend. Myrina versuchte, das Gehölz anzuzünden. Doch als ihr Vorhaben mißglückte, zog sie sich an die Grenzen des Landes zurück. Durch ihren Sieg unvorsichtig gemacht, waren die Amazonen zur Nachtzeit nicht wachsam genug. Die gefangenen Weiber fielen über sie her, rissen die Schwerter ihrer (schlafenden) Besieger an sich und erschlugen eine Menge. Zuletzt aber drang die Übermacht von allen Seiten auf sie ein, und alle Gefangenen wurden niedergemacht. Myrina ließ ihre gefallenen Kriegerinnen auf drei Scheiterhaufen verbrennen und drei hohe Erdhügel als Grabmäler aufwerfen, die heute noch Amazonenhügel heißen. Später wuchs die Macht der Gorgonen wieder; doch wurden sie abermals besiegt, von *Perseus, als Medusa ihre Königin war.*«

Vorschau auf den Untergang; geologische Katastrophe (III 55): »Zuletzt wurden sie und das Volk der Amazonen von Herakles vernichtet, als dieser seinen Zug in die westlichen Länder unternahm und die Säulen in Libyen aufrichtete. *Der Tritonische See aber verschwand infolge von Erdbeben, indem die Teile, die zum Ozean hin lagen, entzweigerissen wurden.*«

Der Zug bis zum Ägäischen Meer (III 55): »Myrina durchzog Libyen und kam nach *Ägypten,* wo sie ein Bündnis mit *Horus* schloß, dem Sohn der Isis, der damals in Ägypten herrschte. Danach bekriegte sie die *Araber* und unterwarf *Syrien.* Als ihr die *Kiliker* entgegenkamen, ließ sie allen, die sich freiwillig ergaben, die Freiheit. Sie bezwang die tapferen Stämme im *Taurosgebirge,* durchzog *Großphrygien* bis ans Meer hinab und besetzte das ganze Küstenland bis zum Fluß *Kaikos,* wo sie dem Vormarsch ein Ende setzte.«

Städtegründungen (III 55): »In den eroberten Ländern wählte sie günstige Plätze aus und ließ dort Städte erbauen. Eine davon nannte sie nach sich selbst (*Myrina* in Mysien; STRABON 13,3), die andern nach ihren angesehensten Führerinnen *Kyme, Pitana, Priéne.* Außer diesen Küstenstädten gründete sie noch viele im Innern des Landes. Sie eroberte auch einige Inseln, namentlich *Lesbos,* wo sie die Stadt *Mytilene* erbaute, nach dem Namen ihrer Schwester.«

Niederlage und Rückzug (III 55): »Um diese Zeit fiel der Thraker *Mopsos,* der von dem Thrakerkönig Lykurgos verbannt worden war, mit einem Heerhaufen von Mitverbannten in das Gebiet der Amazonen ein. Der Skythe *Sipylos,* der aus dem an Thrakien angrenzenden Teil Skythiens gleichfalls vertrieben worden war, hatte sich dem Zug des Mopsos angeschlossen. Es kam zu einer Schlacht, in der Sipylos und Mopsos Sieger blieben. Myrina fiel, und mit ihr die Mehrzahl der anderen Amazonen. Im Lauf der Jahre blieb das Kriegsglück auf Seiten der Thraker; da kehrte der Rest der Amazonen wieder nach Libyen zurück. So endete der Kriegszug, den die Amazonen von Libyen unternahmen.«

Die libyschen Amazonen: Land, Volk und Kultur

Am Tritonsee: Landschaft der Abenteuer, Helden und Götter:

Die Autostraße von Tunis nach dem Süden verläuft wie auf des Messers Schneide zwischen dem Land und dem Meer: rechts weißglühender Sand und braungelber Schutt, links die traubenblaue See, auf der silberne Funken tanzen. Etwa 130 km vor der Hafenstadt Sfax zerfließt die scharfe Küstenlinie. Der Strand verläuft an manchen Stellen so flach ins Meer, daß man kilometerweit hinauswaten kann. Mit dem Rand des seichten Wassers beginnt eine unabsehbare Wiese feiner Gräser. Das wogende Grün, vom Wind oder von der auslaufenden Dünung bewegt, ähnelt den Wellen des Küstenwassers so täuschend, daß das Auge gegen den flimmernden Horizont kaum das eine von dem andern unterscheiden kann. Einzig der salzige Schaum, der sich an den Gräsern absetzt, deutet etwas wie eine Trennungslinie an. Die größte dieser Seegraswiesen liegt auf halber Strecke zwischen Sfax und Gabés. Sie reicht 10 km ins Meer hinaus; ihr äußerer Rand bildet einen flachen Bogen von 25 km Länge.

Die von diesem Seegras eingesäumte Bucht heißt Golf von Gabés und bildet den inneren Teil der Kleinen Syrte (griech. *syrtis = Sandbank, angeschwemmter Schlamm*). Bei den Seefahrern des Altertums galt die Gegend als verrufener Winkel, wo sich der Kiel des Schiffes in den zähen Untiefen festrennen konnte. Das passierte auch den Argonauten, die neben Herakles und Odysseus zu den großen Abenteurern der griechischen Kolonialsagen gehören. Der Dichter APOLLONIOS RHODIOS hat ihnen ein Epos gewidmet:

Von einem Nordsturm sind die Argonauten in die Syrte verschlagen worden, »wo Schiffen nur selten Heimkehr blüht, sobald sie in diesen Busen geschleudert. *Rings ist seichtes Gewässer, und rings liegt über der Tiefe dichtes Seegras, und träg weht der Schaum der Wellen darüber. Nebelumhüllter Strand erstreckt sich daneben* . . . Die Helden sprangen vom Fahrzeug angstvoll, als sie *den Dunst und den langen Rücken des Landes auch wie Dunst* gewahrten . . . Keine Quelle war dort, kein Pfad zu sehen, noch weithin irgendein Hirtengehöft; rings brütete Schweigen und Ruhe.« (Argonautika IV 1235 ff)

Diese Verse sind heute über 2200 Jahre alt, aber ich kann mir kein eindrucksvolleres Stimmungsbild dieser Gegend denken. Außerdem verraten sie eine erstaunliche Lokalkenntnis. Sogar der Nebel und Dunst hinter dem Seegras entsprechen echten Beobachtungen. Oft dringt einer

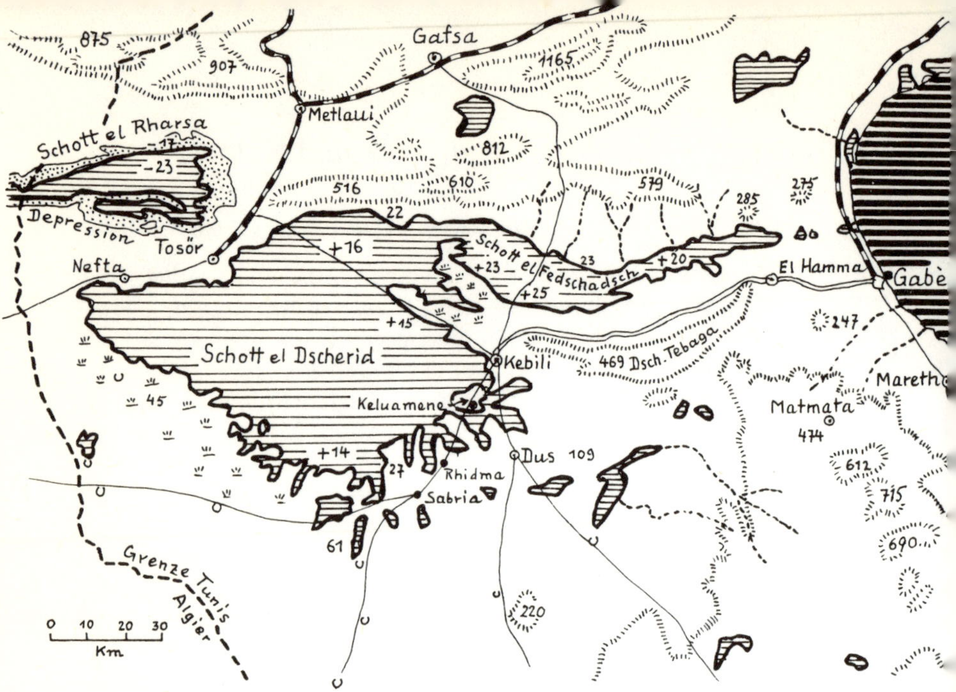

Das Gebiet des Tritonsees heute (mit einigen der größeren Ortschaften und Verkehrswegen)

Ungefähre Karte des Tritonsees in vorgeschichtlicher Zeit, mit zahlreichen Zuflüssen von Süden und breiter Ausmündung in das Mittelmeer. Die Berge der Umgebung waren mit Wäldern bedeckt, die Ufer von Grünland umrandet. – (Rekonstruktionsskizze des Verfassers)

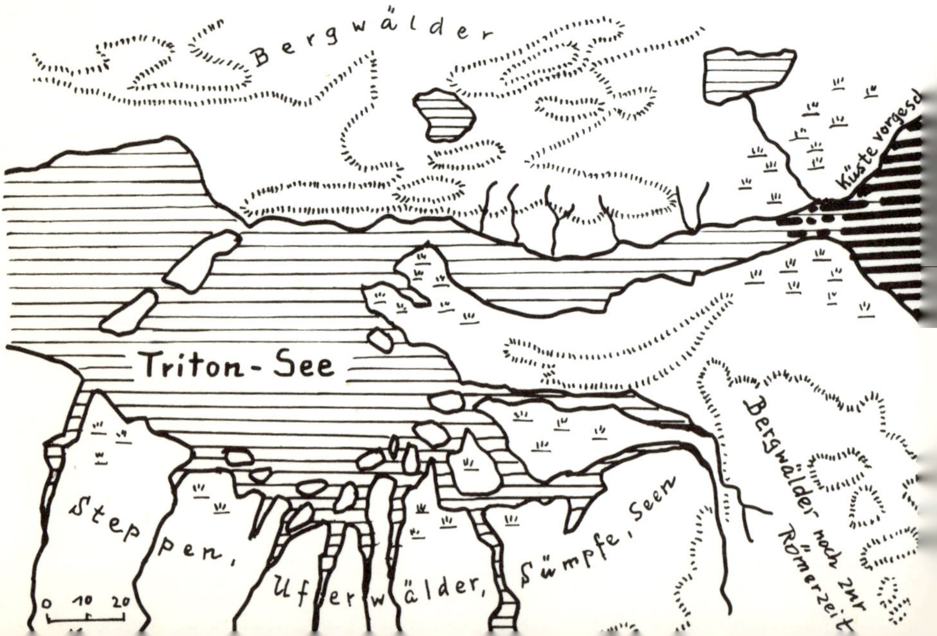

der Sandstürme aus der Sahara bis zur Küste vor und hüllt die Welt in ein gelbes Zwielicht, das tagelang dauern kann. Noch länger halten sich die sog. Staubnebel, bei denen feinste Staubmassen schwebend in der Luft stehen und Himmel und Erde in gelbem Dunst verdüstern. Selbst ein mittelstarker Wind vermag sie nicht zu vertreiben; erst ein Regenguß kann die Sicht wieder aufklaren. Diese Trockennebel (frz. *brumes sèches*) werden von den Saharafliegern oft genug verflucht. Wer zu Schiff Nordafrika ansteuert, kann erleben, daß sich das Land durch einen gelben Dunst bis hoch hinauf in das Blau des Himmels verrät, lange, bevor die Küste sichtbar wird.

Die erschöpften Helden fallen in dumpfen Schlaf; da erscheinen dem Anführer Jason drei libysche Nymphen und weisen ihm die Richtung zum Tritonsee, aus dem sie wieder offenes Meer erreichen können. Die Argonauten machen es wie später die Nordmänner, die ihre Drachenboote in Rußland von einem Stromgebiet in das andere über Land schleppten; sie »trugen durch Libyens sandige Öden hoch in den Lüften das Schiff und was zum Schiff gehörte, auf ihre Schultern die Last gehoben . . .« (1384–87)

Weitere Mühsale erwarten sie am Tritonsee: »Als sie nun das Schiff bestiegen, *und heftig wehte der Südwind dem Meere zu, da suchten sie lange nach dem Ausweg, doch immer vergeblich und ratlos . . . hierhin und dorthin, also umkreiste die Argo lange Zeit den See, die schiffbare Mündung zu finden.*« (1537–47)

Der Dichter hat den See entweder selbst gekannt, oder eine genaue Beschreibung der Gegend besessen. Im Süden ist das Ufer noch heute wild zerbuchtet. Fjorde als Spuren einstiger Zuflüsse dringen 5–15 km tief in die hügelige Wüste ein; an einer Stelle reicht ein delta-artiges System solcher Einschnitte sogar bis 25 km ins Land hinein. Viele Inseln erschweren die Orientierung; eine 40 km lange Halbinsel versperrt den Blick auf die einstige Ausfahrt zum Meer. Als der See noch schiffbar war, sahen die Ufer nicht viel anders aus. Dazu kam das braungelbe Sandtreiben des Gibli (arab. *der Südliche*); denn *heftig wehte der Südwind* . . . da nimmt es nicht Wunder, wenn die landfremden Abenteurer ratlos zwischen den Inseln herumirren und immer wieder in die Sackgassen der Fjorde hineingeraten. Schließlich gewinnen sie durch Opfer die Hilfe des Triton, der über den See herrscht: Der Oberkörper war »gleich den ewigen Göttern gestaltet. Abwärts jedoch von den Weichen erstreckte sich doppelt der Schwanz eines Seetiers. Die Oberfläche des Wassers schlug er mit dessen Stacheln, die krumm wie die Hörner des Mondes zwiegespaltet sich unten teilten. Er führte die Argo, bis er sie

gleitend hinaus auf die Wellen des Meeres geschoben. Und dann tauchte er schnell in unendliche Tiefen. Die Helden schrien laut auf beim Anblick der schrecklichen Wundererscheinung.« (1610–19)
So also sahen die Alten den Tritonsee, und es sollte nichts schaden, wenn auch wir uns ein wenig in ihre magische Weltschau versenken . . .
Ohne viel zu ändern, können wir das Landschaftsgemälde des Dichters in das Bild der einstmals grünen Sahara einfügen. Nur die Umgebung des Sees war weniger wüstenhaft. Um die Ufer zogen sich verschilfte Sümpfe, durch die, wie im Nildelta, verzweigte Flüsse strömten. Der Dschebel Tebagha und die Berge von Matmata lagen im Schatten dichter Wälder, während sie heute braunen, ausgeglühten Schlackenhalden gleichen. Sicher fegten auch in der Vorzeit die Ausläufer von Sand- und Staubstürmen bis zur Küste; in den Savannen und Steppen des Hinterlandes gab es schon ausgedörrte Striche, wo der Boden dem Wind keinen Widerstand entgegensetzen konnte.

Athene, die Triton-Geborene, und Neith, Tochter des Großen Wassers

Weit über die Grenzen Libyens hinaus bekannt und in der ganzen antiken Welt berühmt wurde der Tritonsee durch die Sage, daß die Göttin Athene seinen Wassern entstiegen sei oder doch an seinen Ufern geboren wurde. Die Fachwelt steht noch heute diesem Mythus ratlos gegenüber:
»Eine alte Bezeichnung der Göttin lautet Tritogeneia . . . Die Silbe »gen« könnte, falls sie griechisch wäre, am ehesten »geboren« bedeuten, »trito« erinnert an den Namen der Meeresgöttin Amphitrite und Triton. Es ist deshalb nicht unmöglich, daß sich der Name auf ihre Geburt oder ihren Ursprung aus irgendeinem Wasser bezieht; denn ihr Kult wird gewöhnlich . . . in Verbindung mit einem Strom oder einem Gewässer angetroffen, vom kleinen Fluß Triton in der Nähe von Aliphera in Arkadien . . . bis zum See Tritonis in Afrika, wo sie mit einheimischen Göttinen gleichgesetzt wurde. Wenn wir wüßten, welcher Sprache der Name Triton samt seiner etymologischen Familie angehört und was er ursprünglich bedeutete, würde wohl einiges Licht auf den Ursprung der Athena und ihres Mythos in vorgriechischer Zeit fallen, aber leider haben wir davon keine Kenntnis.« (ROSE)
Dazu ist zu bemerken: Griechische und römische Autoren haben schon vor 2000 und mehr Jahren alles gesagt, was zu des Rätsels Lösung nötig ist. Da uns die libysche Athene = Neith sowohl im Atlantisbericht als auch in den folgenden Alexandriner Berichten immer wieder begegnet, müssen wir uns mit dem Problem ausführlicher befassen.

Am bekanntesten ist uns Athene als Göttin des Krieges. HOMER preist sie als Vorkämpferin der achäischen Fürsten vor Troja. Eine ähnliche Aufgabe hat sie als Helferin des Odysseus bei seinen Irrfahrten und zuletzt bei seiner schrecklichen Abrechnung mit der Übermacht der Freier. Viele Beinamen zeugen von diesem kriegerischen Wesen: *Vorkämpferin, Mächtige, Gefährtin des Ares* . . .

Als Rüstung trägt sie die Aigis, ursprünglich ein Ziegenfell als älteste Schutzwaffe. Es bedeckt den Oberkörper wie ein Umhang, durch dessen Halsloch man den Kopf steckt, oder hängt wie ein Schild über den linken Arm herab. Die Kunst der Metallzeit stellt die Göttin in griechischer Rüstung dar, mit reichverziertem Helm, einem Schuppen- oder Plattenpanzer und mit Speer und Schild. Auf diesem oder auf dem Panzer ist das abgeschlagene Haupt der Gorgo-Medusa als Schreckenszeichen angebracht.

Mit ihren Waffen bekämpft Athene ebenso die finsteren Mächte von Krankheit und Tod. Schon Ende des 6. Jh. v. Chr. wird sie als *Göttin der Heilkunst* erwähnt. Als solcher war ihr die Schlange heilig. Überhaupt verehrt man sie seit ältester Zeit auch als Schutzherrin friedlicher Künste und Kulturtaten. Unter dem Namen *Die Werkende* war sie die Patronin des weiblichen Kunstfleißes, vor allem des Spinnens und Webens. Eine Statue Athenes mit einer Spindel in der Hand stand u. a. auf der Akropolis von Athen. Zu ihren größten Taten rechnet man die Erschaffung des Ölbaums, den sie in Attika einpflanzte, sowie des Pfluges; zu ihren schönsten Werken zählt die Erfindung der Flöte und des Flötenspiels. In engem Zusammenhang mit alledem steht, daß Athene als die *Göttin der Klugheit, der Besonnenheit, des denkenden Verstandes, als Schirmherrin der Künste und Wissenschaften* gilt. In dieser Eigenschaft war ihr die Eule heilig, die noch heute eine beliebte Symbolfigur für Weisheit und Forschung darstellt.

Nun pflegten die Griechen fremde Götternamen nicht einfach zu übernehmen, sondern (meist) durch solche von wesensverwandten Gottheiten aus ihrem eigenen Olymp zu ersetzen. Der ägypt. Sonnengott Ra galt ihnen als ihr Helios; den Götterkönig Amun stellten sie ihrem Zeus gleich; im Ptah von Memphis, dem Patron der Künstler und Handwerker, sahen sie ihren Hephaistos, den kunstfertigen Gott der Bronzeschmiede, und so fort. So glaubten sie auch, in der *Neith von Sais* ihrer eigenen Göttin *Athene* zu begegnen, nur unter libyschem Namen. Die Ägypter vertraten die gleiche Ansicht:

»Schutzpatronin dieser Stadt (Sais) ist eine Göttin; auf ägyptisch heißt sie Neith, doch versichern die Leute von Sais, es sei keine andere Göttin als die, die wir Hellenen in unserer Sprache Athene nennen.« (KRITIAS 21 e)

Neith stammt aus dem Westen und verkörperte sich ursprünglich in einem Waffenfetisch. Dieser, ein Fellschild mit zwei gekreuzten Pfeilen dahinter, stand auf einem Pfahl aufgesteckt vor ihrer Kulthütte. Bei den Ägyptern trägt sie den Beinamen *Herrin von Libyen.* Von den einwandernden Nomaden vorzeiten ins Delta gebracht, genoß sie auch bei den Eroberern und Reichseinigern aus dem Süden höchste Ehren und besaß bereits im Alten Reich weitere Kultstätten in Esne, Abydos und Memphis. Nach ihr nannten sich Königinnen wie *Mer-neith = geliebt von Neith* und *Neith-okret = Neith ist vortrefflich,* letztere bei den Griechen die berühmte blonde Nitokris. Auch Pharaonen führten ihren Namen, z. B. *Neith-hotep = Neith ist zufrieden* und Amasis, der sich *Se-neith = Sohn der Neith* nannte.

Bei den Ägyptern hieß sie, mit Anklang an ihren Namen, auch *Nerit = die Schreckliche.* Gleich der Vorkämpferin Athene ist sie eine Kriegsgöttin. *Die Wege-Öffnerin* nennt man sie, d. h. die dem König in der Schlacht voranstürmt und die Reihen der Feinde durchbricht. Noch in römischer Zeit hieß sie *Lehrmeisterin des Kampfes.* Als Schützin mit Pfeil und Bogen bekämpft sie wie die heilende Athene auch die finsteren Mächte, die man nicht sieht. Deshalb gilt sie als Zauberin. Zauberei aber ist eng mit der Heilkunst verknüpft; so wird Neith die *Schutzpatronin der Heilkunst.* In ihrem »Haus des Lebens« in Sais bestand eine besondere Abteilung für den ärztlichen Unterricht. Aus der alten Tempelmanufaktur, in der Zeugstücke und Binden für die Hüllen der Verstorbenen verfertigt wurden, entwickelte sich Sais zu einem großen Zentrum der Gewebefabrikation. Seine Stadtgöttin galt deshalb seit dem Neuen Reich als *Schirmherrin der Weberei.* Sie zeigte sich den Griechen also in der gleichen Gestalt wie Athene, die Werkende.

Diese Parallelen sind kein Zufall. Viele Züge des griechischen Athenebildes stammen direkt aus Libyen; denn das prähistorische Hellas ruhte auf einer starken libyschen Volks- und Kulturschicht. Gegen Ende des 4. Jahrtausends, als König Menes das Delta eroberte, ergoß sich außerdem ein Strom von libyschen Flüchtlingen nach Kreta und über die Insel nach Hellas. Die Auswanderer brachten ihre Großgöttin Neith in die neue Heimat; im Gebiet von Korinth auf dem Berg Potinos sah PAUSANIAS noch im 2. Jh. n. Chr. die Trümmer eines Tempels der *»saitischen Athene« = der Neith von Sais* (II 36, 8). Derselbe Weltreisende berichtet von einer bemalten Bildsäule der Athene über dem Kerameikos (Töpferviertel) von Athen: »Da ich sah, daß die Bildsäule der Athene blaugrüne Augen hatte, fand ich, daß die Sage eine libysche sei; denn diese erzählt, sie sei *die Tochter Poseidons und des Tritonischen Sees,* und deshalb habe sie wie Poseidon blaugrüne Augen.« (I 14, 6)

Damit sind wir beim Tritonsee. Dieser, oder auch ein Tritonfluß in Libyen, wird unzählige Male als Geburtsstätte der Athene erwähnt: »Athene gilt bei ihnen (den dortigen Stämmen) als Tochter des Poseidon

Oben: Neith mit der roten Krone von Unterägypten. Die Hände der schreitenden Figur hielten Pfeil und Bogen aus Metall; bei der Sitzfigur war es vielleicht das Lebenszeichen »anch«. – 26. Dynastie. – (HAAS, IONS)
Unten: Urtümliches Heiligtum der Neith – (HAAS; Rekonstruktionsskizze vom Verfasser)

und des Tritonsees (HERODOT IV 180); »Athena . . . die aus der Erde entsprossen war bei dem Fluß Triton, woher sie den Namen Tritonis hat« (DIODOR III 70), und so noch viele Beispiele. Diese Tradition blieb bis zum Kirchenvater Augustinus lebendig, der im Gebiet des heutigen Tunesien geboren wurde und lange dort lebte.
Neben *Triton-ís = die Tritonische* steht *Trito-géneia = die Triton-Geborene;* für beide Ausdrücke konnte man bisher keine bindende Erklärung finden, noch weniger für den dritten Beinamen *Atrytonä.* Doch wir brauchen nur an die Stelle der Athene die libysche Neith zu setzen. Zu den ältesten Wesenszügen der Neith zählt nämlich auch ihre *Verbundenheit mit dem Wasser.* Schon in den Pyramidentexten steht sie dem *Urgewässer* nahe, aus dem am Beginn der Welt die Erde emportaucht. Sargtexte bringen sie mit dem *Hochwasser des Nil* zusammen. Ein ptolemäischer Text nennt sie *Herrin des Meeres.* Sie ist sogar selbst aus dem Nil entstanden, der dem Ägypter als Teil der heiligen Urflut gilt. Römische Autoren überliefern Neith als *Tochter des Nil.* Der wichtigste Text (ARNOBIUS adv. nat. IV 16, bei BONNET) lautet:
»(Der Nil) zeugte sie aus den flüssigen Wassern und verband sie durch Verdichtung des Saftes zu jungfräulicher Gestalt – *generavit aquis ex liquidis et in virgineos habitus roris concretione conduxit.*« (Also eine Art Parallele zur »schaumgeborenen« Aphrodite)
Der Nil aber hieß in grauer Vorzeit *Trítonos (potamós) = der Tritonische (Fluß)* oder *Triton; Tritonisches Theben* nannte man z. B. die am Nil gelegene Stadt zum Unterschied von dem griechischen Theben.
Die Lösung liegt also offen auf der Hand: sooft im griechischen Mythus von der *Athene Tritonis, Tritogeneia, Atrytonä* die Rede ist, müssen wir sie als die *libysche Neith, »Tochter des Nil«,* ansehen.
Wie aber kommt der Nil zum Namen Triton? Nil stammt aus semit. *nahal = Fluß;* die Griechen machten daraus *Neil-os.* Der Ägypter aber hat diesen Namen kaum gebraucht; in der Sprache des Volkes nannte er diesen einzigen Strom seines Landes einfach *aatru, eatru, jotru = Fluß;* als Dialektvarianten kommen noch vor *aatr, jatr, jatr'a.* Das alles steckt, wie ich meine, als *atry-* in dem Athene-Beinamen *Atrytonä* der Griechen. Von hier aus läßt sich sogar die libysche Wurzel ausgraben; sie heißt bei den Tuareg (Dial. Ahaggar):
etrem = herabsteigen und wird gebraucht für eine Person, ein Tier, ein Ding und für *fließendes Wasser;* im neutr. = *stromabwärts gehen, fließen.* Davon werden gebildet u. a. *atrum = das Hinuntergehen; ataram = unterer Flußlauf; Seite, nach der ein Wasser fließt.* Dazu ferner die Wurzel *utrar = hinabsteigen über einen sanften Abhang, ein Gefälle,* gleichfalls

gebraucht für eine Person, ein Tier, eine Sache und für *fließendes Wasser.* (FOUCAULD II 669)
Ein Ausdruck aus dem Mittleren Reich lautet *aatruti, jatruti = Ägypten, d. h. Land des Flusses (aatru).* Das vervollständigt die Brücke zum griech. *Atrytonä.* Vom ägypt. *aatruti* ist es lautlich auch nicht mehr weit zum griech. *Triton;* aus dem Namen der Ägypter für ihren Fluß glaubten die Griechen ihren eigenen Wassergott herauszuhören. Die altindische Form *Tritá* (ein vedischer Gott, genannt *Sohn des Wassers*) und die griech. weibl. Form *Tritē* (erhalten in *Amphitrite,* Gattin des Poseidon) nähern sich noch mehr dem ägyptischen Wortklang.
Die ägyptisch-libyschen Worte für *Fluß, Wasserlauf, fließendes Wasser* usw. galten natürlich nicht für den Nil allein, sondern für jeden Strom. So hieß auch das heutige Wadi Igharghar in der westlichen Sahara ganz einfach *der Fluß,* bei den Griechen also wieder *Triton;* von dem Fluß ging der Name auf den See über, in den er mündete, den *Tritonsee.*
»Athene«, Tochter des Meergottes Poseidon und der Göttin des Tritonsees, ist ein und dieselbe Person wie Neith. Von den libyschen Einwanderern wird sie an den Nil gebracht und ist dann dort die dem Nilfluß Entstiegene, in der späteren ägyptischen Mythologie die Göttin der heiligen Überschwemmungsflut des Nil, Herrin des Meeres und überhaupt des lebenspendenden Urwassers. Dieses Ergebnis wird die bisher ratlosen Historiker und Philologen sicherlich freuen.
Doch auch für die Atlantisforscher ist es von nicht geringer Bedeutung, beweist es doch, daß die bei PLATON wiederholt behauptete Personengleichheit Athene – Neith keine Erfindung des so oft angegriffenen Autors darstellt, sondern der historischen Überlieferung entspricht und mit Sicherheit bereits aus dem ägyptischen Text stammt, der dem SOLON vorgelegt wurde. Nun erfassen wir auch die Worte des Hohepriesters von Sais in ihrem ganzen heiligen Ernst, wenn er SOLON sagt, er wolle ihm nichts über die Vergangenheit von Ur-Athen und dessen Rolle in der Atlantisgeschichte verschweigen: »*Vor allem wegen der Göttin, die gemeinsame Schutzpatronin, Herrin und Lehrmeisterin unserer beiden Städte (Sais und Athen) ist.*« (KRITIAS 23 d–e)

Verschollene Städte, heilige Feuer

Die Insel der Amazonen hieß *Hespéra = Abend, Abendgegend, Westen.* Den Namen *Hespéria = die abendliche (Gegend)* gebrauchten die Griechen auch als Gleichwort für *Libyen,* das von Hellas aus gesehen gegen

Sonnenuntergang liegt. Dort verdämmerte der Horizont in mythisches Dunkel. Die Küste des Ozeans bildete den Rand der Erdscheibe. An diesem Ende der Welt hausten die *Hesperídes = die Westlichen, Töchter der Nacht,* die in den Gärten des Himmelsträgers Atlas den Lebensbaum mit den goldenen Äpfeln hüteten, um dessen Stamm sich die Schlange Ladon ringelte.

Zugegeben: der Inselname *Hespéra* klingt so, als wäre er nichts weiter als ein Bestandteil jener Sagen und nebelhaften Vorstellungen. Die Frage, ob nicht doch etwas Greifbares dahintersteckt, haben sich die Philologen und Historiker noch nicht gestellt. Sie hätten es tun sollen. Dem griech. *hespéra = Westen* entspricht das ägypt. *manu = Westen, Westgebirge, Libyen,* und dieses begegnet uns in der Variante *Mene* als Name einer Stadt auf eben derselben Insel *Hespéra.*

Hier sind wir augenscheinlich auf eine Art Bilingue (Text in zwei Sprachen) gestoßen, die unser DIODOR in seinen Quellen vorfand und abschrieb, ohne zu wissen, daß das griech. *hespéra* nur die Übersetzung des eingeborenen *mene = manu* darstellt.

Letzteres erweist sich als echtes Kind der Berbersprache. Vor der einstigen Ausmündung des Tritonsees in die Syrte liegt die Insel *Menix, Meninx* (heute das Touristenziel Dscherba), benannt nach einer Stadt *Meninx,* im Altertum ein Hauptort der karthagischen Purpurfärberei (heute arab. ßuk = Markt). Der Brunnen *el-Menia* liegt südlich des Sahara-Atlas. In der marokkanisch-algerischen Sahara lebt der Berberstamm *Dui Menia.* Wieder mit dem Syrtengebiet verbindet uns die Tuaregsippe *Menân* (FOUCAULD II 148); dort wohnten die Tuareg, bevor sie von den Arabern in die Wüste abgedrängt wurden. Im Schott el-Dscherid liegt eine Palmeninsel mit der Ortschaft *Keluamene;* ob in der zweiten Namenshälfte das alte *mene* steckt, kann ich freilich nicht sicher behaupten. Der Stammes- bzw. Ortsname erstreckt sich bis zu den Kanarischen Inseln; auf Ferro findet sich ein alter Guanche-Ort *Amanai* (TORRIANI 24).

Was das ägypt. *manu* betrifft, so fällt die Erklärung nicht schwer: seit Urzeiten wanderten libysche Nomaden ins Niltal ein; dabei brachten sie den Namen ihrer Heimat oder Sippe mit nach Ägypten. Die Ägypter übernahmen ihn als Bezeichnung für das Herkunftsland der Einwanderer, eben als *manu = Libyen,* vom Nil aus gesehen = *Westland, Westen.*

Als einzige Stadt auf der Insel wurde Mene von den Amazonen verschont, obwohl dort ein wehrloser Stamm von Fischern wohnte und verlockende Beute winkte; der Ort besaß kostbare Steine: *anthrax* = granatroter Halbedelstein; *sardion* = Karneol; *smáragdos* = nicht unser Smaragd, sondern ein hellgrüner, durchsichtiger Flußspat oder Kristall. Ein solcher Grünstein, von den Mineralogen Ophit genannt, war im prähistorischen Nordafrika zur Herstellung von Waffen sehr begehrt; feingeschliffene Äxte von diesem Grünstein zählen zu den häufigsten Funden aus der kleinafrikanischen Grotten- und Sahara-Kultur (MENGHIN 362, 369). DIODORS Überlieferung zeigt verblüffende historische Einzelheiten auf.

Die Stadt galt als heilig; denn in ihrer Umgebung fanden »große Feuerausbrüche« statt. Sicher sind brennende Vulkangase gemeint, die überall in der alten Welt als heilig verehrt wurden. Wir wissen nicht, wo Mene lag, da die Feuer erloschen sind. Doch um den Schott el-Dscherid gibt es Restspuren vulkanischer Tätigkeit in Menge, nämlich heiße Quellen. Die Römer wußten deren Heilkraft besonders zu schätzen: in Gafsa, dem alten Kapsa, kann man die Hände in römische Brunnenbecken tauchen, in die sich die heißen Wasser wie vor 2000 Jahren ergießen. Auch bei Rhidma am Südrand des Schott hat man die Ruinen eines römischen Thermalbades aus dem Sand gegraben. Auf der Karte wimmelt es von Ortsnamen, die sich aus dem arab. *hammâ = heiß sein* ableiten und mit *hammâm = heiße Quellen, Warmbad* zusammengehören: die Oase *El Hamma* bei Tosör, von den Franzosen *La Hamma du Djerid* genannt zum Unterschied von *Hamma* bei Gabés. Dieser Ort liegt am *Wadi el-Hamma,* das von Süden in den Schott mündet. Sogar der äußerste Ostzipfel des Salzsees, wo der einstige Tritonsee ins Meer mündete, führt den Namen *Schott el-Hamma.*

Nach der Unterwerfung der umwohnenden Stämme bauten die Amazonen eine Stadt, der sie »nach ihrer Lage den Namen *Cherrónesos* gaben«, d. h. Halbinsel. Die Stadt lag also auf einer in den See hinausragenden Landzunge.

Nun bilden die stark zerrissenen Ufer des Sees, besonders am Südrand, viele Halbinseln. Eine jede von ihnen könnte es sein, ebenso eine, die durch Versumpfung und Versandung längst verschwunden ist. Am ehesten kommt aber die mächtige Landzunge in Frage, die von dem westlichen Ausläufer des Dschebel Tebagha gebildet wird und in Gestalt von zwei stumpfen Fingern 40 km in den Schott hinausragt. Auf dem südlichen Finger liegt die Ortschaft *el-Dschesira = Insel, Halbinsel.* Natürlich muß dieser arabische Marktflecken nicht auf den Fundamenten des alten *Cherrónesos* stehen, dessen Name dasselbe bedeutet. Doch fällt gerade dort noch etwas auf: die Sumpfbucht nördlich davon nennen die Araber *Schott Firaun = See des Pharao,* und der ganze Landstrich auf dem nördl. Finger heißt *Bled Firaun = Land des Pharao.*

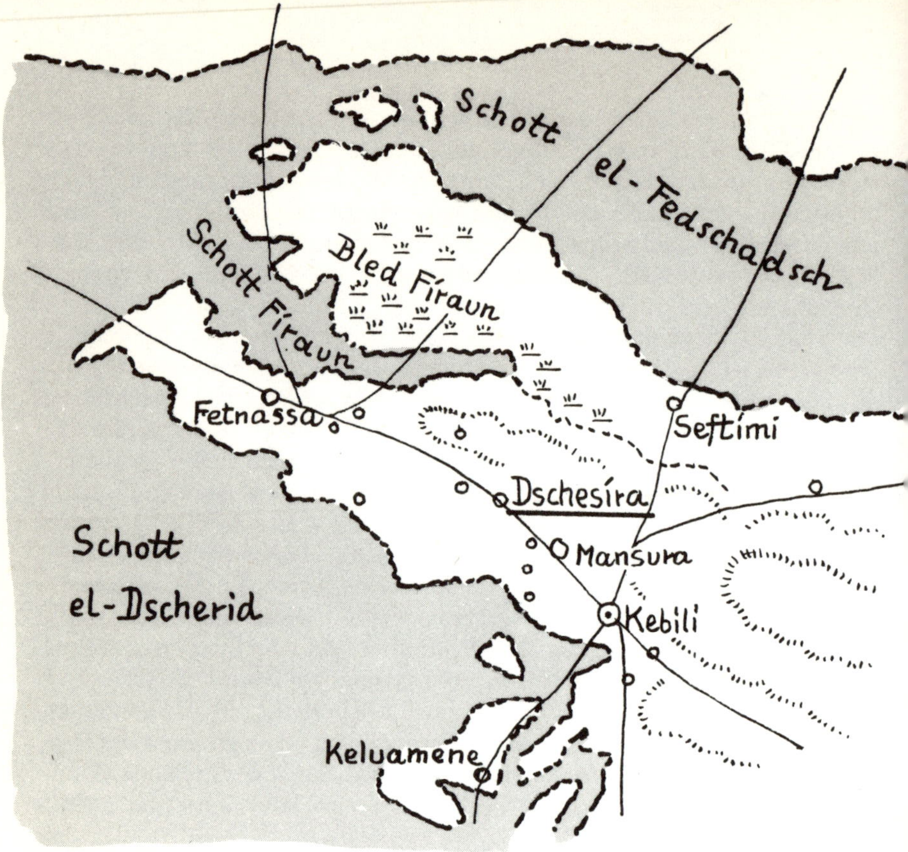

Mit *Pharao (firaun, firon, faraun, farun)* zusammengesetzte Ortsnamen bezeichnen bei den Arabern Gegenden oder Bauwerke, die wirklich oder vermeintlich mit der altägyptischen, d. h. überhaupt vorarabischen Geschichte zu tun haben; so auf der Sinai-Halbinsel und in Palästina und Syrien. Dieselbe Regel gilt wohl auch für den fernen Westen. Wie die Felsgravierungen und -malereien beweisen, reichen wirklich ägyptische Kultureinflüsse – vielleicht durch heimgekehrte libysche Söldner vermittelt – über den Tassili und Fessan bis in den Sahara-Atlas hinein. Erklären sich daraus auch unser *Schott Firaun* und *Bled Firaun?* Oder haben diese Bezeichnungen gar nichts mit Ägypten zu tun und sind – wie auch im Vorderen Orient – in Wirklichkeit dunkle Erinnerungen an Dinge aus versunkener Urzeit? Hängt das arabische *Dschesira* vielleicht doch mit der vorgeschichtlichen Amazonenstadt *Cherrónesos* zusammen?

Amazonen = Amazigh-Berber

Gegen Ende des 13. Jh. v. Chr. bildeten die *Maschusch* die Spitze mehrerer Angriffswellen aus den westlichen Steppen gegen das Nil-Delta und konnten nur mit Mühe zurückgeschlagen werden. Ihre nicht minder kriegerischen Urenkel nannte man noch im vorigen Jahrhundert die »Ritter der Wüste«. Es sind mit demselben Namenskern in den verschiedenen Dialekten die *I-muschagh,* Einzahl *A-maschegh* = Tuareg (dial. Berber), dasselbe = adeliger Tuareg (dial. Adrar); *I-mascheghen,* Einz. *A-maschegh* = adeliger Tuareg, *I-muhagh,* Einz. *A-mahagh* = Tuareg (dial. Ahaggar).
Grundlage ist das Zeitwort *mudschagh* = ein adeliger Tuareg sein; edel an Herz, Charakter, Manieren; zu den Stämmen gehören, die sich *Amadschegh* nennen (Air, Jullemeden, Kel Gerés); inkorrekt auch *muhegh* ausgesprochen. (FOUCAULD I 451/52)
Den fast unveränderten ägypt. Namen *Maschusch* tragen in Marokko die *Masusa* (Mazuza) der Rif-Berge bei Melilla, auch die *Massa* nördl. des Wed Draa gehören hierher. Bei HERODOT und in den historischen Atlanten finden wir die Namen so wiedergegeben, wie sie die Griechen und Römer auszusprechen versuchten: *Mazy-es, Mazik-es, Mazik-ai, Mazaek-es, Maxy-es, Maxi-tani,* heute = *I-mazigh-en,* Einz. *A-mazigh* = speziell ein Berberstamm bei Ghadames südl. der Kleinen Syrte. HERODOT setzt sie für seine Zeit noch jenseits des Tritonsees hinauf, ins heutige Tunesien.
Alle die genannten Stämme wohnen und wohnten um die Kleine Syrte am alten Tritonsee. Alle Namen klingen, wenn man die rauhen Dialektvarianten halbwegs versteht, an das griech. *A-mazon-es* an. Das Ergebnis ist schon jetzt, auf Grund der geographischen und etymologischen Tatsachen, eindeutig: die libyschen Amazonen am Tritonsee sind keine Sagenfiguren aus dem Märchenland, sondern die Vorfahren eines Teils der heutigen Berberstämme.

Mutterrecht und Weiberherrschaft in Libyen

»Ein Volk, das von Weibern beherrscht wurde«, nennt DIODOR die libyschen Amazonen. In der Sprache der modernen Völkerkunde sagt man dazu *Gynäkokratie = Frauenherrschaft;* im älteren und weiteren Sinn handelt es sich um das *Matriarchat = Mutterherrschaft, mutterrechtliche Sozialstruktur.* Bei dieser steht die Großfamilie unter der absoluten

Autorität der Matrone. In der Erbfolge und Familienbildung tritt die mütterliche Linie in den Vordergrund; der Schwiegersohn zieht zur mütterlichen Hausgemeinschaft seiner Frau usw. Die Frau tritt im religiösen Leben oft als Priesterin auf; weibliche Gottheiten werden bevorzugt; die Frau nimmt sogar als Kriegerin an den Kämpfen teil. Daraus entwickelt sich die *Gynäkokratie,* d. h. die politische Machtstellung der Frau als König und Häuptling. Die markantesten Beispiele in Afrika sind der libysch-berberische, der meroitisch-ägyptische und der rhodesische Kulturkreis. In den dortigen Reichen war z. B. die Königin-Mutter Mitregentin des Königs, verfügte über einen eigenen Hofstaat, übte großen Einfluß auf das politische Leben aus und besaß richterliche Funktionen. Mutterrecht und Frauenherrschaft zeigen sich schon in den Schöpfungsmythen und Urstandssagen der Libyer und strahlen über den Sudan bis tief nach Schwarzafrika hinein.

Bei den Rifkabylen tritt nicht ein männlicher Schöpfergott auf, sondern die »Große Mutter der Welt« macht alle Dinge. In den Sagenkreisen des Sudan sind die Frauen die ersten Besitzerinnen des Feuers, d. h. der höheren Kultur; die Männer mußten ihre Nahrung roh verzehren, bevor sie mit den Weibern zusammenkamen. Vielfach heißt es, daß das Männerdorf vom Frauendorf getrennt war, so bei den Ekoi, wo die Männer nach der Heirat den Frauen dienen mußten. In der Urstandssage der Nupe bekam ein Jäger, der sich ins Weiberdorf verirrte, zuerst Prügel. Bei den Yóruba lockte Ahun, die Schildkröte, die Weiber aus ihrem Dorf zu den Männern. Ähnliches gilt für die Aschanti, Besari, Ost-Ewe und einige Küstenbantu, die noch bis in die Neuzeit hinein vielfach weibliche Häuptlinge hatten, bis hinüber zu den Schambala in Ostafrika. (BAUMANN 367 ff.)

Bei den Kanuri-Berbern und den Tuareg herrschte ein ritterlicher Frauenkult, der an die Sitten der Minnesänger und Troubadoure des europäischen Mittelalters erinnert. Die Frau ist dem Mann rechtlich gleichgestellt, in manchen Dingen übergeordnet. Sie bestimmt, wen sie zum Gatten will; die Zugehörigkeit zu einem Stamm richtet sich nach der Mutter der Frau. Nicht der leibliche Vater ist der nächste männliche Verwandte des Kindes, sondern ein Bruder der Mutter; von diesem Onkel erben dann auch die Kinder. Bei den Maba im Wadai besteht eine scharfe Trennung zwischen dem Besitz des Mannes und dem der Frau; letztere ist weitgehend selbständig.

Im vorgeschichtlichen Ägypten wird Isis von Osiris als Stellvertreterin in der Herrschaft eingesetzt und steigt nach seinem Tod zur Alleinherrscherin auf: »Aus diesem Grund sei verordnet, daß die Königin größere

Macht und Ehre haben sollte als der König, und daß auch beim Volk die Frau über den Mann herrsche. Deshalb versprechen auch die Männer bei der Heirat in einem schriftlichen Ehevertrag, daß sie ihrem Weib in allen Stücken gehorchen wollen.« (DIODOR I 27)
Bei den Guanchen der Kanarischen Inseln hing die Erbfolge in der Häuptlingswürde von der mütterlichen Herkunft und mehr noch von der Gattin ab. Für die hohe soziale und politische Stellung der Frau spricht folgender Bericht:
»Als Fuerteventura erobert wurde, war es von vielen Herzögen und zwei obersten Frauen beherrscht, die von allen auf das höchste geachtet wurden. Die eine hieß Tamonante. Sie leitete die Angelegenheiten der Gerechtigkeit, entschied die Widersprüche und Zwistigkeiten zwischen den Herzögen und Vornehmen der Insel und war in allen Dingen der Regierung übergeordnet. Die andere war Tibiabin, eine prophetische Frau von hohem Wissen, welche . . . viele Dinge vorhersagte, die später wirklich geschahen, weshalb sie von allen wie eine Göttin gehalten und verehrt wurde. Sie leitete die Angelegenheiten der Zeremonien und Riten als Priesterin.« – Eine ähnlich einflußreiche Rolle spielte eine Adelige namens Attidamana auf Gran Canaria. (TORRIANI cap. 22 und 30)

Weiberkrieger

». . . bei ihnen war die Kriegskunst eine Sache der Weiber. Sie mußten für eine bestimmte Zeit Kriegsdienst tun und unverheiratet bleiben.« (III 53)

Das deckt sich mit dem Bericht über die Aithioper am oberen Nil: »Auch ihre Weiber bewaffnen sie, wenigstens bis zu einem bestimmten Alter . . .« (DIODOR III 8). Bei den Zabeken westlich der Maxyes (Amazigh) lenkten die Weiber die Streitwagen in der Schlacht (HERODOT IV 193). Die Frauen der Urbewohner von Palma (Kanaren) »waren tapferer als die Männer, und in Gefahren gingen sie voraus und kämpften wie die Männer mit Steinen und Stöcken.« (TORRIANI cap. 67) Aus den Kämpfen der Spanier mit den Guanchen der letztgenannten Insel erzählt der spanische Historiker ABREU (p. 141):
»Die Eroberer trafen auf eine schöne Frau von riesenhaftem Wuchs mit Namen Guayafanta, die mit großer Tapferkeit und Entschlossenheit kämpfte. Als sich diese blonde Kriegerin auf allen Seiten von den Feinden umzingelt sah, so daß sie keinen Weg zur Flucht offen fand, packte

sie plötzlich einen Spanier, nahm ihn unter ihren Arm und rannte mit ihm zu einem hohen und steilen Felsen, um sich und ihren Feind kopfüber hinabzustürzen. Sie würde ihre Absicht auch sicher verwirklicht haben, wenn nicht ein anderer Spanier gewesen wäre. Er rannte hinter ihr her und verwundete sie rückwärts am Bein, so daß sie zu Boden fiel.«

Von den Mädchen der Machlyes (Imuhagh) am Tritonsee heißt es: »An dem jährlichen Fest, das sie der Athene (= Neith) feierten, kämpfen die Jungfrauen, in zwei Gruppen geteilt, mit Steinen und Stöcken gegeneinander. Sie erfüllen damit . . . eine altüberkommene Pflicht gegenüber ihrer einheimischen Göttin, die bei uns Athene heißt . . . Nach dem Kampf geschieht folgendes: die Jungfrau, die am tapfersten gekämpft hat, wird mit einem korinthischen Helm und einer hellenischen Kriegsausrüstung geschmückt und auf einem Wagen um den See herumgefahren. Womit sie die Frauen vor der Gründung der hellenischen Siedlungen geschmückt haben, kann ich nicht sagen, doch vermute ich, daß es mit ägyptischen Waffen geschehen ist . . .« (HERODOT IV 180). – Vielleicht steckt in dieser letzten Bemerkung eine Spur, die zu dem Rätsel des Schott Firaun und Bled Firaun führt?)

Hat bei dieser Stelle schon jemand an die Zweikämpfe der Guanchen von Gran Canaria gedacht?

»Sie hatten öffentliche Plätze außerhalb der Dörfer, wo sie ihre Zweikämpfe ausfochten. Es ist dies ein von einer Steinmauer umschlossener Raum, wo ein erhöhter Platz hergestellt war . . . Nach ihrer Ordnung mußten sie, wenn sie zum Zweikampf antreten wollten, von den zwölf Kriegsräten . . . die Erlaubnis erbitten . . . Darauf gingen sie zum Facay (Oberpriester) um die Bestätigung. Sobald dies geschehen war, versammelte jeder seine Freunde und Verwandten, damit sie ihre Tapferkeit bewunderten und sich an ihrer Gewandtheit erfreuten. Die Waffen waren für jeden ein Stock mit einer Keule, drei Wurfsteine und einige scharfe Steinklingen. Sie stellten sich jeder auf einen flachen Stein am Rande des Kampfplatzes . . . und erwarteten, ohne die Füße zu rühren, den Wurf der drei Steine; wohl aber wichen sie mit dem Körper den Würfen aus. Darauf näherten sie sich mit den Keulen und Steinklingen einander und bearbeiteten sich, bis sie müde wurden und sich zurückzogen. Nachdem ihnen Freunde und Verwandte etwas zu essen gegeben, kehrten sie zum Kampf zurück und fügten einander solange Keulenhiebe und Schnitte zu, bis das Oberhaupt der Gayres (Kriegsräte) sie für tapfer erkannte und sagte: gama, gama, d. h. es genügt, oder: nicht mehr, nicht mehr . . . Diese Zweikämpfe führten die Kanarier, um ihre Kräfte

zu üben und zu messen bei Unterhaltungen und Festen, oder wenn sie einander den Ruhm neideten.« (ABREU 35, p. 90)
Ähnlich schilderte es TORRIANI (cap. 35). Die Steinklingen waren scharfe, dünne Splitter, die sie zwischen den Fingern der linken Hand hielten, wohl in der Art der Zacken bei einem Schlagring. Man nannte sie Tavas, die auch als Messerchen benutzt wurden und so scharf waren, daß man mit ihnen zur Ader ließ.
Die Waffen waren die gleichen geblieben, doch aus den kultischen Kämpfen der Libyerinnen am Tritonsee waren im Laufe der Zeit sportliche Veranstaltungen geworden, die allerdings unter strengen Regeln standen und durch die Person des Oberpriesters noch einen Rest der alten Weihe erkennen lassen.

Schutzwaffen aus Fell, Menschenhaut, Schlangenbälgen

»Als Schutzwaffen gebrauchten sie die Häute großer Schlangen . . .« (III 54)

Der Kentaur (Pferdemensch) auf dem griechischen Vasenbild (s. Skizze) zeigt die älteste Form der Schutzwaffe, bei der Schild und Harnisch noch primitiv vereinigt sind: einen Fellumhang. Hier ist es ein Pantherfell, das mit den Vorderpranken um den Hals des Trägers geknüpft wird. Soll es im Kampf den Körper schützen, wird es über den linken Arm herübergezogen und fängt wie ein dicker Vorhang die feindlichen Geschosse oder Stöße ab.
Herakles zieht dem erschlagenen Höhlenlöwen von Nemea das Fell ab und trägt es fortan als Schutzumhang. Vor der Schlacht wirft sich der Trojaner Paris ein »wildes Pantherfell« um die Schultern, der Held Dolon das »Fell eines grauen Wolfes« (HOMER Ilias III 17, X 334). Die zwerggestaltigen Bese der Ägypter stülpen die Gesichtshaut und Mähne des Löwen wie einen Helm über den Kopf, während der Schwanz des Untiers hinten vom Gürtel herabbaumelt.
Die berühmteste, zugleich von Grausamkeit und Schrecken umwitterte Schutzrüstung dieser Art ist die *Aigis* der Athene, ein Überwurf aus Ziegenfell (griech. *aix = Ziege*) mit der grinsenden Maske der Gorgo-Medusa auf der Brust und mit einem Geflecht sich ringelnder Schlangen umsäumt. Getragen wird dieser Überwurf als richtiger, den Körper allseits deckender Umhang; durch sein Halsloch steckt man den Kopf, nicht anders, als es heute noch die griechischen Hirten zum Schutz gegen das Wetter tun.

Ursprünglich war die Aigis ein Attribut des Zeus, des obersten Wetter- und Gewittergottes. Da es im alten Hellas üblich war, Statuen zu bekleiden, hat man ein solches Ziegenfell vielen hölzernen oder steinernen Idolen umgehängt, die den Zeus darstellen sollten. Dadurch wurde die Aigis selber zu einem geweihten Gegenstand, der von göttlicher Kraft erfüllt war und sogar aus sich selbst Wunder wirken konnte. Manchmal leiht Zeus die Aigis anderen Göttern, so dem Apollon in einer Schlacht vor Troja, wo sie dieser als Schreckenszeichen in der Hand hält (HOMER Ilias XV 308). Meist aber trägt sie des Göttervaters Lieblingstochter Athene; in der späteren Kunst gehören Aigis und Athene untrennbar zusammen.

Als Verzierung nähte man Lederfransen um den Rand oder knüpfte in die langen Haarzotten Knoten hinein, so daß ein Saum von Troddeln oder Quasten entstand. Bei der göttlichen Aigis mußten diese Troddeln oder Quasten natürlich aus Gold sein, »kunstvoll geflochten, an die hundert, jede an hundert Stiere wert.« (HOMER Ilias II 548/49)

Von der Gesichtsmaske der Medusa und dem aus Schlangen geflochtenen Saum ist bei der ursprünglichen Aigis der Griechen nicht die Rede. Diese Zutaten kommen aus einem fremden Kulturkreis, der Heimat der Neith, der libyschen Athene.

Hinter dem Tritonsee = Schott el-Dscherid folgen auf den antiken Karten nach Westen der Pallas Palus = Pallas-Sumpfsee und der Libyca Palus = Libyscher Sumpfsee, das sind die Schotts el-Rharsa und Melrir. Der mittlere ist benannt nach dem libyschen Riesen Pallas. Ihn tötete die »libysche Athene«, zog der Leiche die Haut ab und fertigte sich daraus einen Umhang, den die Griechen dann mit der Aigis ihrer Athene gleichsetzten. (APOLLODOROS I 37 u. a.)

Nicht weniger barbarisch klingt eine andere Version. Als der Held Perseus die Gorgo-Medusa getötet und enthauptet hatte, verfuhr »Athene« mit der toten Feindin auf dieselbe Weise: sie zog ihr die Haut ab und hing sich die grausige Trophäe um die Schultern (EURIPIDES Ion 995). Die abgeschundene Gesichts- und Kopfhaut, umrahmt von den Haaren, zierte die Vorderseite des Umhangs – alles in allem eine Schutzrüstung, die durch ihren Anblick allein schon dem Feind Schrecken einflößen mußte, zugleich aber auch, von den magischen Lebenskräften der Toten erfüllt, die Lebenskräfte der Trägerin verdoppelte.

Nach diesem älteren Mythus war die Gorgo-Medusa eine schöne Frau und trug als Kopfschmuck die Bälge von Schlangen; erst der spätere Horror-Mythus verwandelte sie in ein Scheusal mit Haaren aus lebenden Nattern. Vasenbilder und Reliefs zeigen sie auch mit Schlangen als

Oben links: Kentaur mit Pantherfell als Umhang, das er im Kampf zum Schutz des Körpers über den linken Arm vorgezogen hat. Vase, um 440 v. Chr., Detail, Brüssel (PINSENT). – Rechts: Athene, bereits mit Metallhelm. Dieses Bild hat trotzdem noch ausgezeichnet festgehalten, wie der mit Schlangengeflecht besetzte Ziegenfellumhang als Schutzschild über den linken Arm vorgezogen wird. Amphora, Detail, London, British Museum (PINSENT). – Mitte: Athene in einer sehr alten Auffassung: die Aigis als Schild, mit lang herabbaumelnden Schlangenbälgen besetzt. Der ornamentale Stil des Künstlers hat ihnen wildes Leben eingehaucht, was dem magischen Weltbild des damaligen Beschauers entspricht. Amphora, heute verschollen, Detail (BUSCHOR). – Unten: So muß ein prähistorischer Amazigh-Libyer ausgesehen haben, von denen DIODOR III 54 sagt: »Als Schutzwaffen dienten ihnen die Häute großer Schlangen . . .« (Rekonstruktion des Verfassers)

Halsband und Gürtel. Diese Schmuckstücke, der toten Feindin abgenommen und auf den Umhang aus ihrer abgeschundenen Haut aufgenäht, dienten dann dem Rüstungsstück der siegreichen »libyschen Athene« als zusätzliche Zierde und Verstärkung.
Zähe Tierhäute als Versteifung der Fellkleidung im Kriegsfall waren natürlich gesucht. Die Tehenu, Bewohner der westlichen Oasen und des westlichen Delta bis Sais, benutzten zu diesem Zweck Fischhäute. Die Makes (Imuhagh) östlich von Tripolis nahmen in den Krieg »als Schutzwaffen Häute des Vogels Strauß mit« (HERODOT IV 175). Nichts anderes bedeutet unsere DIODOR-Stelle von den Häuten großer Schlangen.
Jetzt dürfen wir die Vasenbilder und Skulpturen der griechischen Athene doch wohl mit anderen Augen als bisher betrachten. Die Aigis geht zurück auf den Schutzumhang, den die Libyer in der Schlacht überwarfen: ein Ziegenfell-Umhang, der mit einer zähen Haut, in diesem Fall mit aufgenähten Häuten großer Schlangen, verstärkt und gleichzeitig verziert war. So gesehen, sind die bildlichen Darstellungen der griechischen Athene mit der schlangengesäumten Aigis nichts anderes als Illustrationen zu DIODORS Angabe, daß die Amazonen-Amazigh Schutzwaffen aus den Häuten von Riesenschlangen trugen.

Hornklingen und feuergehärtete Holzspitzen

»Die Amazonen gebrauchten zum Angriff Schwerter und Lanzen, auch Bogen . . .« (III 54)

Von Bogenschützen erzählen Hunderte von Felsbildern und noch mehr Funde von Pfeilspitzen. Aber Schwerter und Lanzen? Beide Begriffe, insbesondere das *Schwert,* lassen vor unserem Auge das Bild funkelnder Metallklingen auftauchen, und diese passen nicht in eine so ferne Vorzeit, wenigstens nicht nach unseren gegenwärtigen Kenntnissen. Aber müssen wir überhaupt an Metall denken?
Mancher Leser wird sich an die Szene aus HOMERS Odyssee erinnern, wie Odysseus in der Höhle des Kyklopen Polyphem die Waffe zurichtet, die den kannibalischen Riesen unschädlich machen soll:

»Neben der Hürde lag des Kyklopen riesige Keule, von einem Ölbaum frisch gehauen; er wollte sie tragen, wenn sie dürr genug. Uns aber deuchte ihr Anblick mächtig, als wäre es der Mast eines zwanzigrudrigen Schiffes, das über die Wogen dahineilt, so gewaltig war die Länge und Dicke zu schauen. Davon hieb ein Stück ich ab, so lang wie ein Klafter, reichte es den Gefährten und hieß sie es schaben und glätten, und sie machten es eben; *ich aber spitzte das Ende. Dann ergriff ich den Pfahl und glühte ihn drehend im Feuer,* legte ihn sorglich nieder und barg ihn unter dem Dünger, der weit in der Höhle verstreut lag. Dann aber hieß ich die andern, sie sollten losend entscheiden, wer es wagen soll, mit mir den Pfahl zu erheben und in sein Auge zu treiben, sobald ihn der Schlummer umfangen.« (IX 319–33)

Das Klafter als Längenmaß bedeutet die Spannweite der seitwärts ausgestreckten Arme von Spitze zu Spitze der Mittelfinger, im Durchschnitt = 1,85 m. Odysseus fertigte also eine der urtümlichsten Waffen der Menschheit an, eine mannslange Stoßlanze aus Holz, deren Spitze er im Feuer ausglühte und dadurch härtete. Ein Fund dieser Art stammt aus Niedersachsen; er ist 15 000 Jahre alt und besteht aus dem Schaft eines solchen Speeres zwischen den Rippen eines Riesenelefanten. Dieser Typ Lanze oder Speer hat ungezählte Jahrtausende überdauert bis zu den Resten der Urvölker unserer Zeit.
Als der Perserkönig Xerxes 480 v. Chr. aus allen Provinzen seines Reiches eine Armee sammelte, um sie gegen Hellas zu führen, waren auch libysche und aithiopische Abteilungen dabei:
»Die Libyer kamen in ledernen Rüstungen und hatten *Wurfspeere mit gebrannter Spitze.*« – »Die Aithioper hatten *Lanzen, denen ein zugespitztes Antilopenhorn als Spitze diente.*« (HERODOT VII 71 u. 69) – Ähnliches berichtet DIODOR (III 28) von den aithiopischen Straußenjägern, die als Waffen die großen, schneidenden Hörner der Oryx-Antilope gebrauchten.

Soweit ist immer nur von Lanzen oder Wurfspeeren die Rede. In der Abgeschiedenheit der Kanarischen Inseln hat sich aber auch eine schwertartige Waffe aus Holz als Nationalwaffe der Guanchen erhalten bis zur Eroberung durch die französischen Normannen und die Spanier des 14. und 15. Jahrhunderts:

»Die Waffen der Kanarier waren *kurze Stöcke . . . und andere als Wurfspeere, deren Spitzen sie, um sie zu härten, brannten; auch ein spitzes Ziegenhorn steckten sie darauf, und mit ihm erzielten sie so kräftige Durchbohrungen wie mit einem Schwert.*« (TORRIANI cap. 35) Nach dieser italienischen Quelle hießen die Waffen *magodo* und *amodeghe.* Aufschlußreiche Beschreibungen vermitteln die spanischen Quellen:
amodagas = scharfspitzige, am Feuer gehärtete Stöcke (varas puntiagudas tostadas); *magados = kurze Stöcke mit Knotengriff* (garrotes con porras a los cabos. – ABREU 36, 89)

magado = ein Stock, mit dem sie kämpften (una vara, con que peleaban. – SOSA I/IV 46; III 1)
magido = wie ein Degen (como espada); *magdes = in der Art eines Degens* (a manera de espada; – SEDEÑO 16, 17 u. 49)
majidos (sprich *machidos*) = *Schlachtschwerter* (montantes. – CASTILLO 49, 104)
Wie schon TORRIANI andeutet, scheint die gleiche Waffe auch zum Wurf gebraucht worden zu sein: *susmago = wie ein Wurfspieß* (como dardo. – ABREU 36, 133/34)
Es handelt sich immer um dasselbe Wort; die Unterschiede in der Schreibung erklären sich aus den Inseldialekten, nicht zuletzt auch aus der Schwierigkeit für die Europäer, die fremden Laute mit den Buchstaben des italienischen und spanischen Alphabets wiederzugeben.
In den ägyptischen Pyramiden- und Gräbertexten stößt man auf *majat = Keule, Wurfholz; maut = Speerschaft, Speer; macha = durchstoßen,* was zweifellos alles zur selben Wortgruppe gehört (ERMAN-GRAPOW 86, 187, 129, 143).
Wir sehen, auch für die Vorgeschichte, der man noch keine Kenntnis der Metalle zuspricht, ist es möglich, von *Lanzen* und *Schwertern* zu reden, wie es DIODOR bzw. seine Alexandriner Quellen überliefern.

Städte der Steinzeit

Wiederholt geht die Rede von *Städten;* manche werden mit Namen genannt: Mene der aithiopischen Fischesser, Kerne der Atlanter, Cherrónesos der Amazonen. Kann man für so weit entlegene Jahrtausende schon von *Städten* (griech. *póleis*) sprechen, und welche Siedlungstypen müssen wir uns dabei vorstellen?

Alljährlich werden Touristen aus Europa und Amerika auf einen Trip zu der Höhlenstadt Matmata in Tunesien verfrachtet. Größere und kleinere senkrechte Löcher im Boden dienen als Lichthöfe; tief unten, vom Grund aus, führen rundum die Eingänge zu den Wohnungen in die braungelben Felswände. Hat sich der Besucher an das Halbdämmer da drinnen gewöhnt, erkennt er unterirdische Ölpressen, Teppichknüpfereien, Nähstuben neben Stallungen für Ziegen und Esel. Da und dort haben die Bewohner mit Mauerwerk aus Bruchsteinen nachgeholfen oder die tunnelartigen Verbindungsgänge mit Mörtel geglättet, in den sie zauberkräftige Symbole gegen böse Dschinns eingedrückt haben, z. B. das Siegel Salomons (Pentagramm) oder die Hand der Fatma =

Frauenhand mit den drei ausgestreckten Schwurfingern, wie schon die alten Ägypter Nachbildungen von Hand und Fingern als Abwehramulette gebrauchten. Sicher versäumt es kein Besucher, die Berberinnen zu fotografieren: hochgewachsene, stolze Gestalten in dunkelblauen Gewändern, mit feinen blauen Tätowierungen am Kinn und schweren Gehängen aus echten Goldmünzen auf der Brust. Was aber wohl die wenigsten Touristen mitbekommen, ist das Geschichtserlebnis, daß sie inmitten eines Siedlungstyps stehen, der mindestens bis in die Steinkupferzeit zurückreicht. Möglicherweise haben in Matmata schon Menschen 3–4000 Jahre vor unserem Kalender gewohnt. Die Archäologie spricht von der Kleinafrikanischen Grottenkultur.
Die weitaus gewaltigsten Höhlenstädte haben sich auf den Kanarischen Inseln erhalten. Mit Bewunderung spricht der Spanier CASTILLO von dem Höhlenkloster der *harimaguas = heilige Mädchen* über dem Barranco de Valerón auf Gran Canaria:
»In einen Felsabhang, ohne scharfe Eisengeräte, welche die Alten der Insel nicht kannten, nur mit Hilfe von Feuersteinsplittern, die sie in Holzkeile steckten und mit denen sie wie mit Hacke und Picke Holz bearbeiteten und die stärksten Bäume fällten, war ein großer Rundbogen geschnitten, und innerhalb dieses Eingangs lief eine Art Röhre oder Gang nach innen, und zu seinen beiden Seiten gab es mit großer Regelmäßigkeit eine große Zahl von Zellen oder Gemächern, eines über dem andern und mit Fenstern. Zu beiden Seiten der Eingangsöffnung gab es eine Art von Türmen, die von innen aus anstiegen und deren Fenster auf den Abgrund des Barranco (Schlucht) gingen.« (CASTILLO 49 pag. 56)
Ähnlich schildert TORRIANI (cap. 31) einen solchen Höhlenbau, der eine Vorhalle mit zwei Zisternen, einen riesigen Saal mit Seitenkammern, Nischen, Bänken und Lichtöffnungen umfaßte, »so gut und meisterhaft gearbeitet, daß sie auch heute noch von ewiger Dauer erscheinen . . . ohne Holz oder Eisen oder anderem Werkzeug außer Ziegenknochen und sehr harten Steinen, die wie feinster und schärfster Stahl schneiden . . .«
Demgegenüber wirken die Höhlensiedlungen in der Sahara roh und barbarisch. Dennoch läßt sich der Begriff *Stadt* verwenden. Im Tassilin-Adscher z. B. liegen die Höhlen und Überhänge so zahlreich in Schluchten, Felsgassen oder um Talkessel nebeneinander, daß ihr Entdecker LHOTE von ganzen Höhlenstädten spricht. Sie sind praktisch zeitlos, da sie noch heute benutzt werden:

Oben: Die »Nadeln« im Norden von Sefar. – Unten: Ausschnitt aus dem Plan von Sefar (vereinfacht nach LHOTE). Die Erosion einstiger Bäche und Flüsse hat den Tassili-n-Adscher (= »Hochfläche der Flüsse«) beinahe in Form eines modernen amerikanischen Stadtplans zernagt, in dem sich die Straßen rechtwinklig überkreuzen. Das vermittelt dem Besucher den Eindruck einer richtigen »Totenstadt«. Am Fuß der Felswände liegen ausgewaschene Überhänge und Höhlungen; es gibt mehr als 10 000 davon, in denen die meisten Wandmalereien gefunden wurden.

»Die Tuareg des Tassili sind, schon auf Grund der Struktur ihres Landes mit den vielen natürlichen Unterkunftsmöglichkeiten in den Sandsteinmassiven, in erster Linie Höhlenbewohner. Sie folgen darin nur der Tradition der vorgeschichtlichen Völker, insbesondere der Rinderhirten der Steinzeit, die neben ihren Strohhütten, wie sie auf mehreren Fresken zu erkennen sind, die Höhlen zum Wohnen benutzten, dort ihre Küchen einrichteten und ihr Vieh unterbrachten. Wir trafen mehrere Familien, die sich hinter zwei kleinen Steinmauern in tausendjährigen Grotten niedergelassen hatten, und es war kaum festzustellen, ob diese Mäuerchen erst vor kurzem gebaut worden waren oder auf die Zeit der Rinderhirten zurückgingen. Als wir die Leute fragten, antworteten sie uns, diese Mauern seien immer schon hier gewesen.« (LHOTE 180)

Neben den natürlichen Felslöchern, die als Wohnung, Küche und Viehställe dienten, hatten die Bewohner der saharischen Rinderzeit kegelförmige Strohhütten, bis 6000 v. Chr. zurück. Die frühesten Spuren fester Freilandsiedlungen verbinden sich aber erst mit dem Aufkommen bäuerlicher Lebensweise (Flechthütten, Vorratshäuser aus ungebrannten Nilschlammziegeln, Getreidekeller, die mit Strohgeflecht ausgekleidet waren). Die Wohnbauten, heute spurlos verweht, lagen fast immer auf Höhen in der Nähe von Flüssen und Seen, aus denen längst jeder Tropfen Wasser verdunstet ist. Man erkennt sie nur an Gerätefunden, die sich vielfach an die Feuersteinindustrie der ägyptischen Vorgeschichte anschließen.
Die Reste von Steinbauten kann man zeitlich schwer einordnen, da sie Fundmaterial aus den verschiedensten Epochen enthalten. Alle lagen an der Oberfläche und wurden zu allen Zeiten benutzt. Wanderzüge der Mittelmeer-Horden, Karthager, Römer, Vandalen und Araber gingen darüber hinweg, eroberten, zerstörten, bauten um oder benutzten die Mauern als Steinbrüche. Lediglich auf Cap Bon, am Dschebel el-Kalaa (Burg-Berg, bei Tunis) hat man Anlagen von Befestigungen entdeckt, die vielleicht in die Vorgeschichte zurückgestuft werden müssen; sie zeigen Wälle aus Trockenmauern, d. h. ohne Mörtel aufgeschichtet, in Verbindung mit jungsteinzeitlichen Geräten. Dennoch können wir uns ein Bild vom Typ solcher fester saharischer Städte machen, von denen DIODOR spricht, und zwar wiederum aus den Anlagen auf den Kanarischen Inseln:
»Nach einer Überlieferung – wie sich auch aus den Resten gut entnehmen läßt – hatten sie Städte von 14 000 Feuerstellen, was fast unmöglich erscheint. Ihre Straßen waren eng und die Häuser aus Trockenmauerwerk, klein, wohlgeglättet und gut gebaut, aber niedrig . . . Sie deckten sie mit dicken Palmstämmen, über die sie, um sich vor dem Regenwasser zu schützen, eine Kruste Erde legten – was auch heute noch in Canaria

Übung ist, weil sie keine Werkzeuge hatten, um eine edlere Baukunst zu pflegen. Für die Häuser machten sie kleine Türen mit Achsen aus Palmholz mittels Sägen aus harten, spitzen, zwischen zwei engen und zusammengebundenen Hölzern gefaßten Steinen . . .« (TORRIANI cap. 31 über die alte Siedlung von Telde auf Gran Canaria, »die damals von allen die größte war«).
Halten wir fest: auch gegen die Nachrichten DIODORS von Städten in der vorgeschichtlichen Sahara ist nichts einzuwenden, seien es befestigte Freilandsiedlungen mit Trockenmauern, natürliche oder künstliche Höhlenwohnungen, oder eine Kombination aus allen Typen, indem Höhlen mit Bruchsteinen ausgebaut oder überhängende Felsdächer durch vorgebaute Trockenmauern in geschützte Kochstellen, Viehgehege usw. verwandelt wurden.

Reiter in der vorgeschichtlichen Sahara?

Vor ein besonders spannendes Problem stellt uns die Behauptung bei DIODOR (III 54), Myrina habe neben den 30 000 Mann zu Fuß eine Abteilung von 3000 Reitern aufgestellt. Das Pferd als Haustier in Afrikas Vorzeit?
Nach dem gegenwärtigen Stand der Forschung (1974) kam der Gedanke, Equiden zu fangen und als Haustiere zu züchten, in Zentralasien auf. Im Turan wurde bereits im 4. und 3. Jahrtausend der Halbesel (Kulan) benutzt. Das Hauspferd scheint in Westasien zum erstenmal sicher nachweisbar zu sein; von Susa im SW-Iran stammt die älteste Reiterdarstellung, die bisher gefunden wurde, eine Ritzzeichnung auf einem Knochen um 2800 v. Chr. Auf afrikanischem Boden taucht das Hauspferd mit dem Einbruch der asiatischen Hyksos in Ägypten um 1700 v. Chr. auf. Vom Nil verbreitete es sich zu den libyschen Stämmen des Fessan und weiter bis in die westliche Sahara. Die Felsbilder von Reitern und Kriegswagen im Ennedi, Tassili und Iforas werden um 1000 v. Chr. datiert, parallel zu der Zeit der Etrusker, Achäer und minoischen Kreter.
Diese Zeitansätze liegen so spät, daß sie uns zu unserem Thema nichts helfen. Damit stehen wir vor der Frage: haben DIODOR oder seine Alexandriner Gewährsmänner den Irrtum begangen, die spätere Reiterkultur der Amazonen am Schwarzen Meer oder der Skythen in Südrußland in die Nachrichten von den libyschen Amazonen am Tritonsee einzumischen, oder stoßen wir hier auf eine echte Spur, die zu einer bisher verschollenen Kultur von Pferdezüchtern im prähistorischen Nordafrika zurückführt?

Die frühere Ansicht, das Pferd habe in wildem Zustand nie auf afrikanischem Boden gelebt, ist längst widerlegt. In Flußablagerungen der ältesten Pluvialzeit, parallel mit der Günz-Eiszeit Europas, wurden Reste des europäischen Waldwildpferdes entdeckt (equus stenonis). Seine Merkmale sind ein mittelschwerer Bau, eine schmale, flache Stirn und eine Rammsnase. Südfrankreich und Spanien lieferten massenhaft Kno-

Sefar: Das Gesicht einer vorgeschichtlichen saharischen Höhlenstadt

»Sefar – eine Ruinenstadt mit Torbogen, Säulen, Hallen, Gewölben – geformt aus turmhohen, dunkel oxydierten Sandsteinblöcken. Man wandelt durch Straßen, über Plätze, durch steile, dunkle Gassen, die von himmelragenden, senkrechten Wänden begrenzt sind, atemberaubend in ihrer Enge, ihrer Abgeschiedenheit . . . Man tritt hinaus an den Rand des Wadis, wähnt noch die Wasser rauschen im längst ausgetrockneten Flußtal, glaubt, man müsse auf Lebewesen stoßen; aber auch der letzte Ziegenhirt hat diese unwirtliche, diese magisch umwitterte Stätte verlassen . . . Kein Laut, nur das Flüstern des Windes, der sich plötzlich erhebt, um dann jäh wieder zu schweigen. Unter dem Schritt zerklirrt Gestein, und der Ton liegt sekundenlang in der Luft wie etwas Fremdes, wie ein Laut aus der Welt der Wirklichkeit, wo alles Vergangenheit atmet. Das ist Sefar.«
(Aus *Felsbilder der Sahara im Tassili n' Ajjer,* Jolantha Neukom-Tschudi. Orbis Pictus Bd. 52, Text zu Tafel 2)

Zwischen den Felstürmen des Tamrit. – (Zeichnung d. Verf. nach Foto in GARDI, René: Blaue Schleier, Rote Zelte. – Die hineingezeichnete Figur gibt einen Eindruck der Größenverhältnisse)

Die beiden oberen Reihen: Spanische Felsbilder von Menschen, die Pferde am Halfter führen. Zeit umstritten; gegen Ende des Mesolithikums? (10 000–3000. – Nach KÜHN, Details). – Untere Reihe: Felsmalereien aus dem Tassili von Ochsenreitern. Links ein Bogenschütze; rechts ein Ehepaar (mit Kind?) auf einem Ochsen (Buckelrind?); das Bild ist stark zerstört, doch sind die beiden Hauptfiguren im Reitsitz hintereinander deutlich zu erkennen. (Nach LHOTE)

chenfunde sowie Felsmalereien dieses Typs aus dem Magdalénien um 14 000 v. Chr., wo das Wildpferd wie alle anderen Tiere als Fleischlieferant gejagt wurde. Es hatte die Möglichkeit, nach Afrika überzuwechseln, da Spanien bis zum Ende der Eiszeit mit dem Schwarzen Erdteil durch eine Landbrücke bei Gibraltar verbunden war. In der Umgebung von Siwa kamen neben Knochen von Antilopen, Elefanten und Nashörnern auch solche von Pferden ans Tageslicht, ebenso im Bett des Ur-Nils. Aus Sebil Kom-Ombo, kurz vor dem 1. Katarakt, haben wir Funde von Wildpferden, die dem Lößpferd (equus caballus) Europas aus den Steppen der eiszeitlichen Abschmelzperiode entsprechen.
Wie lange das Wildpferd in Nordafrika lebte, habe ich der mir zugänglichen Literatur nicht entnehmen können. Man möchte glauben, daß die Savannen- und Steppenlandschaft der grünen Sahara auf lange Sicht eine gute Lebensmöglichkeit boten. Freilich bleibt dann die Frage offen, warum das Wildpferd, im Gegensatz zu Spanien und Frankreich, auf den sonst so reichhaltigen Felsbildern Nordafrikas nirgends erscheint.
Der Zähmungs- und Zuchtgedanke an sich ist im libyschen Raum uralt. Die Periode der Jäger wird um 6000 von der Periode der Rinderhirten abgelöst; dabei benutzten die Menschen ihre Herdentiere auch zum Reiten. Auf den Felsbildern der Sahara gibt es Darstellungen von Ochsenreitern, wobei die Frauen hinter den Männern sitzen (LHOTE 60); in der Kleinafrikanischen Grottenkultur glaubt man Felsbilder mit gesattelten Büffeln erkannt zu haben (MENGHIN 361). Auch der nubische Wildesel taucht als Haustier bereits ab 3500 in der Amrah-Kultur Oberägyptens auf, ebenso in der Grottenkultur der Atlasländer (MENGHIN 345, 361). Von Eselreitern spricht schon der Mythus des Kampfes zwischen Horus und Seth; letzterer soll aus einer Schlacht auf einem Esel sieben Tage lang geflohen sein (PLUTARCH de Is. 31). Von dem Satyrn Seilenos heißt es, daß er in der Gigantenschlacht an der Seite des libyschen Dionysos auf einem Esel reitend teilgenommen habe.
Im benachbarten Spanien finden sich Bilder von Menschen, die Pferde am Zaum oder Halfter führen, auch gibt es Darstellungen von Reitern. Leider sind die Datierung und kulturelle Herkunft umstritten, doch werden ein hohes Alter und kulturelle Eigenständigkeit nicht ausgeschlossen:

»Sollten sie (die Bilder) ins Neolithikum zurückreichen, so müßte man hier mit einem ganz selbständigen, etwa durch afrikanische Eselzucht angeregten Zentrum der Pferdedomestikation rechnen. So etwas ist keineswegs von vornherein auszuschließen. Denn wo einmal der Zuchtgedanke einer Kultur eingewurzelt war, konnte jeder Versuch gewagt werden. Gewiß ist auch manches mißlungen, von dem wir nichts ahnen.« (MENGHIN 394)

Vielleicht haben wir tatsächlich nichts von einer urzeitlichen Pferdedomestikation in Libyen geahnt, weil wir die betreffenden Stellen in den mythischen Überlieferungen falsch oder gar nicht gesehen haben.
Da gibt es nämlich, außer DIODORS berittenen Amazonen, eine recht altertümlich klingende Überlieferung aus dem Sagenkreis um den Helden Belleróphon. Dieser sollte die Chimaira erlegen, ein feuerspeiendes Untier, das Kleinasien verwüstete. Das Wagnis konnte aber nur auf dem Rücken des unsterblichen, geflügelten Pferdes Pégasos gelingen. Dieses Pferd hatte den Poseidon zum Vater und die Medusa zur Mutter, deren Leib es entsprang, als Perseus sie tötete. Bellerophon fand das Pferd an einer Quelle bei Korinth, vermochte aber nicht, es einzufangen und zu zähmen. Nachts erschien dem ratlosen Helden die Göttin Athena im Traum, legte ihm einen goldenen Zaum in die Hand und befahl ihm, das göttliche Pferd damit zu zähmen. Als er aus dem Schlaf erwachte, hielt er den Zaum wirklich in der Hand und gebrauchte ihn dann mit Erfolg (PINDAR, Olympische Oden 64 ff). Manche sagen, daß Athena selbst das Pferd einfing, bändigte und dann dem Helden übergab; daher trug sie als Göttin, die erstmals ein Pferd bändigte, den Beinamen *Athene Híppia = Pferde-Athene* und *Athene Chalinítis = A. mit dem Zaum, Rossebändigerin* (PAUSANIAS II 4, 5). Wieder andere behaupten, daß Poseidon, der auch Bellerophons Vater gewesen sei, das gebändigte Pferd heranführte; galt doch Poseidon als Schöpfer des Pferdes überhaupt und hieß deshalb *Poseidon Híppios = Pferde-Poseidon.*
Nun war Poseidon ursprünglich ein *Urgott aus Libyen,* den früher nicht einmal die Ägypter kannten (HERODOT II 50). *Medusa gehört ebenfalls in den libyschen Westen,* darüber sind sich alle antiken Traditionen einig. In dieser Gegend aber ist Athene immer die *libysche Athene = Neith.* Das gilt hier um so sicherer, als die griechischen Mythographen in der Bellerophon-Sage die Zähmung des Pegasos in die Nähe von Korinth verlegen; gerade dort aber stand ein *Tempel der saitischen Athene = Neith von Sais* (PAUSANIAS II 36).
Alles in allem: *Das griechische Motiv von der ersten Zähmung eines Pferdes ist ein Motiv aus Libyen.* Da führt doch eine recht deutliche Spur in das vorzeitliche Nordafrika, vorausgesetzt, daß wir lernen, die Sprache des Mythus richtig zu verstehen. Er sagt uns: In Libyen gab es einst Wildpferde. Der Pegasos ist das vergöttlichte Urbild dieser prachtvollen Tiere. Ein Gott hat ihn gezeugt und ihm Unsterblichkeit verliehen. Es hat sogar Flügel, das Symbol des windschnellen Dahinstürmens. Man kann verstehen, daß man den Pegasos später mit der Gewitterwolke verglich, mußte doch eine Herde von Wildpferden, die, in Staub gehüllt, mit

tausend Hufen daherdonnerte, den Naturmenschen an eine grollende Wetterwolke erinnern, wie sie zur Pluvialzeit, vom Monsun gepeitscht, über die Steppen der grünen Sahara daherjagte. In Libyen wurde das Wildpferd eingefangen und zum Reittier gezähmt. Das geschah in so

War der Esel das erste Reittier für Jagd und Krieg? – Oben: Libyer beim Eselfang mit Schlingenfallen. Wadi Abu Wasil (BRENTJES). – Unten: Träger einer Eselmaske. In-Habeter, Fessan (FROBENIUS). – Eselreiter. Relief aus Goldfolie auf einer Dolchscheide. Byblos, Vorderasien, 2. Jahrtausend.

grauer Vorzeit und war eine so hervorragende Kulturtat, daß man sie später nur mehr als das Werk von Gottheiten, von göttlichen Kulturbringern verstehen konnte . . .
So möchte ich den Mythus ausdeuten.
Leider können wir nicht sagen, wann und warum das Wildpferd wieder aus Afrika verschwand. Nach dem Ende des Pluvials fehlen Knochenfunde; auch sind keine Darstellungen auf den Felsbildern bis herunter zum 2. Jahrtausend zu finden.
Allerdings können wir eine Theorie aufstellen, die mit den Tatsachen recht gut übereinstimmt. Nach DIODOR wurde die Epoche der libyschen Amazonen durch vernichtende Niederlagen und durch eine verheerende Naturkatastrophe abgeschlossen. Damit wird die Möglichkeit angesprochen, daß die Reiterkultur am Tritonsee, die eben erst begonnen hatte (3000 Reiter gegenüber 30 000 Fußsoldaten), schon kurz nach ihrem Aufblühen wieder unterging. Mit dem Zusammenbruch der Landbrücke bei Gibraltar wurde dann auch den spanischen Wildpferden der Übergang nach Afrika abgeschnitten. Seuchen, etwa durch Insektengift (Tsetse) mögen dazu beigetragen haben, den Tierbestand schon von Anfang an gering zu halten; das könnte auch die seltenen Knochenfunde erklären. Insgesamt wäre die Annahme einer nur episodischen Reiterkultur einleuchtend begründet; diese hat dann wegen ihrer kurzen Dauer und lokalen Beschränktheit keine archäologisch greifbaren Spuren hinterlassen, lebte aber in alten Berichten und in mythischer Einkleidung fort.

Als Horus in Ägypten herrschte

»Myrina schloß ein Bündnis mit Horus, dem Sohn der Isis, der damals in Ägypten herrschte . . .« (III 55). – Nach der ägyptischen Tradition regierte vor den irdischen Königen eine Reihe von Göttern über den Erdkreis, d. h. über das Nilland. Als siebenter und letzter göttlicher König herrschte Horus, der Sohn der Isis und des Osiris, über Ägypten. Schon lange wird Osiris von der Forschung als ein wirklicher König der Urzeit angesehen, der wegen seiner Kulturtaten nach seinem Tod göttliche Ehren empfing. Dann ist es aber auch nicht ausgeschlossen, daß hinter dem göttlichen König Horus ebenfalls eine historische Person oder ein Personenkreis steckt, wie es der Alexandriner Bericht andeutet. Wer ist der ursprüngliche Horus?

Horus ist ein alter Gott der Steppe. Die Libyer, die mit Hund und Herde durch das Grasland zogen, waren Jäger, Sammler, Hirten, Krieger und Räuber in einer Person. Sie holten sich ihre Götter aus der wilden Weite des Himmels und des flimmernden Horizontes und aus dem Toben der

Sahen so die berittenen Amazonen-Amazigh der prähistorischen Sahara aus? Links eine Kriegerin auf einem gezähmten nubischen Wildesel, rechts ein Krieger auf einem rammsnasigen, mittelgroßen Lößpferd. Reiter und Reiterin tragen die »Aigis«, den mit Schlangenhäuten besetzten Umhang aus Ziegenfell als Schutzrüstung. – (Rekonstruktionsversuch des Verfassers)

Elemente. Sie verehrten sie in der Gestalt von Fetischen und Totem-Tieren voll kosmischer Macht und Zauberkraft und voll irdischer Wesenszüge: hart, kämpferisch, barbarisch, unberechenbar, grausam, gefährlich, tückisch, listig . . . echte Abbilder des eigenen menschlichen Lebens in der Wildnis.

Ein solcher Gott war Horus. Er hatte ursprünglich nichts mit dem Sagenkreis um Isis und Osiris zu tun. Der Fetisch, der ihn verkörperte, war eine Sonnenscheibe mit ausgebreiteten Flügeln; in der Zeit der großen Architektur wurde sie als Schutz- und Abwehrzauber gegen böse Mächte über den Toren der Heiligtümer eingemeißelt. In der Gestalt der Flügelsonne stürzt Horus gleich einem Raubvogel auf die Feinde und

Dämonen. Der Vergleich mit dem Falken, der hoch oben im leuchtenden Blau des Himmels schwebt, liegt nahe; vielleicht diente er sogar als Vorbild für die Gestalt der geflügelten Sonne. Stolz und frei in den Lüften kreisend, mit seinem Blick den Erdkreis von Horizont zu Horizont beherrschend, um dann lautlos und tödlich wie ein Pfeil aus dem Hinterhalt auf die erspähte Beute herabzustoßen, war der Falke wie geschaffen zum Gottessymbol, Totemtier und Wappenvogel der scharfäugigen Jäger und kühnen Räuber in der Steppe.

Bereits in ältester Zeit erscheint Horus auf der Standarte eines mächtigen Falken-Clans in der Stadt Bechdet im libysch besiedelten Westen des Deltas. Von dort drangen diese Falken-Leute bis Oberägypten vor und errichteten eine zweite Kultstätte des Horus in Edfu. Als Gott eines siegreichen Stammes wurde Horus zum Kriegsgott und siegverleihenden Führer erhoben, nahm viele andere Falken- und Raubvogelkulte kleinerer Orte in sich auf und stieg bald zum Königsgott in ganz Ägypten empor.

Schon immer war der Häuptling eines Stammes auch der oberste Priester und als solcher aufs engste mit dem Stammesgott verbunden. In dem alten Horusreich von Bechdet betrachtete sich der Fürst als die Verkörperung des Lokalgottes; der Turiner Papyrus faßt diese Dynastie aus dem Falken-Clan zusammen unter der Bezeichnung *schemsu Hor = dem Horus Folgende, Horus-Diener.* Totentexte feiern sie als eine bevorzugte Gruppe von Seligen; in der griechischen Chronik des MANETHO heißen sie *nékyes hemítheoi = halbgöttliche Verstorbene.* Man gedenkt ihrer als Repräsentanten einer fernen Urzeit.

Auch die Herrscher von On, einem vorgeschichtlichen Stadtstaat im Delta, bezeichnen sich als *Horus,* ebenso die Könige der beiden letzten prähistorischen Reiche von Nechen und Buto; der Herr von Buto nannte sich in einem Gebet an Osiris *Dein Sohn Horus.* Dann übernahmen die Einiger des Reiches den Horusnamen: *Horus Ka;* ein König Skorpion, über dessen Namenszeichen, seinem Totemtier Skorpion, ein *Falke* sitzt; *Horus Aha = Horus der Kämpfer,* wohl = Narmer, der Vorgänger des Menes, oder dieser selbst, der um 2900 die 1. Dynastie einleitete. Mit dieser Einigung erhob sich Horus als Reichsgott über das ganze Niltal; der Horusname wurde zum festen Königstitel der Pharaonen, die sich geradezu als irdische Offenbarungsform des Horus betrachteten und den Titel *Horus der Lebenden* annahmen. Als ältester Bestandteil des königlichen Protokolls steht an der Spitze der Titulatur immer die Bezeichnung des Herrschers als *Horus* mit dem darauffolgenden Namen des betreffenden Pharao.

Prähistorische Stammeszeichen:
1. Gekreuzte Pfeile (Neith). – 2. Donnerkeil. – 3. Zweizinkige Harpune. – 4. Boot. – 5. Sonne (Ra). – 6. Bergkette. – 7. Elefant. – 8. Falke auf Barke (Antu). – 9. Mann mit Dreschflegel.
Zwei Ruderboote mit Kajüten aus Flechtwerk und aufgesteckten Palmwedeln als Schmuck. Die aufgepflanzten Stammeszeichen zeigen links die Bergkette, Symbol des Gottes Ha und des 7. unteräg. Gaues, rechts die Stierhörner, Symbol des Gottes Min und des 9. oberäg. Gaues.
Sämtliche Zeichnungen in violetter Tinte auf Gefäßen der 2. Negade-Kultur, 4. Jahrtausend. – (VARAGNAC)

Zu dem alten Falkengott Horus trat irgendwann im Volksglauben ein zweiter, jüngerer Horus, genannt *Harsiésis = Sohn der Isis.* Er war anfangs eine zum Osiriskult gehörige Gottheit. Als Osiris immer volkstümlicher wurde, übertrug man auf den Isis-Sohn die Züge des alten Sonnenfalken, bis beide Vorstellungen im Volksglauben miteinander verschmolzen.

Fassen wir zusammen: Schon in vorgeschichtlicher Zeit übernahmen Häuptlinge des Falken-Clans den Horusnamen als Bestandteil ihrer Herrschertitulatur, da sie sich als irdische Verkörperung ihres Stammesgottes verstanden. Von dieser Warte aus muß man DIODORS Bericht von dem Bündnis der vorgeschichtlichen Libyerfürstin Myrina mit einem *»König Horus aus Ägypten«* betrachten. Der Bericht steht damit auf festem historischem Boden. DIODOR freilich kennt, wie alle Kinder der hellenistischen Spätzeit, nur noch den Isis-Sohn Horus. Wir aber werden kaum fehlgehen, wenn wir die Angabe *»als Horus, Sohn der Isis, in Ägypten herrschte«,* einfach als Hinweis auf uralte, mythische Zeiten verstehen. Wurden doch schon von den Ägyptern selbst die *Horus-Diener,* d. h. die im einzelnen nicht mehr bekannten Vertreter einer vorgeschichtlichen Herrscherreihe, ganz allgemein als *Repräsentanten einer fernen Urzeit* in einer anonymen Gruppe zusammengefaßt.

Niederlage und Rückzug

Der Amazonensturm brandete durch die Küstenstriche des östlichen Mittelmeers bis hinauf nach Kleinasien, wo er am Flüßchen Kaikos zum Stehen kam. In den folgenden jahrelangen Kämpfen mit den verbündeten Heerhaufen des Thrakers Mopsos und des Skythen Sipylos fiel Myrina mit dem Großteil ihrer Streitmacht. Der Rest zog sich nach Libyen zurück.

Die Namen Mopsos und Sipylos sind in Kleinasien bezeugt. Der letztere haftet an der Stadt *Sipylos* in Phrygien und an dem gleichnamigen Berg an der Grenze zu Lydien, von den Türken übernommen als Sipuli Dagh. Möglich, daß hier der Name eines Häuptlings auf die Landschaft und eine Siedlung übertragen wurde. *Mopsos* war ein häufiger Name auf dem vorgriechischen Balkan und seinem Ausstrahlungsgebiet in Kleinasien. In der Sage tragen ihn zwei Seher. Der erste stammt aus dem legendären Volk der Lapithen in den Bergen des nördlichen Griechenland. Er war an der Fahrt der Argonauten beteiligt und am Kampf gegen die Kentauren (Pferdemenschen). Nach ihm nannte sich eine Stadt *Mópsion* in Thessalien. Der zweite lebte zur Zeit des Trojanischen Krieges; er gab seinen Namen der Stadt *Mopsu-héstia = Herd des Mopsos* und dem Ort *Mopsu-kréne = Quelle des Mopsos,* beide in Kilikien. Das Küstenland westlich davon, Pamphylien, hieß früher *Mopsopia, Mopsia = Land des Mopsos.*

Das Grab der Myrina

DIODOR ist nicht der erste, der den Namen Myrina kennt. Lange vor ihm singt HOMER von der letzten Ruhestätte der gefallenen Amazonenkönigin, die bei ihm mit jonischer Endung Myrine heißt, auf der Ebene vor Troja:
»Es liegt da ein steiler Hügel vor der Stadt, fernab in der Ebene, von allen Seiten kreisförmig; diesen nennen die Menschen Batiéia, die Götter aber den Grabhügel der schnellen Myrine.« (Ilias II 811 ff)
Den Göttern ist der Grabhügel noch als solcher bekannt; damit deutet der Dichter auf die graue Vorzeit hin, in der das Ereignis geschah. Die Menschen wissen nichts mehr davon. Sie nennen den Hügel nur noch nach seinem äußeren Aussehen *batiéia = Dornengehege,* weil man ihn mit einem Kranz von Dornbüschen umpflanzt hat. Ähnlich müssen wir uns wohl die »Amazonenhügel« vorstellen, unter denen die Asche der Kriegerinnen beigesetzt wurde, die bei dem nächtlichen Überfall durch die Gorgonen den Tod gefunden hatten.

Erstes Zwischenergebnis: Amazonensturm = *Atlanterangriff*

Der alte SONCH sprach von *»einer Macht, die draußen vom Atlantischen Meer her gegen ganz Europa und Asien angestürmt war . . .«* (TIMAIOS 24 e). Weiter heißt es: *»Diese gesamte vereinigte Macht versuchte damals, in einem einzigen Ansturm (mia hormé) euer und unser Land sowie alles, was sich diesseits der Säulen des Herakles befand, zu unterwerfen.«* (TIMAIOS 25 b)
Was steht bei DIODOR? Der Ausgangspunkt des Amazonensturms liegt *»im westlichen Libyen, an den Grenzen der bewohnten Erde . . . nahe am Okeanos, der die Erde umflutet . . .«*
Von einer Atlantis-Insel ist zwar nicht die Rede; wohl aber nennt der Text die *Atlanter* beim Namen und bezeichnet sie als Kulturvolk, das hoch über seinen Nachbarn steht: *»Atlanter, die kulturell am höchsten stehenden Menschen jener Gegenden, die ein glückliches Land bewohn-*

ten und große Städte besaßen; nach ihrer Mythologie waren die Götter bei ihnen geboren, in den Gegenden entlang der Küste des Okeanos« (III 54). Später wird nochmals die Küste des Ozeans als Wohnsitz der Atlanter genannt: »*. . . bei den Atlantern, die an der Küste des Ozeans wohnen«* (III 59).

Da bei PLATON steht, daß die Macht der Inselkönige auch Libyen einschloß, besteht hier zwischen PLATON und DIODOR kein Widerspruch.

Diese Küsten-Atlanter oder ein Teil von ihnen werden zuerst von den Amazonen überrannt, dann aber als Verbündete aufgenommen und machen also sicherlich, so wie die Ägypter des »Königs Horus«, den weiteren Feldzug mit. Diese »*gesamte vereinigte Streitmacht*« unternimmt – um gleich PLATONS Worte weiter zu benutzen – einen »*einzigen Ansturm*« gegen Asien und Europa und zwingt »*alles, was sich diesseits der Säulen des Herakles befand*«, zur Unterwerfung, d. h. alle Gebiete und Völkerschaften, die östlich von Gibraltar im Gesichtskreis der Ägypter lagen.

Mehr Übereinstimmung kann man wahrlich nicht verlangen . . .

Diese erste Zwischenbilanz zeigt so offenkundige Parallelen zwischen dem 1. Alexandriner Bericht bei DIODOR und dem Kurzbericht im Buch TIMAIOS bei PLATON, daß die Gleichung

Amazonensturm = Atlanterangriff

schon jetzt kaum mehr in Zweifel gezogen werden kann. Da die Alexandriner Überlieferung von PLATON unabhängig dasteht und einen bis in Einzelheiten nachweisbaren geographischen und kulturhistorischen Wahrheitsgehalt besitzt, bildet sie für den Atlantisbericht die erste wirklich konkrete Stütze.

Machen wir also mit unserer bisherigen Methode getrost weiter. Bei PLATON schlagen die Ur-Athener den Angriff der Atlanter zurück; bei DIODOR müssen die Amazonen dem thrakisch-skythischen Gegenstoß des Mopsos und Sipylos weichen.

Sind diese beiden Siegergruppen ebenso miteinander gleichzusetzen wie die Amazonen und Atlanter?

Mit dieser Frage befaßt sich der folgende Abschnitt.

Der Rückschlag durch die Ur-Athener

Gar Erstaunliches erfuhr SOLON über seine Vaterstadt Athen von dem alten SONCH: »Viele große und bewundernswerte Taten berichten unsere Aufzeichnungen von eurem Staat. Eine Tat übertrifft jedoch an Größe und Tapferkeit alle andern. Und zwar bezeugen unsere Berichte, welch einer großen Macht eure Stadt (Athen) ein Ende bereitet hat – einer Macht, die aus Eroberungslust draußen vom Atlantischen Meer her gegen ganz Europa angestürmt war.« (TIMAIOS 24 d–e)

Die Lobeshymnen wiederholen sich mehrmals in überschwenglicher Weise. Kein Wunder, daß die negative Kritik hier besonders einhakt. Da trete doch deutlich zutage, daß PLATON die Atlantisgeschichte nur zu dem Zweck erfunden hat, um seinen Landsleuten das Beispiel eines Idealstaates vor Augen zu führen, der »Guten alten Zeit von Athen«, als noch Zucht und Ordnung herrschte. Andere Kritiker, die an die ägyptische Quelle glauben, sahen es als erwiesen an, daß die Priester ihrem Gast ein imposantes Märchen erzählt und mit orientalischen Komplimenten garniert haben, die sie nichts kosteten . . . So legt man denn auch keinen Wert auf die Einzelheiten, die PLATON über das alte Athen im Buch KRITIAS berichtet. Bei LUCE (315) heißt es z. B.: »Dieser Abschnitt kann hier übergangen werden. Für die Erörterung des Atlantisproblems ist er kaum von Interesse.«

Nun, immerhin sind es die Ur-Athener, die den Angriff der Atlanter nicht nur abfangen, sondern im Gegenstoß sogar bis zum Ozean vordringen. Sie spielen also in der Überlieferung eine Rolle, die derjenigen der Angreifer nicht nachsteht. Das alte Attika und seine Bewohner sind mit dem Atlantisproblem untrennbar verbunden. Man kann sie also nicht einfach aus dem Text hinauswerfen . . .

Das alte Athen im Bild der Archäologie

Inmitten von Felsenhöhen, nur 4 km von der Küste entfernt, erhebt sich in der attischen Ebene ein länglicher Rücken aus Kalkstein. Über seine Umgebung ragt er 70 m empor. Nach allen Seiten fällt er 30 m steil ab, nur an der Westseite ist ein Aufgang möglich. Wir alle kennen diesen Felsklotz: er bildet das Fundament der Akropolis = Hochstadt von Athen.

Im 2. Jt. v. Chr. bauten die vorgriechischen Bewohner des Landes, die Pelasger, diesen Klotz zu einer Burg aus. Sie erhielt nach ihrem Gründer den Namen *Kekropia = Burg des Kekrops.* Der Bergrücken, durch Aufschüttungen eben gemacht, bot Platz für die Wohnungen des Königs und Hochadels sowie für die Tempel, namentlich für das Erechthéion, das gemeinsame Heiligtum der Stadtgöttin Athene und des attischen Heroen Eréchtheus. Der Rand der Bergfläche wurde mit einer Mauer umgeben, nach ihren Erbauern Pelasgikón benannt. Einige Reste der viertausendjährigen Bauten haben sich an der Ostseite erhalten. Der von Westen hinaufführende Zickzack- und Stufenweg wurde durch neun

hintereinander liegende Tore gesperrt, das *Enneápylon = Neuntor,* eine für damals uneinnehmbare Bastion. Die bürgerliche Bevölkerung wohnte am Südfuß der Akropolis und konnte sie bei Gefahr als Fluchtburg aufsuchen.
Noch vor der Gründung der Kekropsstadt lagen einzelne Dörfer auf und zwischen den benachbarten Felsenhöhen. Zu erkennen sind im Westen eine frühgriechische (jonische) und im Osten eine thrakische Siedlung. Der steinige Hügel im Westen, der *Areios pagos = Ares-Bezirk,* gehörte dem thrakischen Kriegsgott Ares. Im Südwesten verraten Reste von Privathäusern und Sakralbauten phönikischen Ursprung, ebenso der Name des Stadtviertels Melite, aus phönik. *maleth = Zuflucht, Fluchtburg.* Die ganze Zeit über besaß die Kekropsstadt keine besondere Bedeutung unter den Nachbargemeinden. Erst König Theseus, angeblich im 13. Jh. v. Chr., vereinigte die bisher unabhängigen zwölf Stadtgemeinden Attikas zu einem Gesamtstaat und erhob die Kekropia zur Hauptstadt unter dem Namen *Athenai.*

Was wußten die Priester von Sais über das urzeitliche Attika?

Dazu äußert sich PLATON im Buch KRITIAS:

»Das gesamte Land erstreckt sich vom übrigen Festland wie ein Vorgebirge ins Meer hinaus; dieses Meer ist rings um die ganze Küste sehr tief. In den bisher verflossenen 9000 Jahren fanden viele mächtige Überschwemmungen statt; doch die während dieser langen Zeit und bei den genannten Naturkatastrophen herabgeschwemmte Erde wurde nicht, wie anderwärts, wieder aufgeschüttet, sondern ringsum fortgerissen und verschwand in der Tiefe (der See). Verglichen mit dem ursprünglichen Zustand sind jetzt, wie bei kleinen Inseln, nur noch die Knochen des kranken Körpers vorhanden, das heißt: nach dem Abschwemmen der fetten und lockeren Erde ist nur noch der hagere Leib des Landes übriggeblieben. Vorher aber, in dem noch unversehrten Land, erschienen die (heutigen) Berge nur wie Hügel; die Talgründe des jetzigen *Phélleus* (= Ausdruck für rauhen, steinigen Boden) waren mit fettem Humus bedeckt und die Berge von dichten Wäldern bekränzt ...« (KRITIAS 111 a–c)
»Die Stadt war so aufgebaut: Zunächst sah die Burg nicht so aus wie jetzt. Jetzt ist sie von der Erde entblößt; das bewirkte eine einzige Nacht mit Wolkenbrüchen, begleitet von Erdbeben und einer Überschwem-

mung, der dritten vor der Deukalionischen Verwüstung. Was aber den damaligen Umfang (der Burg) betrifft, so umschloß sie die *Pnyx* (Versammlungshügel der Athener im W) und reichte bis zum gegenüberliegenden *Lykabettos* (= *Wolfsschlucht-Hügel* im NO); ihre Abhänge senkten sich zum *Eridanos* und *Ilissos* hin (Bäche im N u. S). Der Boden bestand aus lockerer Erde und bildete, mit geringen Ausnahmen, eine Hochebene. An den Abhängen wohnten die Handwerker und die Bauern, die in der Nähe ihre Felder bestellten. Die Hochfläche war der Kriegerkaste vorbehalten; ihre Häuser lagen um den Tempel der Athene und des Hephaistos und waren . . . von einer Ringmauer umgeben . . . An der Stelle, wo jetzt die Akropolis steht, floß eine Quelle; nachdem sie durch Erbeben versiegt war, blieben von ihr nur noch die jetzigen Bächlein ringsum übrig.« (KRITIAS 111 e–112 d)
Dunkle Sagen von Sintfluten und Erdbeben waren seit alters in Attika lebendig. Einst erhob Poseidon Anspruch auf das Land und schleuderte seinen Dreizack zum Zeichen der Besitzergreifung in die Akropolis. Aus dem Felsenriß, den die Waffe schlug, sprudelte eine Quelle salzigen Seewassers hervor, die noch immer zu sehen ist. Wenn der Südwind bläst, kann man tief unten das Rauschen des Meeres hören. Während der Regierung des Kekrops nahm Athene von der Stadt Besitz, indem sie den ersten Olivenbaum neben der Quelle pflanzte. Wütend forderte Poseidon sie zum Zweikampf heraus, doch Zeus verbot dieses Treffen. Ein Schiedsgericht der Götter sprach der Athene das Land zu, da sie diesem das bessere Geschenk gemacht habe. Aus Rache sandte Poseidon eine Sturmflut, die den fruchtbarsten Landstrich Attikas, die Thriasische Ebene, verwüstete.
Die Legende, daß Athene den ersten Ölbaum auf attischem Boden pflanzte, untermauert die vielfachen Überlieferungen von dem libyschen Ursprung der Göttin; die veredelte Olive war nach ägyptischer Tradition eine Erfindung des Thot (DIODOR I 16). Als die Perser im Jahr 480 v. Chr. die Stadt und Burg niederbrannten, ging mit dem uralten heiligen Ölbaum neben der Poseidonquelle auch das älteste Kultbild der Athene zugrunde. Es war aus Olivenholz geschnitzt und nach der Sage vom Himmel gefallen. Auf dieses Idol aus grauer Vorzeit bezieht sich vielleicht die Bemerkung, »daß von den damals lebenden Menschen das Standbild der Göttin in Waffenrüstung . . . aufgestellt wurde, weil in jener Zeit die Frauen wie die Männer das Kriegshandwerk gleichermaßen betrieben . . .« (KRITIAS 110 b)
Wörtlich heißt die Stelle: »Gemeinsam waren damals den Frauen und den Männern die Beschäftigungen, die auf den Krieg bezüglichen . . .«

Gerade diese Stelle hätte den negativen Kritikern Vorsicht gebieten müssen; sie ist völlig ungriechisch und kann unmöglich von PLATON erfunden worden sein. Die Aussage entspricht genau den Verhältnissen im Kulturkreis der Libyer, Aithioper und Guanchen, bei denen die Frauen im Waffendienst geübt waren und sich als mutige Kämpferinnen bewährten. Daß eine libysch-hamitische Grundschicht mit weiberrechtlicher Sozialstruktur im ganzen mittelmeerischen Europa, also auch in Hellas, verbreitet war, ist nicht erst seit heute bekannt. Nur wußten die Historiker bisher mit der »Athena vom Tritonsee« nichts anzufangen, die in Wirklichkeit die libysche Kriegsgöttin Neith ist und auch die Urgestalt der Athena in Attika bildet.
So müssen wir auch ernst nehmen, wenn es heißt, »daß SOLON berichtete, jene Priester hätten die Namen eines Kekrops, Erechtheus . . . und die meisten anderen Namen vor Theseus häufig erwähnt, als sie von dem damaligen Krieg erzählten . . .« (TIMAIOS 110 a–b), oder wenn SONCH sagt: »Von deinen (SOLONS) Mitbürgern, die vor 9000 Jahren lebten, will ich dir ganz kurz die Gesetze und die trefflichste Heldentat berichten . . .« (TIMAIOS 23 e–24 a)

Wer waren die Ur-Athener des Atlanterkrieges?

Ich weiß nicht, wie viele Atlantiskritiker auch über folgende Stellen hinweggelesen haben: »Ihr wißt nicht, daß dort, *wo ihr heute wohnt, ein Volk gelebt hat . . .* (mit besonders hervorragenden Eigenschaften) . . . Du, o SOLON, und deine Mitbürger, *ihr stammt von diesem Volk ab . . .*« (TIMAIOS 24 b–c). Wörtlich: es gab »ein (hervorragendes) Geschlecht in eurem Lande, dem du und euer gesamter jetzt bestehender Staat entstammt . . .« *(ta nyn hymōn = jetzt der eurige).*
Weiter: ». . . einst, o SOLON, vor der furchtbarsten Flutkatastrophe, gab es eine Zeit, da war *die Stadt, die nun den Athenern gehört,* die tapferste im Krieg.« (TIMAIOS 23 e); wörtlich: ». . . *die nun im Besitz der Athener seiende Stadt (he nyn Athenáiōn usa polis)«.*
Das griech. *nyn* ist identisch mit unserem *nun = jetzt, in diesem Augenblick, heute, gegenwärtig.* SONCH meint damit die damalige Gegenwart, in der sich SOLON mit den Priestern in Sais unterhält. Die Zeit aber, von der SONCH erzählt, betrifft nicht diese »jetzigen« Athener, sondern das Volk und die Stadt *lange vorher, nämlich vor der großen Flut.*
Wir dürfen also nicht (wie es z. B. SPANUTH oder die Verfechter der THERA-Hypothese tun) an dem Namen *Athen* oder *Athener* hängen

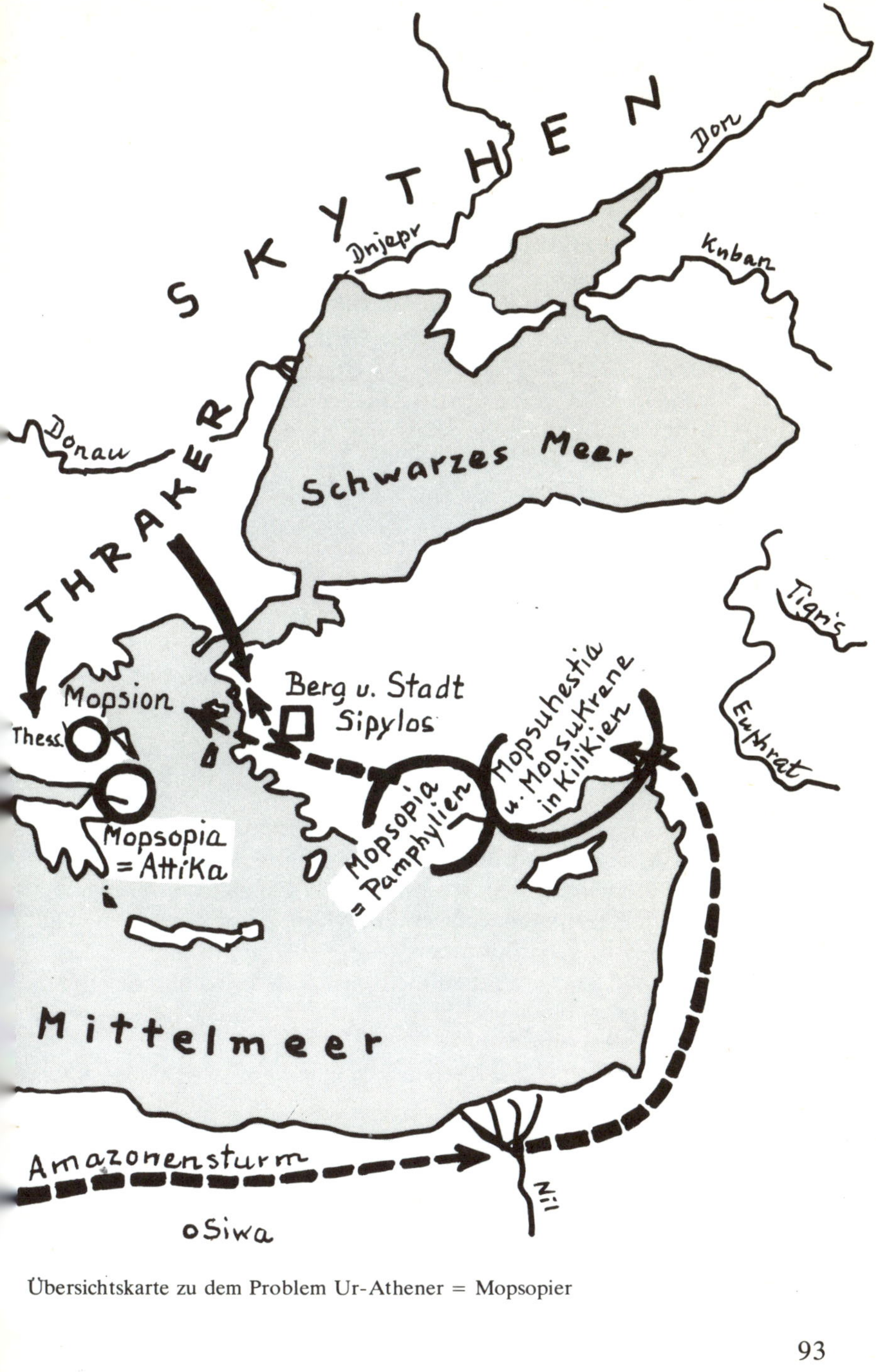

Übersichtskarte zu dem Problem Ur-Athener = Mopsopier

bleiben; den gibt es ja erst seit König Theseus im 13. Jh. v. Chr.; wir müssen vielmehr den Namen der *vor-athenischen* Bevölkerungsschichten nachspüren.

Der Stolz der Athener auf ihre legendären Vorfahren macht uns die Sache leicht. Während sie von ihren Nachbarn in der Pelasgerzeit wegen des schlechten Ackerbodens als *Krânaoi = Steinländler* verspottet wurden, nannten sie sich selber von dem ersten König dieser Pelasger und Gründer der alten Stadt *Kekropidai = Söhne des Kekrops.* Von dem erdgeborenen Urheros des Landes leiten sie den Namen *Erechtheidai = Nachkommen des Erechtheus* ab. Dessen angeblicher Enkel *Ion* gab ihnen den Namen *Iónioi = Jonier.* Attika hieß auch *Mopsopía = Land des Mopsos;* in der Dichtersprache lebte die Bezeichnung *Mopsópiai = Söhne des Mopsos* für die Einwohner des Landes und für die Athener noch in klassisch-griechischer Zeit lange fort. Urheber dieses Beinamens ist ein urzeitlicher König *Mopsos* von Attika. (STEPHANOS BYZANTHINOS 458)

Halt! An dieser Stelle wird die Spur von einem Schritt zum andern heiß! PLATON behauptet, die *Ur-Athener* schlagen den Angriff der vereinigten atlantischen Macht ab.

DIODOR überliefert, *Thraker unter einem Anführer Mopsos,* zusammen mit Skythen, bringen den Vorstoß der vereinigten Amazonen-Amazigh, Atlanter und Ägypter zum Stehen.

Jetzt erfahren wir, daß auch die *Ur-Athener mit dem Namen Mopsos verbunden sind.*

Was die Thraker betrifft, so sind thrakische Stämme schon in sagenhafter Vorzeit bis Attika vorgedrungen. Mit Ares hatte Athena zweimal einen Kampf auszufechten; hier schimmert die Erinnerung an die Zusammenstöße der Eindringlinge unter ihrem Kriegsgott Ares mit den alten Hamito-Libyern in Attika unter ihrer Kriegsgöttin Athena-Neith hindurch. Auch die Skythen fallen nicht aus dem Rahmen; sie bilden, ebenso wie die Makedonier und Illyrer, mit den Thrakern eine große, eng verwandte Volksgruppe.

Die einzelnen Kettenglieder schließen sich zu einem lückenlosen Kreis zusammen und erlauben ein

Zweites Zwischenergebnis: Ur-Athener = Mopsopier

Zu der ersten Gleichung *Amazonensturm = Atlanterangriff* tritt nun die neue Gleichung

Mopsos-Thraker bei DIODOR, eng zusammengehörig mit den thrakischen Mopsopiern oder Mopsos-Athenern in Attika = PLATONS Ur-Athener.

Wieder einmal stützt die Alexandriner Überlieferung bei DIODOR die historische Zuverlässigkeit des PLATON-Berichts und bestätigt dessen tatsächliche Abkunft von SOLONS Aufzeichnungen; denn sie ist ja von PLATON unabhängig. Man darf hinzufügen: sie steigert auch unsere Bewunderung für das Geschichtswissen der Priester des Lebenshauses von Sais.

Der Gegenstoß bis zum Ozean

Als die Amazonen in Kleinasien geschlagen worden waren, fluteten ihre Reste in die alte Heimat am Tritonsee zurück. Dort »wurden sie und das Volk der Gorgonen von Herakles vernichtet, als dieser seinen Zug in die westlichen Länder unternahm und die Säulen in Libyen aufrichtete . . .« (DIODOR III 55)
Nach der Abwehr der Atlanter-Invasion – so meldet der Bericht PLATONS – erfolgte ein gewaltiger Gegenstoß der Ur-Athener und ihrer Verbündeten, der den geschlagenen Feind bis zu den Säulen des Herakles und damit zum Ausgangspunkt seines Angriffs im okeanischen Westen zurückwarf.
Den Amazonensturm haben wir bereits mit dem Atlanterangriff gleichsetzen können. Ist demnach auch der sog. »Herakleszug« mit dem Gegenstoß der Ur-Athener identisch? Von der Fachwelt liegt bisher kein Forschungsbeitrag in dieser Richtung vor.

Der Raubzug des Herakles nach der Roten Insel und die eiszeitliche Landbrücke von Gibraltar

Nachdem Herakles schon viele Taten vollbracht hatte, erhielt er den Auftrag, die wegen ihrer Schönheit berühmten Rinder des Geryon zu rauben. Sie sollten an der okeanischen Küste Iberiens (Spaniens) oder auf der davor liegenden Insel Erytheia weiden. Die Aufsicht führte ein riesenhafter Hirte mit seinem Hund, einer Bestie mit zwei Köpfen.
Geryon war so stark wie drei Männer. Man erzählte sich deshalb, er bestehe aus drei Leibern, die an den Hüften miteinander verwachsen seien;

er habe drei Köpfe, sechs Arme und sechs Beine. Spätere Schreiber deuten diese Fabel als seine drei Söhne, deren jeder eine Schar Krieger aus den wilden Stämmen der Iberischen Halbinsel anführte.

Nach einem langen Marsch durch Libyen erreichte Herakles den Ozean. In der goldenen Schale des Helios, die ihm der Gott lieh, setzte der Held nach Erytheia über, erschlug den Hirten mitsamt seinem Wachhund und tötete den herbeigeeilten Geryon, indem er ihm von der Flanke her einen Pfeil durch alle drei Leiber jagte. Dann transportierte er die Rinder in der Sonnenschale auf das Festland hinüber und gab das goldene Gefäß dem Helios zurück.

Die realistische Parallelfassung läßt Herakles auf Kreta ein Heer und eine Flotte sammeln und nach Libyen übersetzen, wo die Schiffe an der Küste entlang dem Landheer folgen. Nach Spanien übergesetzt, tötet Herakles die drei Söhne des Geryon und treibt mit seinen Waffengefährten die feindlichen Scharen in die Flucht.

Auf welchem Weg er die geraubten Rinder nach Hellas brachte, ist nicht sicher. Die einen lassen ihn durch Spanien, Gallien, Italien, Sizilien wieder zurück durch Italien und um die nördliche Adria herumgehen. Zu allem Überfluß scheuchte eine Stechfliege in Istrien die Herde davon; er mußte sie durch Thrakien bis in die Steppen der Skythen verfolgen, wo er sie endlich wieder erwischte. Von dort oben kam er mit seiner Beute nach Hause.

Im Gegensatz zu dieser künstlichen Anhäufung von Abenteuern ist die andere Fassung sicher älter. Da heißt es, daß Herakles zeitweilig die beiden Landspitzen von Spanien und Marokko, die Berge Kalpe und Abyle (Gibraltar und Céuta), durch einen Damm miteinander verband, nach Libyen hinüberzog und seinen alten Weg wieder erreichte. Auf den genannten Bergen hatte er schon beim ersten Übergang die berühmten Säulen als Denkmal seines Marsches gesetzt. (AVIENUS ora maritima 326)

Wo *Erytheia (Erythrea, Erythria) = die Rote* zu suchen ist, weiß man nicht genau. Manche lassen sie vor der Küste Lusitaniens (Portugals) liegen oder meinen die Insel, auf der nachmals Gadir erbaut wurde und das Grab des Geryon liegen soll (Cadiz). Andere versetzen sie in das »Nebelland weit hinter des Okeanos Strömung« (HESIOD theog. 299). Die Streitfrage ist müßig; der Name bedeutet soviel wie *Land im Glanz der Abendröte* und ist eine poetische Bezeichnung für die sagenumwobene Küste beiderseits der Ausmündung in den Ozean, wo hinter der Kimmung die Sonne in das purpurne Tor der Nacht hinabfährt.

Dagegen bedeutet die Tradition, wonach Herakles zeitweilig die Berge

Kalpe und Abyle durch einen Damm miteinander verband und zu Fuß über die Meerenge nach Libyen hinüberzog, für meine Begriffe eine der größten Sensationen in der antiken Mythologie. Im letzten Abschnitt der Eiszeit waren Europa und Afrika durch eine Landbrücke miteinander verbunden, Tiere und Menschen konnten zwischen den beiden Kontinenten zu Fuß hin und her wandern und haben dies auch getan. Für mich besteht kein Zweifel, daß der »Damm des Herakles« eine sagenhaft ausgeschmückte Erinnerung an diese eiszeitliche Landbrücke darstellt. Damit aber ist der »Zug des Herakles« nichts anderes als eine ebenfalls legendär gewordene Kunde von kriegerischen Zügen, die über diese Landbrücke gingen.

Der historische Kern der Sage überliefert also einen Kriegszug von Hellas und Kreta aus quer durch Libyen bis in den fernsten Westen und deutet für die gleiche Zeit und dieselbe Gegend eine gewaltsame geologische Veränderung an. Die Parallelen zur letzten Phase des Atlanterkrieges im TIMAIOS sind nicht zu übersehen.

Auch die folgende punisch-libysche Quelle berichtet von einem Heereszug verbündeter Kriegshaufen oder Wanderhorden:

Der Bericht des SALLUST über die Vorgeschichte Numidiens

Unter der Regierung Caesars hatte ein gewisser GAIUS SALLUSTIUS CRISPUS hohe militärische Kommandostellen inne und wurde im Jahr 46 v. Chr. Proconsul (Statthalter) der mit Numidien vereinigten römischen Provinz Africa (etwa Tunesien + Ost-Algerien). Auf Grund der eigenen Studien in diesem Gebiet verfaßte er später als Privatmann die Geschichte des Jughurtinischen Krieges 111–105 v. Chr., des langen Kampfes der Römer gegen den Berberfürsten Jughurta. Im Rahmen dieses Werkes geht SALLUST auf die Vorgeschichte dieses Gebietes ein; er beruft sich dabei auf »die Übersetzungen der punischen Bücher . . ., die dem Hiempsal gehören und auch durch die Einwohner des Landes bestätigt werden. Die Zuverlässigkeit der Angaben muß ich freilich meinen Quellen überlassen.« (cap. 17). – Hiempsal war ein numidischer Fürst, den Jughurta hatte ermorden lassen.

»Ursprünglich wohnten in Afrika die *Gaetuler* und *Libyer,* wilde und rohe Menschen, die wie das Vieh von Wild, Wurzeln und Gras lebten. Sie hatten weder herkömmliche Sitten, noch Gesetze, noch ein Oberhaupt (d. h. sie waren freie Nomaden), sondern schweiften einzeln (d. h. in kleinen Gruppen) umher und schlugen da, wo die Nacht sie überfiel, ihr Lager auf. Doch als – nach der Sage der Afrikaner – Herkules in Hispanien gestorben war, löste sich sein Heer, das aus allerhand Völkerschaften zusammengewürfelt war, in kurzer Zeit auf; denn nach dem Tod des Anführers beanspruchte jeder beliebige den Oberbefehl für sich. Die *Meder, Perser* und auch die *Armenier,* die sich unter der Heeresmasse befanden, setzten nach Afrika über und besiedelten die Gegenden am Mittelmeer, die Perser mehr nach dem Ozean hin (d. h. nach der Atlantikküste Marokkos). Umgekehrte Schiffsrümpfe waren ihre Hütten, weil sie im Land kein Bauholz hatten und solches auch nicht von den Hispaniern kaufen oder eintauschen konnten; der weite Seeweg und die Unkenntnis der Sprache verhinderten den Handelsverkehr. Nach und nach vermischten sie sich durch Heiraten mit den Gaetulern und nannten sich *Numider (= Nomaden),* weil sie, um das Land zu erkunden, oft kreuz und quer durch die Gegend gezogen waren. Übrigens sind noch heute ihre Gebäude auf dem Land, die sie *mapália* nannten, länglich und haben auf der Seite eingebogene Dächer, so daß sie einem Schiffskiel ähnlich sehen. Den Medern und Armeniern gesellten sich die Libyer zu . . . und diese besaßen schon früh Städte; denn da sie nur eine Meerenge von Hispanien trennte, trieben sie Tauschhandel mit dessen Bewohnern. Allmählich entstellten die Libyer den Namen der Meder und nannten sie in ihrer ungelenken Sprache *Mauren.* Der Staat der Perser blühte in kurzer Zeit auf; später trennten sie sich wegen der Übervölkerung von ihren Verwandten und besetzten unter dem Namen Numider die Gegenden, die an Karthago grenzten und Numidien genannt werden . . . Schließlich kam fast das ganze afrikanische Küstenland (= Atlasländer) in den Besitz der Numider. Die Besiegten nahmen den Namen ihrer Überwinder an und bildeten mit ihnen ein einziges Volk.« (cap. 18)

Wer sich mit der antiken Geschichte befaßt, wird sich mit Recht wundern, wieso *Meder, Perser* und *Armenier* in sagenhafte Vorzeit hinaufversetzt werden, noch dazu in weitab gelegene Gegenden des atlantischen Westens. Aber der HIEMPSAL-Bericht steht felsenfest; das sichert allein schon die Bemerkung, daß Meder und Armenier mit den Libyern eine Volksgemeinschaft bildeten, wobei letztere auf ihrer Zunge den Namen Meder zu Mauren entstellten. Die Umwandlung *Medoi, Medioi, Medeioi* zu *Maur-oi* stimmt nämlich, zwar nicht durch sprachliche Entstellung seitens der Libyer, doch auf dem Umweg über die der Stammesgemeinschaft beigetretenen Armenier. In deren Sprache ist *Medos = Mar* (KARST 409). Diese Bezeichnung übernahmen die Libyer und von diesen die Griechen als *Maur-os.* Damit erweist sich als richtig, daß sowohl Meder als auch Armenier in einer Zeit, die weit vor unserem geschichtlichen Horizont liegt, im Verband verschiedener Wanderhorden bis nach Iberien und Nordwestafrika gelangt sein müssen.

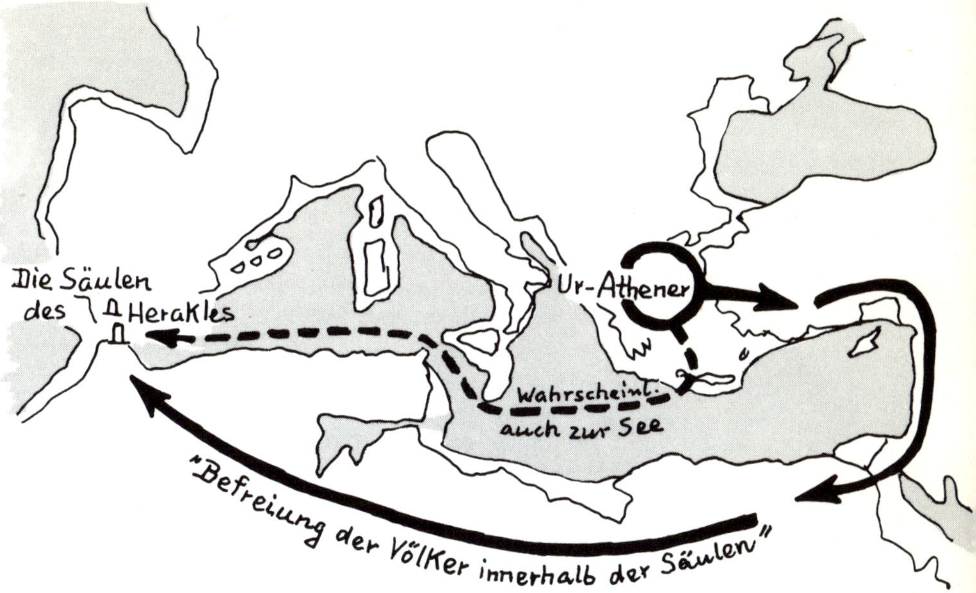

Die Säulen des Herakles
Ur-Athener
Wahrscheinl. auch zur See
„Befreiung der Völker innerhalb der Säulen"

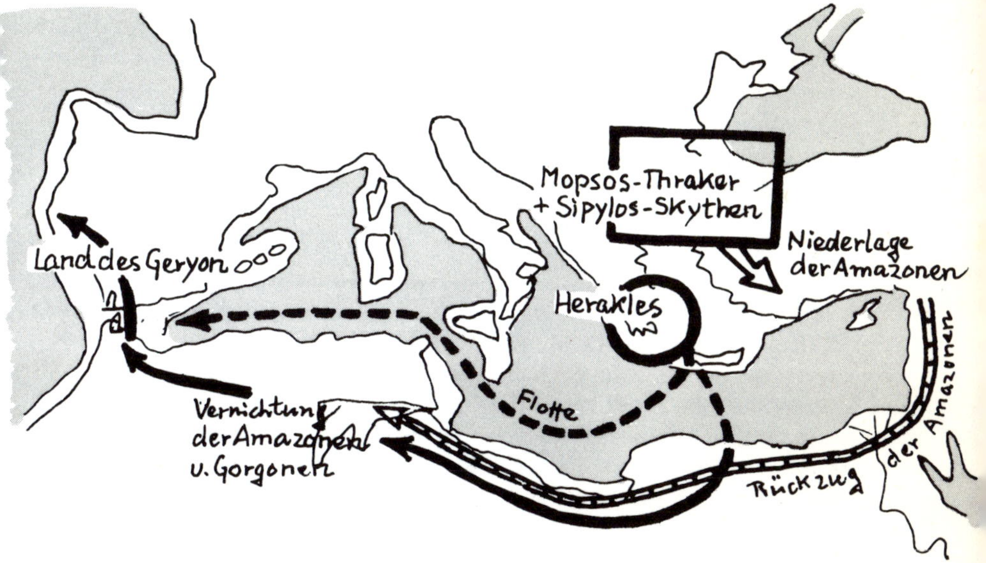

Land des Geryon
Mopsos-Thraker + Sipylos-Skythen
Niederlage der Amazonen
Herakles
Flotte
Vernichtun der Amazonen u. Gorgonen
Rückzug der Amazonen

Doch wo kamen sie her?
Die Völkerkarte von damals sah anders aus als heute. Die Armenier saßen noch nicht in ihrem jetzigen Bergland, sondern lange Zeit westlich davon in Phrygien, d. h. in Kleinasien zwischen der zentralen Salzwüste und dem Marmarameer: »Die Armenier stammen aus Phrygien. Auch in der Sprache haben sie viele phrygische Eigenheiten.« (HERODOT VII 73; STEPH. BYZ. 123). Von den Phrygern aber wissen wir, daß sie ein Sammelname für thrakische Kernvölker sind, die aus dem unteren Donauraum nach Süden in den Balkan und von dort über die Dardanellen nach Kleinasien wanderten.
In der gleichen Gegend treffen wir die sog. Meder. Natürlich haben sie nichts zu tun mit den historischen Medern im Iran, sondern gemeint sind ihre vorgeschichtlichen skythischen Stammesbrüder, die *Maidoi, Maiotai, Maiotes.* Starke Schwärme dieses Volkes drangen in unbekannter Vorzeit aus ihren Sitzen am Kuban und Asowschen Meer südwestwärts in den Balkan vor und vermischten sich mit den dortigen Thrakern. Andere zogen weiter über die Dardanellen und vermischten sich teils mit den eingeborenen Bithyniern am Marmarameer, teils siedelten sie sich in Großphrygien an (HERODOT IV 123; STEPH. BYZ. 426, 459, 706). Alle Stationen sind dieselben wie bei den Armeniern.
Bei den *Persae, Perseis,* die nach SALLUST – HIEMPSAL mit den afrikanischen Gaetulern verschmolzen, denken wir mit Recht an *Perseus,* der durch Libyen zog und die Medusa tötete. Von seinem Sohn Perses leitete angeblich das persische Königshaus der Achämeniden seine Abstammung ab (HERODOT VII 61). Hinter dieser Genealogie stecken die *Pherezaioi, Pheresites, Perizittes,* hebr. *Pheresi,* eine alt-kanaanitische Perseus-Nation von wahrscheinlich indogermanisch-hamitischer Mischung (die Gemahlin des Perseus war die Tochter des »aithiopischen« Königs von Jaffa). Auch sie wanderten nach Afrika und erschienen dort als *Pharusioi, ein libyscher Volksstamm* (STEPH. BYZ. 659). Von PLINIUS hören wir: »Die *Pharusii, einst Persae* . . . sollen Gefährten des Herkules gewesen sein, als er zu den Hesperiden zog« (hist. nat. V 46). Bei den westwärts ziehenden Kriegshaufen hatten sie offenbar gute Beute gemacht und prächtig gelebt. Dann, in ihrer neuen Heimat an der wüsten Atlantikküste Marokkos und mit der zunehmenden Austrocknung der Sahara, waren sie zu armseligen Hirtennomaden abgesunken: »Die *Pharusii,* einst reich beim Zug des Herkules zu den Hesperiden, jetzt unkultiviert und, wenn sie sich nicht durch etwas Viehzucht ernähren, fast arm« (POMPONIUS MELA III 10).

Drittes Zwischenergebnis: Der Herakleszug zum westlichen Ozean = Gegenstoß der Ur-Athener gegen die Atlanter ebendorthin

Überblicken wir die genannten Stämme noch einmal, dann fällt uns immer wieder der Name der *Thraker* auf. Das rückt die Wanderhorden des Herakleszuges im HIEMPSAL-Bericht an die Heerhaufen der Mopsos-Thraker in der Überlieferung DIODORS heran, die ihrerseits wieder mit den Ur-Athenern unter dem Vorzeitkönig Mopsos zusammengehören. Alle kämpfen auch gegen den gleichen Gegner.

Mithin erscheint der Herakleszug nicht nur als eine Fortsetzung der Tradition bei DIODOR, wonach Herakles die libyschen Amazonen und Gorgonen bekriegte, sondern geradezu als ausführliche Darstellung des bei PLATON angedeuteten Gegenstoßes der Ur-Athener bis zu den Küsten des Ozeans.

Diese Schlußfolgerung ist um so bindender, als mit dem Namen des Herakles und seines Zuges nach Westen auch zwei Berichte von geologischen Umwälzungen verbunden sind: von einem Erdbeben mit Wasserausbruch am Tritonsee und von dem Aufreißen der Meerenge bei Gibraltar . . .

Die Katastrophentexte und ihr geologischer Nachweis

Wie der Tritonsee verschwand

Ganz wörtlich lautet die Stelle über die Katastrophe am Tritonsee, daß dieser »infolge von entstandenen Erdbeben *(seismōn genoménōn)* verschwunden sei *(aphanistēnai)*, indem sich spalteten *(rhagéntōn)* seine *(autēs* = des Sees) zum Ozean hin gelegenen Teile *(pros ton okeanón merōn keklimenōn).*«
Zur Bezeichnung der Katastrophe wählt DIODOR bzw. seine Quelle das Verb *rhégnymai = sich brechen, zerreißen, bersten, sich spalten.* So übersetzen es die deutschen und englischen Ausgaben. Das Verb bedeutet aber auch *ausbrechen, hervorbrechen, hervorstürzen, hereinbrechen.* Mit diesen Begriffen hätten wir dann das Bild, daß die westlichen Teile des Sees infolge einer von Erdbeben begleiteten geologischen Hebung

bzw. Senkung ausgelaufen wären, indem die Wasser wie aus einer nach Westen, dem Ozean zu gekippten Wanne *ausbrachen, hervorbrachen, hervorstürzten, über das benachbarte Land hereinbrachen.*

Richtig gesehen, ergänzen sich beide Auslegungen: die ursprünglich ausgedehnte Meeresbucht zeigt sich in der Antike bereits in drei Teile zerstückelt (Libya, Pallas, Tritonis Palus), die nicht allein eine Folge der zunehmenden klimatischen Austrockung darstellen, und die geologischen Verhältnisse erweisen eine Kippung des gesamten Landstrichs nach Westen hin durch eine Hebung der Syrtenküste.

Im Jahr 1881 veröffentlichte der französische Major RUDAIRE die Ergebnisse seiner Expedition zu den Salzseen in Tunesien; ergänzt wurde der Bericht 1931 durch weitere Untersuchungen seines Landsmannes SOLIGNAC[3]). Danach lag das gesamte Gebiet des Schott el-Dscherid früher tiefer, der Spiegel des Sees aber 7–12 m höher, wie Ablagerungen von Muscheln und alte Uferterrassen verraten. Zugleich ergab sich, daß die Oberfläche des heutigen Schotts mitsamt der Uferumrandung schief liegt; sie steigt von West nach Ost, d. h. vom Hinterland zum Meer an bis zu einem Höhenunterschied von 33 m. Bei einem Wasserspiegel ist das unmöglich, wohl aber bei einer Salzpfanne aus schwerem, salzdurchsetztem Schlamm und einer Decke, die teilweise fest verkrustet ist – ein Beweis, daß die Hebung noch andauerte, als der See schon weitgehend verschlammt war.

Am Ende der Eiszeit bildete der Schott noch eine riesige Meeresbucht mit einer 20 km breiten Öffnung zur Syrte. Durch die Hebung der Erdrinde wurde diese Öffnung langsam seichter; im 5. Jh. v. Chr. konnten nur noch flache Boote bei Flut in den See einfahren, während nach einer alten Segelanweisung der Zugang bei Ebbe bisweilen schon unmöglich war. Zur Römerzeit trug der See bereits den Namen *Tritonis Palus = Triton-Sumpf* neben der alten Bezeichnung *Tritonis Lacus = Triton-See.* An einer schmalen Stelle im Osten konnte man ihn sogar schon zu Fuß überqueren, wie das heute an mehreren Stellen möglich ist. Immerhin berichtet auch PAUSANIAS, der Libyen um 160–180 n. Chr. bereiste, daß sich der Tritonfluß = Wadi Igharghar aus dem Tritonischen See in das Libysche Meer ergießt; die Ausmündung war also in spätrömischer Zeit noch offen (IX 33, 7).

Die endgültige Trennung vom Meer durch das Aufsteigen der Gabés-Schwelle, die heute etwa 20 km breit und 50 m hoch ist, erfolgte erst im

[3]) Extraits de la Mission de M. le commandant Rudaire dans les Chotts Tunisiens 1878–1879. Tunis 1881. – M. Solignac: Atlantide et Sud-Tunisien. Revue Tunisienne 1931. – (Zitiert bei HERRMANN Unsere Ahnen und Atlantis, Berlin 1934)

frühen Mittelalter. Noch die Araber wußten, daß die Oasen Nefta und Tosör im Westen einst alte Seehäfen gewesen waren; hat man dort doch auch Reste von Schiffen im Sand gefunden.
Wenn DIODOR eine plötzliche verheerende Katastrophe mit Erdbeben verzeichnet, so bedeutet das keinen Widerspruch zu dem oben Gesagten. Ein solcher Umbruch muß stattgefunden haben, sonst hätten wir keine Tradition dieser Art aus der dortigen Gegend; die späteren langsamen Bewegungen der Erdrinde bedeuten dann das Ausklingen der Katastrophe oder beweisen zum mindesten, daß es sich um eine geologische Unruhezone handelt – was von dem gesamten Atlasgebiet ohnehin bekannt ist.

Herakles sprengt die Landbrücke zwischen Spanien und Marokko

Gegen Ende des Tertiärs und während der Eiszeit waren Spanien und Marokko durch eine 100 km breite Landbrücke miteinander verbunden. Damals bildeten die andalusische Sierra und das gegenüberliegende Rifgebirge einen zusammenhängenden Bogen. Von Schnee und Gletschern bedeckt, umschlossen sie wie ein ungeheures Amphitheater das blaue Meeresbecken von Alborán. An der Außenseite brandete die grüne Wasserwüste des Atlantik gegen die Steilküste.
Längstäler zerfurchten diese aus Bergen gebaute Brücke. Von den Graten donnerten Lawinen hinab in die Tiefe, wo Schnee und Frost herrschten. Während der Sommermonate und in den wärmeren Zwischeneiszeiten tosten Wildbäche dahin, Seen glitzerten, Wälder wuchsen an den Bergflanken empor. Dieser Landbrücke verdankt Südspanien die zahlreichen Einschläge von Tierformen aus dem dunklen Erdteil, so die afrikanischen Arten des Siebenschläfers, Wiesels und Chamäleons, einen schakalähnlichen Wolf und die einstigen Affen von Gibraltar. Umgekehrt streifte das Waldwild- und Lößpferd aus den Mesetas nach Afrika, und mit den Tieren wanderte der Mensch seit der ältesten Altsteinzeit hin und her.
Durch Jahrhunderttausende zogen und zerrten tektonische Gewalten an diesem Gebirgsbogen. Die letzte Überspannung und endliche Sprengung, die den schon lange erschütterten Damm zum Einsturz brachte und den Grabenbruch der Gibraltarstraße aufriß, fiel in den Übergang von der Eiszeit in unsere geologische Gegenwart. Kulturgeschichtlich war es der Übergang von der Alt- zur Mittelsteinzeit, etwa um 10 000 v. Chr., wenn man ein ungefähres Datum nennen will.

Wie beim Tritonsee, müssen es auch hier Umwälzungen gewesen sein, die im akuten Stadium katastrophale Erdbeben, Aufbrüche, Erdrutsche und Felsstürze verursachten, zu denen noch Springfluten des aufgewühlten Ozeans kamen; denn sonst hätten wir keine Sage, die über Tausende von Generationen die Erinnerung an jene Ereignisse festgehalten hat:

»Da wir der Säulen des Herakles gedacht haben, so ist hier der Ort, noch weiter davon zu sprechen. Herakles wollte diese Säulen seines Zuges aufrichten, nachdem er bis an die Küste des Ozeans gekommen war, an die äußerste Grenze des festen Landes von Libyen und Europa. Um ein bleibendes Gedenken zu stiften, habe er an beiden Ufern den Meeresgrund weithin mit Erde aufgefüllt und so die Küsten, die vorher durch einen beträchtlichen Zwischenraum getrennt gewesen waren, einander ganz nahe gebracht, damit durch die schmale und seichte Meerenge die größeren Seetiere nicht mehr aus dem Ozean in das innere Meer herüberschwimmen könnten; zugleich übrigens in der Absicht, durch das ungeheure Werk seinen Namen zu verewigen. – Andere behaupten das Gegenteil: das feste Land habe zusammengehangen und sei von Herakles durchstochen worden, so daß die Meerenge sich erst bildete und eine Verbindung zwischen dem Ozean und unserem Meer entstand. – Unter diesen Meinungen mag jeder wählen, was ihm das Wahrscheinlichste ist.« (DIODOR IV 18)

Die erste Version ruft uns den Dammbau des Herakles zwischen den Bergen Kalpe und Abyle nach dem Abenteuer mit Geryon in Erinnerung. Für die zweite Version spricht sich PLINIUS aus: Herakles habe am Westende seiner Fahrten die Felsen, die Europa und Afrika verbanden, auseinandergerissen und so die Verbindung zwischen dem inneren und äußeren Meer bewerkstelligt. (Hist. nat. 3, 4)

Sicher geschah der geologische Durchbruch nicht von heute auf morgen. Die Katastrophe hatte sich schon lange durch Erdbeben angekündigt und fand auch nicht so bald ihren Abschluß. Wir können uns vorstellen, daß einzelne Gebirgshorste der zerstörten Brücke noch lange wie Pfeiler emporragten; die Zwischenräume füllte ein mit Felstrümmern übersätes Wattenmeer, das bei Flut überspült wurde und bei Ebbe trocken lag. Anschwemmungen mögen die seichte Wasserstraße verengt, ja zuzeiten überhaupt wieder verstopft haben, bis der Boden sich weiter senkte. Dazu kamen Beben mit Felsstürzen und herabrutschendem Geröll zu beiden Seiten. All das kann man sich als Ursache der Sage denken, wonach Herakles das Meer von beiden Ufern her mit Erde auffüllte oder seinen »Damm« baute. Umgekehrt mußten Seebeben mit Flutstau und

Wassereinbrüchen in der Felsenenge sehr wohl den Eindruck erwecken, daß hier eine übermenschliche Kraft am Werk sei, die Kontinente voneinander zu reißen.
Die geologischen Verschiebungen dauerten bis weit in unsere Geschichte hinein an, und es ist an der Zeit, endlich einmal darzutun, daß unser Bild von der Gibraltardurchfahrt der minoischen Kreter, der Phöniker, ja der Karthager und vielleicht sogar noch der Römer völlig unhistorisch ist, wenn wir die heutige Landkarte zugrunde legen.
Der Felsen von Gibraltar war als einer der Restpfeiler der alten Landbrücke lange Zeit eine Insel und wurde erst durch alluvialen Schwemm- und Flugsand wieder mit dem Festland verbunden. Wahrscheinlich gilt das gleiche für sein afrikanisches Gegenstück, den Monte Acho bei Céuta, die südliche der Heraklessäulen. Die Wassertiefe war noch gering; AVIENUS schildert die Durchfahrt voll unterseeischer Riffe, und PLINIUS berichtet von vielen Sandbänken.
Wenn wir den Vorstoß der minoischen Kreter um 3000 und die erste phönikische Durchfahrt mit der Gründung von Gadir um 1100 v. Chr. ansetzen, dann war die Wasserstraße damals nicht viel mehr als ein enger Felsenriß; denn noch im 6. Jh. v. Chr. verglich der Kapitän SKYLAX von Karyanda in Karien die Enge bei den Säulen des Herakles mit dem Bosporus, den er kurz vorher durchfahren hatte (SKYLAX bei AVIENUS ora mar. 631). Die Breite des Bosporus beträgt am Nordende 4,7 km, am Südende 2,5 km, im Innern bei Böjükdere 3,3 km, sonst darunter bis zu der engsten Stelle bei Rumili-Hissar: 660 m.
Die heute noch zu beiden Seiten der Gibraltarstraße von Riffen starrende Steilküste mit ihren hohen, von der Brandung zerfressenen Flysch- und Kalkkliffs kann nur mehr eine schwache Vorstellung geben, wie die weit engere Wasserschlucht zur Zeit der ersten historischen Seefahrer ausgesehen haben mag. Nur so ist es auch zu verstehen, daß den Phönikern diese Gegend von mystischem Grauen erfüllt erschien und die Meerenge selber als heilig verehrt wurde. AVIENUS berichtet, daß sich Schiffe dort nur eine begrenzte Zeit aufhalten durften; ein Verstoß gegen dieses Gesetz galt als Gotteslästerung und brachte das Meer zum Aufwallen – wohl eine Erinnerung daran, daß diese tektonische Bruchstelle immer wieder von Erschütterungen und Seebeben heimgesucht wurde.
Die antiken Breitenschätzungen, zeitlich geordnet, bestätigen es:

Skylax v. Karyanda	6. Jh. v. Chr.	7 Stadien	=	rund	1,3 km
Damastes	um 400 v. Chr.	7 Stadien	=	rund	1,3 km
Euton	400 v. Chr.	4 m. p.	=	rund	6,0 km
Turrius Gracilis	um 0	5 m. p.	=	rund	7,5 km
Cornelius Nepos	0	7 m. p.	=	rund	10,5 km
Titus Livius	0	7 m. p.	=		10,5 km
Strabon	0	50–70 Stadien	=		9,5–13,0 km
Pomponius Mela	50 n. Chr.	10 m. p.	=	rund	15,0 km
Plinius	50 n. Chr.	10 m. p.	=	rund	15,0 km
Victor Vicensa	400 n. Chr.	12 m. p.	=	rund	18,0 km

(Der Berechnung liegen zugrunde: 1 Stadion = rd. 190 m; m. p. = milia passuum = 1000 Schritt = 1 römische Meile = rd. 1500 m)

Die richtig vermessenen Abstände betragen: Kap Trafalgar – Kap Spartel 43 km; Punta Ciris – Tarifa 14,2 km (engste Stelle); Gibraltar – Céuta 23 km.
Den ersten Wert im Atlantik draußen können wir ausklammern; für die antiken Seefahrer kam eine Schätzung nur bei der Annäherung von Osten her in Frage, wo die heutigen Werte zwischen 23 und 14 km betragen. Zu den antiken Schätzungen meint die bisherige Fachgelehrsamkeit, daß man die Entfernung ursprünglich unterschätzt habe und erst allmählich zu den richtigeren Ziffern kam (PAULY-WISSOWA II 2111)
So eine Auslegung ist schon wirklich nicht mehr zu entschuldigen. Man kann doch bei Gott nicht annehmen, daß die Seeleute ein paar hundert Jahre früher dümmer oder kurzsichtiger waren als diejenigen, die ein paar hundert Jahre später nachkamen! Was den Kapitän SKYLAX betrifft, so hat er den Seeweg vom Indus entlang der persischen Küste, um Arabien herum und durch das Rote Meer bis Suez sowie alle Küsten des Mittelmeeres befahren und eine Schrift *Umsegelung der Säulen des Herakles* verfaßt. Er war also mit den Salzwassern aller damals bekannten Meere gewaschen . . . Diesem alten, verwetterten Seebären darf man doch wohl nicht anhängen, daß er sich in der Gibraltarstraße um runde 14–20 km verschätzt habe, wo er noch dazu den Abstand zwischen den Säulen des Herakles ausdrücklich mit der Breite des Bosporus vergleicht, den er vorher durchfahren hatte. Ähnliches gilt schließlich auch für die unmittelbar auf SKYLAX folgenden Schätzungen.
Wir müssen schon dabei bleiben: der alte Isthmus wurde vor Jahrtausenden durch eine Katastrophe gespalten. Es entstand eine enge Was-

serschlucht, die sich seither stetig erweiterte[4]), sei es durch wiederholte Abbrüche von den Flanken, sei es durch Auseinanderrücken der Kontinente. Die Durchfahrt war noch geraume Zeit voller Tücken; alle einschlägigen Quellen sprechen von Riffen und Sandbänken, griech. *herma = Sandbank, Riff, Felsen auf dem Meeresgrund, auf dem das Schiff sitzen bleibt* (SKYLAX 112); STRABON I 49, 50; PLINIUS hist. nat. III 4; AVIENUS ora mar. 326). Diese Hindernisse müssen früher die ganze noch schmale Meerenge beherrscht haben, sonst hätte man sie nicht so ernst genommen; denn heute begleiten sie nur die beiderseitigen Ufer und lassen zwischen sich eine breite Fahrrinne offen.

[4]) Den gleichen Gedanken deutet der Atlantisforscher BRAGHINE an, ohne ihn aber genügend auszuleuchten. Leider bringt sein Buch keinerlei Literaturhinweise und läßt allzu oft den kritischen Abstand zu dem bunt zusammengetragenen Material vermissen. – A. BRAGHINE, Atlantis. – Deutsch in Union Deutsche Verlagsges. Stuttgart 1946.

Reliefansicht des Bosporus mit einigen antiken Städten und der engsten Stelle (660 m), wo die Türken im 15. Jh. mit den Kanonen ihrer beiderseitigen Sperrforts Rumili Hissar und Anadoli Hissar die Durchfahrt beherrschten. – Im 6. Jh. v. Chr. passierte der Kapitän Skylax den Bosporus und wenig später die Säulen des Herakles = Straße von Gibraltar. Dabei verglich er die Enge zwischen Europa und Afrika im äußersten Westen mit der kürzlich durchfahrenen Wasserschlucht zwischen Europa und Asien im äußersten Nordosten des Mittelmeeres.

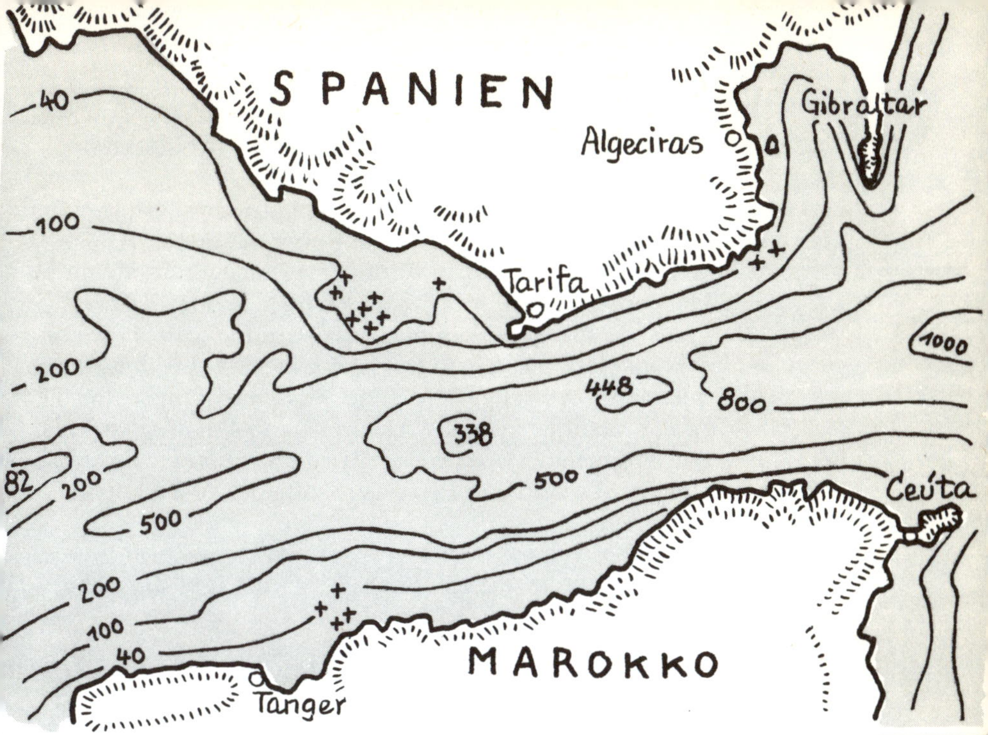

Ein Blick auf die Reliefkarte des Bosporus macht deutlich, daß man diesen Vergleich des Skylax mit der Gibraltarstraße unmöglich mit einer Fehlschätzung der Entfernungen zwischen den Säulen des Herakles erklären und beiseiteschieben kann. Die Gibraltarstraße muß zur Zeit des Skylax tatsächlich so eng gewesen sein, daß sie den Kapitän an den Bosporus erinnerte. – Man muß sich also noch mindestens für die Zeit der frühen Antike die Durchfahrt so vorstellen, als wenn heute die Küsten Spaniens und Marokkos einander ganz nahe gegenüberlägen (s. unteres Kärtchen). Damals bildeten auch die Felsen Kalpe und Abyle noch freistehende Riffe im Meer, ohne die später angeschwemmte Landverbindung.

Zusammenfassender Vergleich mit dem Atlantisbericht

Ich halte den 1. Alexandriner Bericht über den Amazonensturm vom Tritonsee für die sichtbarste Parallele zum Bericht über den Atlanterkrieg im TIMAIOS. Die Amazonen stürmen, verbündet mit Atlantern, Libyern und Horus-Ägyptern, vom Ozean her über Nordafrika und den nahen Orient bis vor die Tore Europas, werden zurückgeschlagen und gehen in Libyen unter, durch »Herakles«, der seinerseits bis zum Ozean vorstößt, sowie durch gewaltige Erd- und Flutkatastrophen. Im TIMAIOS dringt die geballte Macht der Atlanter »vom Atlantischen Meer her gegen ganz Europa und Asien« vor und wird ebenfalls bis zum Ozean zurückgeworfen, wo Freund und Feind bei Erdbeben und Fluteinbrüchen zugrunde gehen.
Unsere Aufgabe, den Amazonenbericht geographisch und historisch zu bestätigen, haben wir, so meine ich, Punkt für Punkt erfüllt. Auch das Problem der Ur-Athener PLATONS fand seine Lösung in den Mopsopiern, dem vorgeschichtlichen Volk in Attika, dessen Namen die Athener noch in historischer Zeit als Ehrentitel führten. Die sog. »Heracleszüge« in den libyschen Westen erwiesen sich als Tatsachenberichte aus der prähistorischen Sahara, insbesondere als Nachrichten von den Zügen kriegerischer Horden aus dem pontischen und ägäischen Umkreis bis nach Iberien und Mauretanien; sie entsprechen dem im TIMAIOS geschilderten Gegenstoß der Ur-Athener bis zum Ozean.

Damit hat der 1. Alexandriner Bericht bei DIODOR nicht nur für sich selber eine vollinhaltliche Bestätigung gefunden; als Parallelbericht zum TIMAIOS bestätigt er nun auch diesem die einwandfreie historische Echtheit und Zuverlässigkeit.

Der 2. Alexandriner Bericht: Die Atlanter – Land, Menschen und Götter

»Zu den bedenklichsten Schlußfolgerungen sind die Angaben DIODORS von *Atlanten* herangezogen worden, welche nach alten Traditionen an der Westküste Afrikas in der Nähe des Atlasgebirges und des ehemaligen Sees Tritonis – in dessen Mitte lag angeblich die Insel Hespera – gewohnt hätten. Aber die Atlanten DIODORS, deren Charaktergemeinschaften und Schicksale ja in manchen Nebendingen mit den platonischen eine gewisse Ähnlichkeit aufweisen, können mit diesen ebensowenig identifiziert werden wie die Atlanten HERODOTS; denn sie sind wiederum keine *Insel*bewohner, führten keinen Krieg mit Athen und gingen auch nicht im Ozean zugrunde.« – »Der Atlas des HERODOT aber, ein *Berg* in Nordafrika, kann wiederum nicht mit dem Inselkönig Atlas des PLATON in unmittelbare Verbindung gebracht werden, ebensowenig wie die Atlanten oder Ataranten HERODOTS, wie sie als Umwohner des Berges heißen, etwas mit den Bewohnern von Atlantis zu tun haben.« (DEMM)
Angesichts dessen, was das Quellenmaterial bei eingehender Bearbeitung inzwischen hergegeben hat, werden wir diesen Verneinungen mit Recht mißtrauen. Natürlich gehören die Atlanter bei DIODOR ebenso wie die entsprechenden Kapitel bei HERODOT zu unserem Thema . . .

Der Göttermythus der Atlanter (unter Weglassung der Weitschweifigkeiten auf die Kernsätze gekürzt):

Der Amazonenbericht nannte die Atlanter *das kultivierteste Volk jener Gegenden, das ein glückliches Land mit großen Städten bewohnt,* nämlich am Ozean. In den Kapiteln III 56 ff. erfahren wir Näheres:

III 56: »Die Atlanter, die ein fruchtbares Land in der Nähe des Ozeans bewohnen, stehen im Ruf, sich von ihren Nachbarn durch Ehrfurcht gegen die Götter und durch Freundlichkeit gegen die Fremden auszuzeichnen. Sie behaupten auch, bei ihnen seien die Götter geboren . . . Der erste König der Atlanter war nach ihrer Sage *Uranos.* Er sammelte die zerstreut wohnenden Menschen in befestigten Städten und gewöhnte seinen Untertanen die gesetzlose und tierische Lebensweise ab. Er entdeckte Gebrauch und Pflege der Kulturpflanzen und machte auch sonst nützliche Erfindungen. Er eroberte den größten Teil der bewohnten Erde, namentlich die westlichen und nördlichen Länder. Als sorgfältiger Beobachter der Gestirne sagte er vieles voraus, was im Kosmos geschah. Das Volk lehrte er nach dem Verlauf der Sonne das Jahr und nach dem des Mondes die Monate zu bestimmen und auf die Ordnung der Jahres-

zeiten zu achten ... Nach seinem Tod wurde er als Gott verehrt; seinen Namen übertrug man auf das Firmament *(uranós = Himmel)* ...«
III 57: »Uranos zeugte 45 Söhne mit mehreren Frauen, darunter 18 mit der *Titáia*. Jeder hatte seinen eigenen Namen, aber alle trugen nach ihrer Mutter den gemeinschaftlichen Namen *Titanen*. Auch Töchter wurden dem Uranos geboren, von denen die zwei ältesten berühmter wurden als die anderen. Sie hießen *Basiléia (= Herrscherin)* und *Rhea* ... Basileia übernahm (nach dem Tod des Vaters) die Regierung. Später heiratete sie *Hyperion (= der Hochwandelnde,* später Sonnengott*)*, einen ihrer Brüder ...«
III 60: »Nach Hyperions Tod teilten die Söhne des Uranos das Reich unter sich. Die angesehensten waren *Atlas* und *Kronos*. Atlas erhielt die Länder am Ozean; er nannte die Einwohner *Atlanter;* dem höchsten Gebirge dort gab er den Namen *Atlas*. Vom Lauf der Gestirne hatte er genaue Kenntnisse ... Er hatte mehrere Söhne, unter denen sich einer namens *Hésperos* hervortat. Dieser verschwand plötzlich, von einem heftigen Sturm entführt, als er den Gipfel des Berges Atlas bestieg, um die Sterne zu beobachten. Das Volk erwies ihm göttliche Ehren und benannte den hellsten Stern am Himmel nach ihm *(hésperos = der Abendstern)*. Atlas hatte auch sieben Töchter, die nach ihrem Vater *Atlantiden* hießen. Sie vermählten sich mit den erhabensten Göttern und Heroen und waren die Stammütter zahlreicher Geschlechter. Daher galten auch bei den Griechen wie bei einigen Fremdvölkern die meisten Heroen der Urzeit als Abkömmlinge der Atlantiden ...«
III 61: »Kronos, der Bruder des Atlas, war ein ruchloser und habsüchtiger Mann. Er heiratete seine Schwester Rhea und herrschte in Sizilien und Libyen, auch in Italien. Es waren nur die westlichen Länder, über die sich sein Reich erstreckte. Überall legte er Besatzungen in die Burgen und Städte und die festen Plätze. Daher kommt es, daß noch jetzt in Sizilien und anderen Gegenden des Abendlandes manche Anhöhen *Kronía* genannt werden ...«

Uranos, Kronos, Atlas: Könige der Urzeit?

Uranos, ein vergöttlichter Urkönig im Westen?

Im olympischen Schöpfungsmythus der Griechen ist *Uranós*, Gatte der Erdgöttin Gaia, die *Personifikation des Himmelsgewölbes*. Als seine ältere Namensform wird *Voranós* angenommen; man stellt ihn zu *Váruna-s*, den obersten Gott der vorgeschichtlichen Inder, der in seiner ur-

sprünglichen Naturbedeutung ebenfalls das Himmelsgewölbe verkörpert, vor allem den strahlenden Nachthimmel.
Beide Namen leiten sich ab von der indogerman. Wurzel *var- = bedekken, umhüllen, umschließen;* sie spiegeln die alte Vorstellung vom festen Himmelsgewölbe wider, das als steinernes Dach über der Erde ruht oder sie in Gestalt einer Kuppel, einer Höhlendecke rings umschließt.
Die indogerman. Wurzel steht außer Zweifel. Wie aber verträgt sich das mit DIODORS Tradition von einem Urkönig bzw. Himmelsgott gleichen Namens im libyschen Westen? – Geht man dieser Frage nach, so stößt man auf bisher kaum geahnte Zusammenhänge:

Uranos = Orahan, der Himmelsgott der Guanchen

Die Einwohner der Insel Gomera glaubten, »daß es im Himmel einen Gott gäbe, *Orahan* genannt, der alles gemacht habe . . .« (TORRIANI cap. 59). Auf der Insel Ferro hieß er, mit einer Vorsilbe zusammengesetzt, *era-oranhan = Stammvater, Gott.* Schon WÖLFEL, der beste Kenner der Guanchensprache, zieht einen Vergleich mit *aran = Himmel* in der Sprache der Saho, eines hamitischen Volkes an der Ostgrenze Abessiniens (IV § 100); er wagt sich jedoch nicht an den gleichlautenden *uran-os* heran.

Olorun und Orun, Himmel und Sonne bei den Yóruba

Die Yóruba zählen zu den Sudannegern und wohnen heute in SW-Nigeria. Die Wurzeln ihrer großartigen Kultur reichen weit in den Norden, in den vor- und frühgeschichtlichen Mittelmeerraum. Sie zeigt Beziehungen zum alten Ägypten, zur Ägäis und zum vorislamischen Berbertum. Aus dieser Richtung sind die Yóruba irgendwann einmal über den Nigerbogen in ihre heutigen tropischen Wohnsitze eingewandert.
Sie nennen ihren obersten Gott *Olorun = Besitzer des Himmels.* Gleich Uranos stellt er das vergöttlichte Firmament dar; er ist der Herr des Himmels, der als solides Dach über der Erde aufgefaßt wird. Manchmal denkt man sich eine Gestalt aus unzähligen Augen zusammengesetzt; er ist, wie der indische Varuna, der Alles-Sehende, der sternübersäte Nachthimmel. Aus ihm ging *Orun* hervor, der Gott der Sonne; im Lauf der Geschichte hat dieser dann den alten Himmelsherrn etwas in den Hintergrund gedrängt. Der Wortstamm ist zweifellos derselbe.

Oranyan, der Urkönig von Ife

In der mythischen Geschichte der Yóruba gilt die Erdgottheit Odudua als Stammutter des Volkes, das von der Stadt Ife in Südnigeria seinen Ausgang nahm. Der erste König war *Oranyan,* der Enkel der Erdgöttin (vgl. Uranos = Sohn der Erdgöttin Gaia). Er gründete im westlichen Steppenland die heute noch als Ruine erhaltene Hauptstadt Oyo; religiöser Mittelpunkt aber blieb Ife, wo angeblich das Grab des Oranyan gezeigt wird.
Von Ife, so geht die Sage, zogen Auswanderer nach Benin und gründeten das dortige Königreich, das durch seine meisterhaften Bronzegüsse und Elfenbeinarbeiten in Europa bekannter geworden ist als sein Stammland Yóruba. Die Bronzekultur ist von früheren Forschern auch mit Atlantis in Zusammenhang gebracht worden. Der erste mythische König von Benin hieß *Oranmiyan (= Oranyan* der Yóruba. – WESTERMANN Gesch. Afr. 252, 275).
Der Name des Himmelsgottes war also im Sudan auch als Königsname im Gebrauch; so wird es auch ursprünglich bei den Atlantern mit Uranos gewesen sein. Nicht der König gab dem Himmel seinen Namen, sondern umgekehrt. Daß tatsächlich einmal ein Atlanterkönig Uran-os gelebt hat, kann man nach dem Bisherigen nicht mehr einfach ablehnen.

Das Himmelsgewölbe aus Stein: asman *der Arier und* ataman *der Guanchen*

Schon im 7. Jh. v. Chr. trägt der griech. Himmelsgott Uranos den Beinamen *akmonídes = Sohn des Akmon.* Griech. *akmon = steinerner Amboß* ist ein uralter Begriff aus den Anfängen der Schmiedekunst; er gehört in eine Reihe mit keltisch (gallisch) *akaumum* in der gleichen Bedeutung sowie mit altslawisch *kamy = Stein.* Daraus läßt sich eine indogerman. Urform *akaman* errechnen.
Mit Wandel von *k* zu *s* haben es die Arier: altindisch *asman* bedeutet aber nicht nur *Fels, Stein,* sondern auch *Himmel,* im Dual *Himmel und Erde;* altpersisch (zend) *asman = Himmel.* Im urtümlichen Weltbild wölbt sich, wie schon erwähnt, der Himmel als steinerne Kuppel oder Höhlendecke über der Erdscheibe.
Und jetzt stoßen wir in der Tradition der Kanarischen Inseln abermals auf eine sensationelle Überraschung: wie bei *Uranos* haben die Guanchen auch bei *akmon / asman* dasselbe Wort in der selben Bedeutung:

Die Einwohner von Tenerife »bekannten sich zum wahren Gott unter dem Namen . . . *Ochoron Achaman,* das heißt *Erhalter des Himmels und der Erde* . . . Man glaubt auch, daß sie Gott *Arguaicha fan Ataman* nannten, was heißt: *Gott des Himmels, weil sie auch den Himmel Ataman nannten.«* (TORRIANI cap. 51)

Die Formen *ataman, achaman (spr. atschaman)* sind identisch; sie gehen auf spanische Quellen zurück, die versuchen, mit den Mitteln ihres Alphabets (span. *ch* = *tsch*) die fremden Gaumenlaute wiederzugeben (palatales *t'*).

Die Übereinstimmung von arisch *asman* mit dem Guanche *at'aman* hat schon für die Spezialisten der kanarischen Sprache und Geschichte eine Sensation bedeutet, die sie aber nicht auszuwerten wußten. Man hielt einen Zusammenhang wegen »der großen räumlichen Entfernung« für unmöglich, dachte aber dabei nicht an die Urgeschichte mit ihrer völlig anderen Völkerkarte und auch nicht an Texte wie DIODOR, die weit in diese Urgeschichte zurückführen.

Kronos als Herrscher des Goldenen Zeitalters

Nach dem Atlantermythus war er ein recht unsympathischer Bursche; als heimtückischer Geselle, der sein Wort nicht hält, begegnet er uns auch später in seinem Krieg gegen den libyschen Dionysos-Osiris. Um so mehr mag es überraschen, daß ein anderer Mythus von ihm als dem Herrscher eines glücklichen Geschlechts spricht:

»Kronos als der Älteste wurde König. Er gewöhnte die Menschen seiner Zeit an mildere Sitten statt ihrer bisherigen rohen Lebensart . . . Er durchzog viele Gegenden und führte überall Gerechtigkeit und Redlichkeit ein. Deswegen schildert die Überlieferung die Zeitgenossen des Kronos als sehr gutmütige und glückliche Menschen. Seine Gebiete waren hauptsächlich die westlichen Länder . . . und viele Orte sind nach ihm benannt. Die gesetzliche Ordnung war so vortrefflich, daß niemand das geringste Verbrechen beging und alle, die unter der Herrschaft des Kronos standen, ein glückliches Leben führten . . .« (DIODOR V 66).

Kronos, Herr der Westländer und westlichen Inseln

Mit Sicherheit ist Kronos ein Gott, der aus einer fremden Bevölkerungsschicht stammt. Alle Versuche, seinen Namen aus dem Griechischen abzuleiten, sind fehlgeschlagen. Man nimmt deshalb an, daß *Kronos* die griech. Umformung eines übernommenen Fremdnamens darstellt (POHLENZ in PW XI 1986–87, ohne Lösungsversuch).

Daraus erklärt sich wohl auch das widersprüchliche Charakterbild. Die einen, vielleicht eben die Angehörigen einer vorgriechischen Volksschicht, sehen in ihm den Herrscher ihrer goldenen Zeit; die andern, die Eroberer, die Griechen, empfinden an ihm vieles fremd, ja abstoßend; sie gaben ihm den Beinamen *angkylométes = Krummes sinnend, hinterlistig, heimtückisch* und setzten ihn mit grausamen Gottheiten wie dem phönikischen Baal-Moloch gleich, dem Menschen geopfert wurden.

Eine besondere Rolle spielt die Verbindung des Kronos mit dem Westen. Bereits im 6. Jh. v. Chr. kennt man die Vorstellung, daß Kronos als einstiger König des Goldenen Zeitalters *Herr der seligen Inseln im westlichen Ozean* wurde: »Anderen (verstorbenen Helden), fern den Menschen, gewährte Leben und Wohnsitz Zeus, der Kronide, und ließ sie hausen am Rande der Erde . . . und Kronos wurde ihr König. Und dort wohnen sie nun mit kummerbefreiten Herzen auf den seligen Inseln und bei des Okeanos Strudeln, hochbeglückte Heroen; denn süße Früchte wie Honig reift ihnen dreimal im Jahr die segenspendende Erde.« (HESIOD, Werke u. Tage 167–173)

Nach einer Erzählung des PLUTARCH (de def. orac. 420 A) gab es in der Nähe von Britannien, d. h. am Ende der Welt, eine heilige Insel, wo Kronos mit seinen rings um ihn gelagerten Anhängern schlief, bewacht von dem Riesen Briareus.

Die Texte bei DIODOR zeigen ihn als großen König der westlichen Länder, der erst später im Rahmen der atlantischen Mythologie zu einem Gott aufstieg. Die modernen Mythologen verweisen allerdings einen ursprünglichen Zusammenhang des Kronos mit dem Westen in das Reich der späteren theologischen Konstruktion; die Kronos-Hügel schreibt man der Tatsache zu, daß Kronos mit dem Baal identifiziert wurde, dem die Phöniker auf ihren Westfahrten da und dort Heiligtümer auf Hügeln errichteten. (ROSE 40, NILSSON I 481)

Demgegenüber wird unser nächstes Kapitel beweisen, daß Kronos tatsächlich als eine Gottheit oder ein vergöttlichter Herrscher des vorgeschichtlichen Westens angesehen werden muß.

Kronos und der Gott Akoran der Guanchen

Die Bewohner von Gran Canaria »hatten Häuser mit Jungfrauen in der Art von Klöstern, *Tamogante en Acoran genannt, d. h. Tempel des Got-*

tes.« – Später heißt es noch einmal: »*Acoran, der große Gott.*« (TORRIANI cap. 29 u. 37)
Der Name wird in verschiedenen Varianten überliefert: *acoran, acoron* (Gran Canaria), *achoran, achoron* (Tenerife). Aus Zusammensetzungen erkennt man die Grundbedeutung *Der Größte, Höchste: achuchuran, acuchurajan = der, welcher groß ist.* Die Herkunft aus den Westsprachen haben andere schon gesichert; hierher gehören u. a.

ager = etwas ganz Großes (Tuareg Ahaggar)
aker = etwas ganz Großes, Zahlreiches (Ndir Abés)
uger = etwas Höheres; überlegen sein (Kabylen)
agur = übertreffen (Schlöch)
goren = etwas sehr Hohes; äußerst, erhaben, hochtrabend, oberherrlich (Baskisch). – (Sämtlich WÖLFEL IV § 88)

Guanche *acoran, acoron* sind wohl zu trennen in *a = der* (berber. masc. präfix) + *coran, coron.* Darauf deutet auch die Variante *coron* hin (bei ESCUDERO 17, 44/45), wo das Kernwort allein steht. Somit haben wir den Gottesnamen *coran, coron,* der nicht nur eine lautliche Parallele zu dem *kron-os* der Griechen darstellt, sondern dort ebenfalls einer göttlichen oder herrscherlichen Persönlichkeit zugehört.
Es erscheint an der Zeit, daß sich die Fachgelehrsamkeit von der Baals-Theorie freimacht und den bisher vernachlässigten Texten zuwendet, die auf eine uralte atlantische Westkultur hinweisen.

Atlas und die »Säule des Himmels«

Die älteste europäische Beschreibung einer Karawanenroute durch die Sahara in ihrer ganzen Länge vom Nil bis Mauretanien stammt von HERODOT. Er hat die Angaben in Ägypten bekommen, vielleicht unter Einsicht von Landkarten. Zu seiner Zeit müssen wir uns noch Karawanen von Eseln oder Lastochsen auf den Trampelpfaden durch die Wüstensteppe vorstellen; das Kamel erschien zwar schon um 600 v. Chr. als Reittier asiatischer Söldner am Nil, fand jedoch erst zu Beginn unserer Zeitrechnung Eingang in den Westen.

Nachdem HERODOT die Stämme an der Küste aufgezählt hat, gibt er einen kurzen Überblick über das sandige Land südlich davon und zählt dann die einzelnen Stationen von Theben aus auf:
Theben – Oase der Ammonier (Siwa) – Augila (Audschila in der Oase

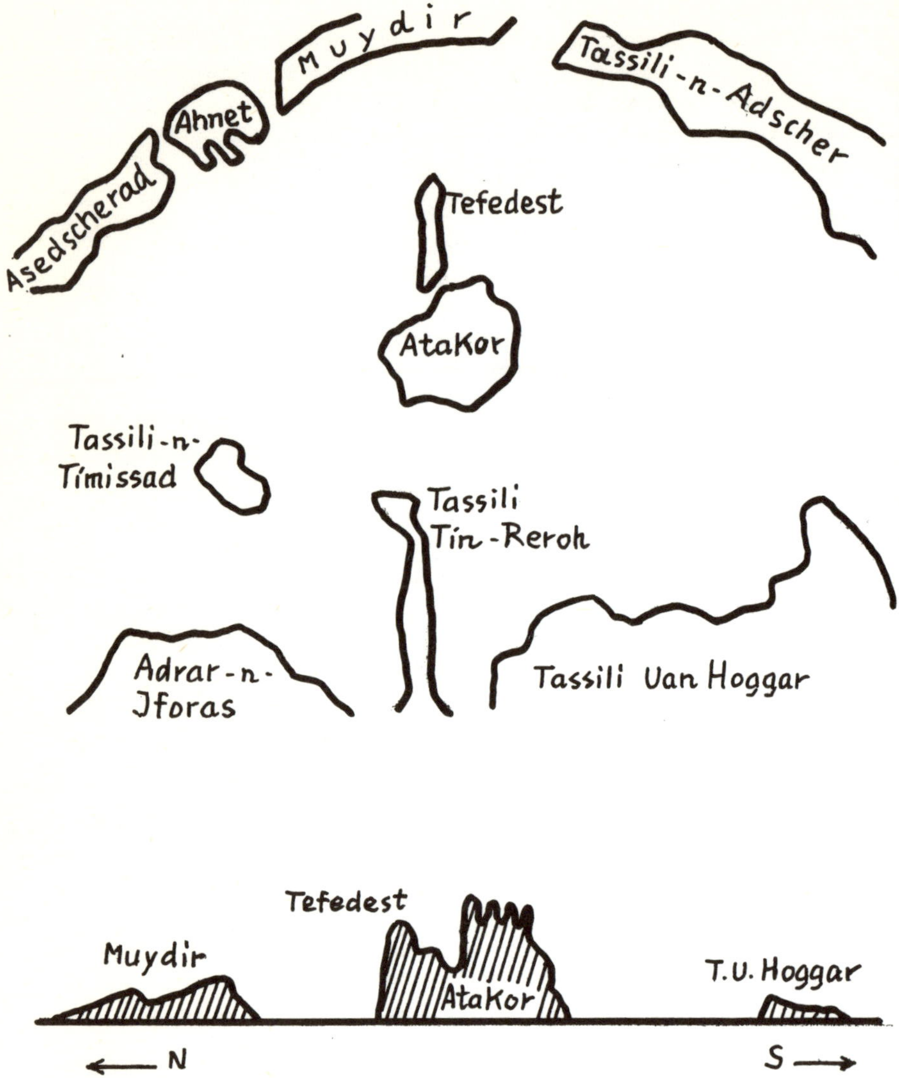

Der Ahaggar und seine Umgebung. – Die Kartenskizze bestätigt HERODOTS Schilderung: »... nach allen Seiten hin kreisförmig ...« (IV 184). –
Es gibt moderne Kommentare, die HERODOTS Text auf den Mittelmeer-Atlas beziehen und versuchen, in dessen Felsketten eine »kreisförmige« Gestalt hineinzubringen: »Die ›kreisförmige‹ Gestalt des Atlas-Gebirges, das im Süden die Kette des Sahara-Atlas und im Norden die des Tell-Atlas bildet, ist von den Gewährsleuten Herodots richtig erkannt worden.« (Ausgabe von Kröner, erläutert von HAUSSIG).
Das ist eine mir unverständliche Verkennung der offen zutage liegenden geographischen Tatsachen. – (Karte nach C. BLANGUERNON, Le Hoggar)

Oben: Ausschnitt aus dem Atakor, dem Zentralmassiv des Ahaggar. – (Skizze nach einer Reliefkarte bei SCHIFFERS)
Unten: Der Ilaman, vielleicht das Vorbild des Atlas als Säule, die den Himmel stützt. – (Skizze nach Fotografie bei HERRMANN, Unsere Ahnen und Atlantis)

Dschalo) – Oase der Garamanten (Gárama = Dscherma nördl. Mursuk). Dann heißt es weiter:
»Von den Garamanten in einer Entfernung von abermals 10 Tagemärschen liegt ein anderer Salzhügel mit Wasser, und Menschen wohnen um ihn herum, die *Atárantes* ... Nach weiteren 10 Tagemärschen kommt ein anderer Salzhügel mit Wasser; auch um ihn wohnen Menschen. An diesen Salzhügel grenzt ein *Berg mit Namen Atlas.* Er hat enge Schluchten und ist nach allen Seiten hin kreisförmig und soll wirklich so hoch sein, daß man seine Gipfel nicht erblicken kann, weil diese nie von Wolken frei sind, weder im Sommer noch im Winter. Die Eingeborenen sagen, daß dies die *Säule des Himmels* sei. Nach diesem Gebirge wurden diese Menschen (die Anwohner) benannt; sie heißen nämlich *Atlantes* ... Bis zu diesen Atlantes kann ich die Namen der Menschen angeben, die auf jenem sandigen Höhenzug (der Dünenwüste) leben; von da an nicht mehr.« (HERODOT IV 184–85)
Die Reiseroute bezeugt einen erstaunlich weiten Westhorizont der Ägypter zu HERODOTS Zeit; sie trifft genau auf das *Ahaggar-Gebirge* (die Araber ersetzten den Berbernamen durch ihr ähnlich klingendes *Hoggar = Stein*). Ein Blick auf die Karte bestätigt den Bericht, daß das Gebirge *nach allen Seiten hin kreisförmig* sei; das Zentralmassiv ist im Grundriß kreisrund. Die Bezeichnung *Säule des Himmels* wird bei der Betrachtung des Reliefs klar. Das Zentralmassiv Atakor besteht aus einem Wald von zuckerhutförmigen tertiären Phonolithnadeln und erhebt sich senkrecht aus einer 600–800 m hohen Umgebung. In der Mitte ragt neben dem Höchstgipfel Tahat (2918 m) der Ilaman (2760) gleich einer gigantischen Säule aus den Blockmeeren und Schutthalden der Nachbarschaft. Wenn HERODOT gehört hat, daß die Gipfel dauernd in Wolken verborgen seien, so erinnert das vielleicht an die klimatischen Verhältnisse früherer Zeiten, wo der Monsun seine Wolken noch bis an die Gebirge der Zentralsahara vortrieb.

Atlas = berber. adrar = Berg

Wie kommt HERODOT zu der Benennung *Atlas* für den Ahaggar? Er selbst gibt die Antwort: die Nachbarstämme wurden *nach diesem Gebirge benannt; sie heißen Atlantes.* Demnach hieß das Gebirge schon immer *Atlas,* und dies ist nichts anderes als die aufgeweichte griechische Form des berber. *adrar = Berg,* mit dem altbekannten Wechsel *r – l.* Das gesamte Rumpfgebirge um das Zentralmassiv Atakor bedeckt eine

Fläche von der Größe Vorkriegsdeutschlands. Die zerschluchteten Schollen mit ihren wüstenhaften Hochflächen und aufgesetzten Vulkankegeln tragen häufig den Namen *adrar:* Adrar-n-Ezzubir, Adrar Idikel, Adrar-n-Ahamet, Adrar Anadar, Adrar Tedergauin, Adrar Tirek; im SW grenzt daran der ausgedehnte Adrar-n-Iforas.
In der übrigen Sahara gibt es ebenfalls ungezählte mit *adrar* zusammengesetzte Berg- und Landschaftsnamen. Sie machen es verständlich, daß im Altertum auch viele andere Stämme als *Atlantes* bezeichnet wurden, so die Nasamones = Libyer von Siwa bis zur Syrte und sogar die Aithiopes. Bei DIODOR kurz vor Christi Geburt haben sie schon fast einen sagenhaften Anstrich und wohnen im ozeanischen Westen, der klassischen Gegend mythischer Völker; doch fällt dies keineswegs aus dem wirklichen geographischen Rahmen: *Adrar* heißt ein Landstrich in Tuat; in Mauretanien gibt es eine Großlandschaft *Adrar* mit dem Bergzug *Dahar-Adrar* sowie den *Adrar Suttuf* südlich von Rio de Oro.
Zu den seit langem ungelösten Problemen zählt die Frage, was die *Atárantes* bedeuten. Dabei ist die Lösung höchst einfach; denn sie gehören in den gleichen Zusammenhang. In manchen Berberdialekten fällt das erste *-r-* in *adrar* aus. So nennen sich die Tuareg *Kel Adrar = Söhne des Berges* auch *Kel Adar,* aufgehellt *Kel Edar,* und ihr Land sowohl *Adrar* wie *Adar* (FOUCAULD I 170). Weitere Beispiele:

adar = Berg (Jullemeden)
addar = Abhang, Abgrund (Beni Uriaghel, Rif)
eddir = Berg (Beni Snus)
adurar = Gebirge, *adarar* = Mühlstein (Ghadames)
adaar = Felsabstürze, auch Name einer Steilpartie an der Ostküste von Tenerife. – *Adar* = Bergzug auf Palma. – *Adara* = Berg auf Tenerife. – *Adirane* = Orts- und Landname auf Palma (sämtl. bei WÖLFEL § 447)

Ein berühmter Held auf Gran Canaria, eine historische Persönlichkeit, trug den Namen *Adar-goma = Felsen-Arm,* »denn er war ein Mann von ungeheurer Stärke« (TORRIANI cap. 30). Das zeigt zugleich, daß es nichts Ungewöhnliches ist, wenn *Atlas* als Personenname auftritt. Der Stammeshäuptling nannte sich eben nach dem Berg-Gott, dem Dämon des Gebirges, dem Himmelshalter *Adrar, Atlas,* wie es auch die Sage von einem *König Atlas* im vorgriechischen Thessalien überliefert, oder wie sich die Tuareg rund um ihren Himmelsberg heute noch *Kel Adrar, Kel Adar = Söhne des Berges, d. h. des Berg-Gottes,* nennen.

Wenn der Atlantisbericht PLATONS, genau wie DIODOR, von einem *urzeitlichen Atlanterkönig Atlas* spricht, kann ich darin nichts Märchenhaftes, Unglaubwürdiges finden.

Die *-r-* in *adrar* werden in manchen Dialekten als *rh, gh* gesprochen, d. h. als Kehllaut zwischen *r* und *ch* (bei den Kel Adrar, Kel Air, Jullemeden, den Berbern Schenua, Sus, Halima, im Rif und in West-Mauretanien). Daraus erklärt sich der schon oft genannte Wechsel *r – l* im Libyschen und Ägyptischen (das zwischen beiden überhaupt nicht unterscheidet) sowie im Übergang zu anderen Sprachen, z. B. ins Griechische. – Neben verschiedener Betonung Álantes, Atlántes treten auch verschiedene Schreibungen auf: *Atlantéioi, Adlantes, Hatlantes.* Das ist nichts anderes als bei unseren Sippennamen auch: Berg, Perg, Bergh usw. – Der Stammesname *Kel Adrar = Söhne des Berges* entspricht genau unserem Sippennamen Bergson. Vgl. auch Berger, Vomberg, Felsberg, Fels, Vandenberg, Vomstein, Zumstein u. ä.; wir denken im Alltag bloß nicht mehr an die Grundbedeutung.

Falsche Spuren

Der Engländer BRAGHINE (Atlantis 1946) bemerkt, daß man auf den Kanarischen Inseln eine Niederlassung von Höhlenmenschen entdeckt habe, die von den Eingeborenen *Atalaya* genannt werde; ein Hügel im Baskenland nahe Biarritz trage denselben Namen.
Dieser Hinweis führt in die Irre. Ortsnamen vom Typ *Atalaya* gibt es rings um den Atlantischen Ozean an mehreren Stellen:
Atalaya = Ort auf Lanzarote (Kanaren). – *Monte Atalaya* = Berg auf Fuerteventura (Kanaren). – *Atalayas del Alcalá* = Gebirge in der Provinz Castellon nahe der Küste in SW-Spanien. – *Atalaya* = Nordspitze der Sierra Grandola im Süden der Provinz Lissabon, nahe der Küste (Portugal). – *Atalaia* = Ort in der Provinz Beira (Portugal). – *Atalaia* = Ort in der Provinz Alagoa nahe der Küste (Brasilien). – *Punta Atalaia* = Kap. östl. des Amazonas-Deltas (Brasilien).
Wahrscheinlich könnte man noch mehr Beispiele finden. Sämtliche Namen stammen aus dem arabischen *atalaya = Warte, Wartturm,* bei der Eroberung der Iberischen Halbinsel durch die Mauren im militärischen Sinn gebraucht: Ort, von dem aus man weit ins Land und auf das Meer hinaus blicken kann; daher auch die vielen Berge und Hügel dieses Namens in der Nähe der Küste. Während der Entdeckerzeit brachten die Portugiesen den Namen nach Brasilien und bezeichneten damit ähnlich günstig gelegene Orte.
Mit dem Atlantisproblem haben diese Orte allesamt nichts zu tun, sondern leider nur Verwirrung gestiftet.

Zusammenfassender Vergleich mit dem Atlantisbericht

Geburtsland der Götter, glücklich, fruchtbar, mit großen Städten, so lag die Heimat der Atlanter am Ozean. Hohe Kultur, Gottesfurcht, Gastlichkeit gegen Fremde zeichneten die Bewohner vor ihren Nachbarn aus. Mit den Königen Uranos, Atlas und Kronos verknüpft sich die Vorstellung von großen Kulturtaten, als da sind Ackerbau, Gesetzgebung, Gestirnskunde sowie die Gründung mächtiger Reiche am Ozean und im Umkreis des westlichen Mittelmeeres, die in den Augen der Nachwelt von dem Glanz des Goldenen Zeitalters umstrahlt sind.
Was steht im TIMAIOS? Ein mächtiges Königtum erstreckte seine Herrschaft von Atlantis aus auch über Libyen und über Teile Europas bis Tyrrhenien. KRITIAS schildert den Reichtum an Naturschätzen, eine prächtige Stadtkultur, eine weise Herrschaft der Könige, die Großherzigkeit und Toleranz der Bürger. Genannt wird auch Atlas, der als ältester der Könige einen gewissen Vorrang vor den anderen Fürsten einnimmt.
Die Parallelen zwischen den Atlantern DIODORS und HERODOTS unter sich und zu denen bei PLATON liegen für jedermann sichtbar zutage.

Warum man dennoch einen Zusammenhang abgestritten hat, bleibt für mich als unlösbares Rätsel in den Köpfen der betreffenden Kritiker verschlossen.
Zu dem ganzen Problem konnten wir speziell feststellen: alle drei Königsnamen *Uranos, Kronos und Atlas* lassen sich im ozeanischen Westen bis an den angrenzenden Sudan hinein als göttliche Ahnherrn oder mythische Urkönige historisch nachweisen. Als Nachfahren des Berggottes und Urkönigs *Atlas* leben noch heute die Tuareg *Kel Adrar = Söhne des Berges.*
Dazu muß ich noch ergänzen: auch Spuren eines *Uranos-Volkes* haben sich erhalten in den *Orone, Orona, Arone,* einem der vier Stämme auf Gomera (TORRIANI cap. 59). – Ferner gibt es sogar *Kronos-Städte bzw. Länder: Te-corone* = Stadt auf Ferro, und *Ta-coron-te* = Stadt und Königreich auf Tenerife; beide bedeuten fast sicher soviel wie *Ort Gottes* (*a-coran;* vgl. Anm. 173 u. 177 zur TORRIANI-Ausgabe von WÖLFEL).

Der 3. Alexandriner Bericht: Der libysche Dionysos und seine Taten

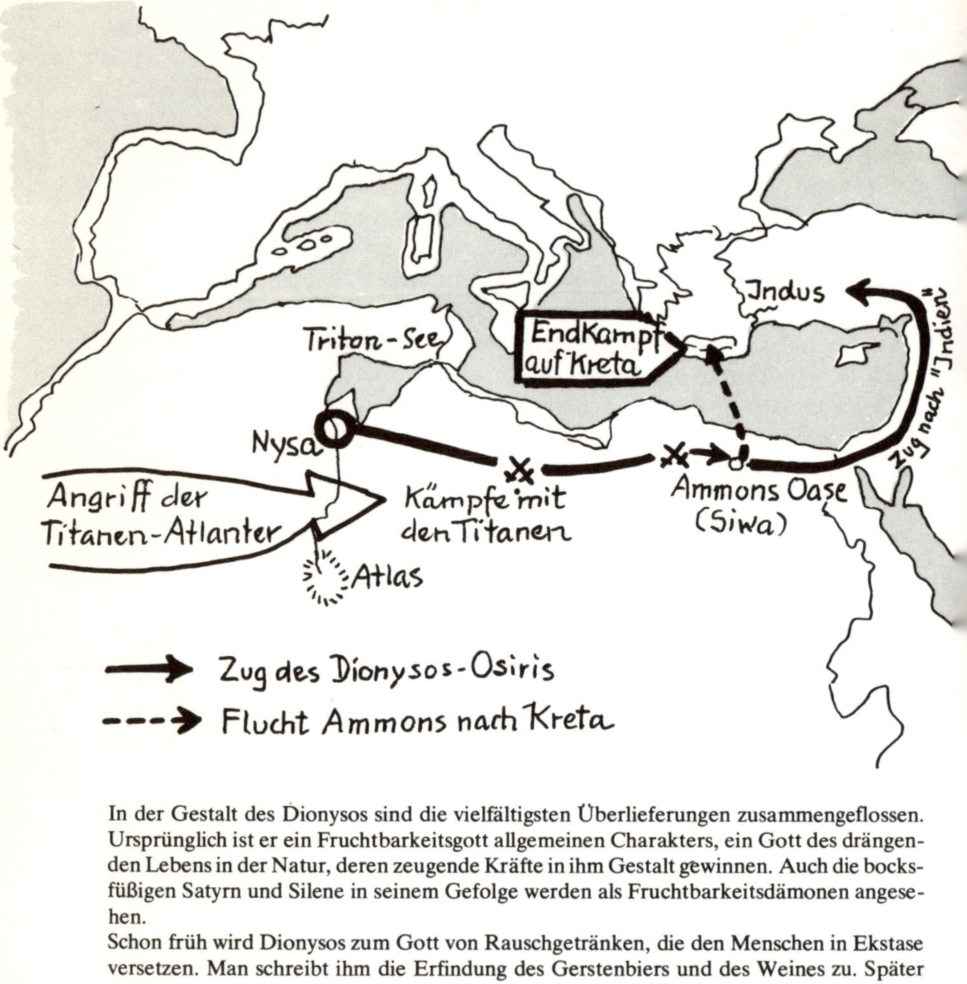

In der Gestalt des Dionysos sind die vielfältigsten Überlieferungen zusammengeflossen. Ursprünglich ist er ein Fruchtbarkeitsgott allgemeinen Charakters, ein Gott des drängenden Lebens in der Natur, deren zeugende Kräfte in ihm Gestalt gewinnen. Auch die bocksfüßigen Satyrn und Silene in seinem Gefolge werden als Fruchtbarkeitsdämonen angesehen.

Schon früh wird Dionysos zum Gott von Rauschgetränken, die den Menschen in Ekstase versetzen. Man schreibt ihm die Erfindung des Gerstenbiers und des Weines zu. Später wird er zum speziellen Gott des Weines; als Bakchos, einem seiner vielen unerklärten Namen, feiern ihn noch die Trinklieder der Neuzeit.

Als Ursprungsland des Gottes galt lange Zeit Thrakien; heute will man Kreta als seine Heimat erkannt haben. Auf den Wegen des Weinhandels und der damit verbundenen Ausbreitung des Weinbaues über die Inseln nach Attika, Thrakien und Kleinasien strahlte auch sein Kult über diese Länder aus.

Das geschah mit stürmischer Gewalt und oft gegen den Widerstand eingeborener Kulte. Der religiöse Taumel ergriff besonders die Frauen. Man nannte diese Bakchos-Verehrerinnen *Bakchai = die Verzückten, Trunkenen, lärmend Herumschweifenden,* oder *Mainades = die Rasenden, Tollen, Begeisterten.* Auf dem Balkan, wo bereits ähnliche, mit Bier-Orgien verbundene Gottesdienste gefeiert wurden, spielten diese Mainades eine erschrekkende Rolle. Mit aufgelösten Haaren und mit Rehfellen über dem Gewand schwärmten sie in den Bergen umher. In den Händen schwangen sie Schlangen, Dolche oder Thyrsos-Stäbe; letztere, aus Efeuholz, Narthexrohr oder Weinreben geschnitzte Stecken, waren mit Efeu oder Weinlaub umwunden und trugen an der Spitze Pinienzapfen. Gekaute oder gekochte Efeublätter waren ein altes Rauschmittel, und die Pinienzapfen erinnerten an den Wein, da die Weinschläuche mit Pinienharz abgedichtet wurden.
Je nach Art seiner Anbetung erschien Dionysos als Zicklein, Stier, Widder oder Hirsch, auch als Schlange oder Löwe. Deshalb jagten die rasenden Weiber Tiere, zerrissen sie und verschlangen die bluttriefenden Stücke roh. Sie wähnten in dem zerrissenen Tier den Gott, mit dessen Fleisch sie seine göttliche Kraft in sich aufzunehmen glaubten. Männer, die solche geheime Orgien belauschten und dabei entdeckt wurden, waren des Todes; sie wurden bei lebendigem Leib zerfleischt.
Es gibt wohl keine Gottheit, die das religiöse Leben in der Antike mit solcher Wildheit umgestaltet hat, wie Dionysos. Deshalb nimmt es nicht Wunder, daß sich viele Orte um die Ehre stritten, seine Geburtsstätte gewesen zu sein. Ein Fragment der Homerischen Götterhymnen nennt Drakanos, Ikaros, Naxos, Arkadien und Theben: »Aber sie irren . . . gibt es doch ein *Nysä,* ein höchstes Gebirge voll blühender Wälder, fern vom phoinikischen Land und nahe dem Strome Aigyptos.«
Gerade in dieses letztgenannte *Nysä* oder *Nysa,* eine Höhlenstadt in der alten Sahara, führt uns die dritte, bei DIODOR erhaltene Alexandriner Überlieferung.
Wie die Berichte von den Amazonen und Atlantern, hat auch sie noch keine umfassende wissenschaftliche Würdigung erfahren.

Der Text (unter Weglassung unnötiger Weitschweifigkeiten)

Vorrede III 67: »Thymoites, ein Zeitgenosse des Orpheus, kam auf seinen weiten Wanderungen durch die Welt auch in den westlichen Teil von Libyen bis an den Ozean. Dort sah er *Nysa,* wo nach der Sage der Alten Dionysos erzogen worden sein soll. Die Geschichte dieses Gottes, die er sich von den Nysäern ausführlich erzählen ließ, beschrieb er in dem sog. Phrygischen Gedicht, in dem Sprache und Schrift gleich altertümlich sind.«

Ammon, König von Siwa (III 68): »Dieser berichtet nun folgendes: Ammon, der König einer Landschaft in Libyen, nahm Rhea, die Tochter des Uranos, zur Frau. Sie war eine der Schwestern des Kronos und der anderen Titanen. Auf einem Ritt durch sein Reich traf er nahe den *Keraunischen Bergen* eine schöne Jungfrau namens Amaltheia. Er zeugte mit ihr einen Sohn und machte sie zur Herrin der ganzen Gegend. Letztere hatte die Form eines Kuhhorns und hieß daher das *Westliche Horn*. Das Land brachte Weinstöcke und andere Gewächse mit milden Früchten in Menge hervor.«

Die Stadt Nysa (III 68): »Aus Furcht vor der Eifersucht der Rhea verbarg Ammon das Kind und brachte es heimlich nach Nysa, einer weit von jener Gegend entfernten Stadt. Sie lag auf einer Insel, die der Fluß *Triton* umströmte. Die Ufer fielen steil ab und ließen nur auf einer Seite einen schmalen Zugang frei, die sog. Nysäischen Pforten. Auf dieser Insel war ein gesegneter Boden; Wiesen wechselten mit reich bewässerten Gärten. Es gab allerlei Fruchtbäume; wilde Weinstöcke rankten an den Bäumen empor. Der vordere Zugang zur Insel glich einer Hohlgasse; die Bäume standen so dicht, daß die Strahlen der Sonne das Laubgestrüpp nicht zu durchdringen vermochten, sondern nur ein dämmeriger Schein die Schatten etwas aufhellte. – *(III 69):* Wo man auch ging, sah man Quellen mit süßem Wasser sprudeln. Dann folgte eine kreisrunde Höhle von mächtigem Umfang. Ringsum zog sich eine steile Felswand. An ihr zeigte sich ein herrliches Farbenspiel; abwechselnd schimmerte das Gestein wie Meerpurpur, dort wie Lasur (= blau), dort wieder wie andere glänzende Körper. Es gibt keine Farbe der Welt, die man dort nicht gesehen hätte. Vor dem Zugang standen Bäume, teils fruchttragend, teils immergrün. Trat man durch den Zugang ein, sah man die Höhle sich ausbreiten und rings im Sonnenglanz erstrahlen. Dort sproßten mancherlei Blumen, besonders Kasia und andere Gewächse, die das ganze Jahr über ihren Wohlgeruch behalten.«

Die Jugend des Dionysos (III 70): »Als Beschützerin des Kindes gegen die Nachstellungen seiner Stiefmutter Rhea stellte Ammon die Athene auf, die kurze Zeit vorher aus der Erde entsprossen war bei dem Fluß Triton, woher sie den Beinamen Tritonis hat. Dionysos zeichnete sich (als Jüngling) durch Schönheit und Körperkraft aus; auch verstand er sich auf allerhand Künste und besaß die Gabe zu nützlichen Erfindungen. Schon als Knabe entdeckte er die Entstehung und Wirkung des Weines, indem er wilde Trauben auspreßte. Auch fand er, welche Arten Obst sich dörren lassen und zur Aufbewahrung taugen, fand er, wie diese Gewächse anzupflanzen sind.«

Angriff der Titanen und Flucht Ammons nach Kreta (III 71): »Als sich sein Ruhm verbreitete, sann Rhea auf Rache an Ammon und suchte den

Dionysos in ihre Gewalt zu bekommen, doch ihre Bemühungen mißlangen. Da verließ sie Ammon und wandte sich an ihre Brüder, die *Titanen*. Sie vermählte sich mit ihrem Bruder Kronos, und dieser ließ sich von ihr, zusammen mit den Titanen, zum Krieg gegen Ammon aufstacheln. In der Schlacht blieb Kronos Sieger. Mangel an Lebensmitteln zwang Ammon zur Flucht nach Kreta. Kronos besetzte das Gebiet Ammons und waltete dort mit Härte. Dann zog er gegen Nysa und Dionysos.«

Abwehr der Titanen vor Nysa (III 71): »Als dieser von dem Unglück seines Vaters und dem Bündnis der Titanen gegen sich selbst Nachricht erhielt, sammelte er Krieger in Nysa. Darunter waren 200 seiner Jugendgefährten. Aus der Nachbarschaft zog er die *Libyer* an sich und die *Amazonen*. Diese wurden besonders durch Athene zur Teilnahme am Kampf bewogen. Das Heer wurde in zwei Haufen geteilt, so daß Dionysos die Männer und Athene die Weiber anführte. Darauf griffen die Titanen an. Auf beiden Seiten gab es viele Tote; Kronos wurde verwundet. Dionysos siegte. Die Titanen flohen in die Gegend, die vordem Ammon in Besitz gehabt hatte. Dionysos kehrte mit vielen Gefangenen nach Nysa zurück. Dort ließ er sie durch seine Krieger umzingeln, so daß jene nichts anderes erwarteten, als Dionysos werde sie niederhauen lassen. Doch er ließ ihnen die Wahl, in seinem Heer zu dienen oder abzuziehen. Alle entschlossen sich zum Bleiben. Dionysos reichte jedem einen Becher mit Opferwein und ließ sie Treue bis zum Tod schwören. Daher hieß man sie *Hypospóndoi = durch Opferwein Verpflichtete*.«

Rückeroberung von Siwa (III 72): »Dann zog Dionysos gegen Kronos. Auch die Edlen von Nysa, *Séilenoi* genannt, zogen mit in den Kampf. Seilenos war der erste König von Nysa gewesen, aus einem uralten Stamm, von dem niemand mehr etwas weiß. Die Natur hatte ihm einen Tierschwanz verliehen, was sich auf seine Nachkommen forterbte. Der Marsch führte durch ein weites wasserloses Land. Bei *Zabirna* erlegte er ein Ungeheuer, Kampe genannt, das viele Einwohner getötet hatte. Auf dem Weitermarsch hielt er gute Ordnung und behandelte die Einwohner überall freundlich. Die Libyer brachten Proviant herbei und schlossen sich dem Heer freiwillig an. Als er an die Stadt der Ammonier heranrückte, lieferte ihm Kronos eine unglückliche Schlacht. In der Nacht zündete er (Kronos) die Stadt an. Mit seiner Gemahlin Rhea und einigen Helfern entkam er.«

Dionysos erobert den Erdkreis und vernichtet die Titanen (III 73): »(Dionysos) baute die Stadt wieder auf, errichtete einen Orakeltempel und führte die göttliche Verehrung seines Vaters ein. Die Sage, Ammon habe einen Widderkopf getragen, kommt daher, daß er auf seinen Feldzügen einen Helm trug, der diese Gestalt hatte. – (Dionysos) zog zuerst nach Ägypten, lehrte die Ägypter den Weinstock pflanzen und benutzen sowie den Wein, das Obst und andere Früchte aufzubewahren. In rauheren Gegenden, die für den Weinbau ungeeignet waren, lernten die Bewohner wenigstens das aus Gerste bereitete Getränk kennen.« – (Überall unterwirft man sich. Der Zug nach Indien wird als bekannt vorausgesetzt und ergibt sich aus dem weiteren Zusammenhang.) – »Aus Indien kam Dionysos eilig an das (mittelländische) Meer zurück. Die Titanen waren auf Kreta gelandet, um Ammon anzugreifen. Zeus war aus Ägypten dem Ammon zu Hilfe gekommen. Ein heftiger Kampf war auf der Insel entbrannt. Da eilten auch Dionysos und Athene herbei, und mit ihnen trafen noch andere in Kreta zusammen, die man ebenfalls für Götter hält. Die Titanen kamen alle um. Später, als Ammon und Dionysos sich aus Menschen in unsterbliche Wesen verwandelt hatten, wurde Zeus König über die ganze Welt.«

Ergänzungstexte aus der hellenischen Version (IV 2–5): »Auf seinen Kriegszügen begleitete ihn ein Heer, das nicht nur aus Männern, sondern auch aus Weibern bestand . . . Mit dem Zug nach Indien brachte er drei Jahre zu. Er kam, mit Beute reich beladen, nach Boiotien zurück (d. h. nach griech. Auffassung in seine Heimat). Er war der allererste, der einen Triumphzug abhielt, auf einem indischen Elefanten reitend . . . Auf seinen Zügen führte er eine Menge Weiber mit sich, die mit Lanzen in Gestalt von Thyrsosstäben bewaffnet waren . . . Es begleitete ihn ferner auf seinen Zügen sein Jugendfreund und Erzieher Seilenos . . . Er führte Satyrn mit sich, die ihm durch Tänze und Bockspiele Unterhaltung und viel Vergnügen bereiteten . . .«

Wer war Ammon von Siwa?

Auch über Namen und Herkunft des Gottes Ammon streiten sich die Historiker. Eine verbreitete Theorie will Ammon von dem phönikischen *Baal Chamman* oder *Hammon* ableiten. Ein in der Oase gefundener Steinkegel, der mit Edelsteinen verziert war, weist auf den phönikisch-kanaanäischen Kulturkreis hin. *Baal Chamman* heißt *Herr des Steinkegels* und wurde durch die Phöniker in Nordafrika eingeführt. Seine Bilder zeigen ihn mit Widderhörnern auf einem von Widdern getragenen Thron. – Andere Historiker weisen mit Recht darauf hin, daß es auch umgekehrt sein kann, daß nämlich der importierte Baal sich dem alten einheimischen Oasengott anglich und dessen Kultsymbole übernahm. (BONNET 23 ff.)

Oase der Wunder und Legenden

Sechet amau = Gefilde der Dattelpalmen nannten die Ägypter das Tal des Gottes Ammon von Siwa in der westlichen Wüste. Noch heute gibt eine Viertelmillion Dattelpalmen den paar tausend Einwohnern der Oase neben dem Ausfuhrgewinn fast alles, was sie zum Leben brauchen: Nahrung, Palmwein, Essig, Material für Matten, Körbe, Kisten, Hausgebälk und Feuerung sowie Futter für die Kamele, Pferde, Esel und sogar für die Hunde. Auch Weinreben, Weizen, Klee und Olivenbäume wuchsen dort schon im Altertum. Alles andere – Tabak, Haschisch, Mais, Zuckerrohr, Feigen, Aprikosen, Orangen, Paradiesäpfel und Pfeffergewächse – sind spätere Einwanderer aus fremden Ländern.
Die Oase liegt 10–40 m unter dem Meeresspiegel. Steilwände umschließen die Senke. Aus der Vogelschau gleicht das Fruchtland einem grünen Teppich, der in Fetzen gerissen und über den gelben Sand hingeworfen wurde. Salzmoraste bilden bräunliche Flecken. Da und dort sind ausgewitterte Kalksteinblöcke stehen geblieben. Zwei von ihnen tragen Häuser, in Klumpen aneinandergelehnt und übereinander gebaut. Das sind die Hauptorte Siwa und Aghurmi. Seen unterbrechen das Gelb der Wüste. Die zerbuchteten Uferlinien fließen zur Zeit der Winterregen im November bis März weit hinaus in die eingedickten Salzsümpfe. Während des Sommers lastet die Glut der Sonne in der Senke. Auch die Winde sind heiß. Sie wehen von Süden aus der Region der Dünen, und die Wogen ihrer Hitze stauen sich vor der 100 Meter hohen Mauer der Steinwüste, die das Tal im Norden abriegelt. Dann gleicht der riesige Birket Siwa (See von S.) einem schmelzflüssigen Meer aus der Hölle. Blausilberner Glast wabert darüber; man weiß nicht, wo der Glanz des Wasserspiegels endet und der Tanz der Fata Morgana beginnt.

Seltsame Hörensagen und Wunderdinge erzählten die Alten von diesem fernen Tal. Einst war ein Schafhirte mit seiner Herde dem Verdursten nahe, da scharrte der Leithammel mit den Vorderhufen eine Quelle aus dem Sand. Sie rettete Hirt und Herde, aber sie offenbarte auch wunderliche Eigenschaften: sie »ist am Morgen ziemlich warm, wird mit fortschreitendem Tag kühler und ist zur Mittagszeit sehr kalt . . . senkt sich der Tag, so wird das Wasser wieder wärmer und ist nach dem Untergang der Sonne so warm wie am Morgen. Dann nimmt die Wärme bis Mitternacht zu; da kocht und sprudelt das Wasser vor Hitze. Ist die Mitternacht vorbei, kühlt es sich bis zum Morgen wieder ab. Diese Quelle heißt Quelle des Sonnengottes.« (HERODOT IV 181)
Insgesamt zählt die Oase heute mehr als 200 Süßwasserquellen. Viele von ihnen haben warmes mineralisches Wasser und schmecken sehr verschieden. Als der einstige Sonnenquell oder See Ammons gilt ein runder, mit Steinblöcken eingefaßter Teich, den die Araber *Ain hammâm = heißer Quellbrunnen* nennen. Seine Temperatur schwankt gegenwärtig nur zwischen 28 und 30° C. Doch für die damalige Zeit der größten Hitze um Mitternacht gebraucht HERODOT die starken Ausdrücke *zéei = kocht, siedet, wallt, ist kochend heiß,* und *amboládän = ausbrechend, aufwallend, sprudelnd.* Sie lassen nur eine Deutung zu: es handelt sich um einen geiser-artig aufbrechenden Heißwassersprudel. Nichts spricht dagegen, daß in ein und denselben Teich zwei Quellen verschiedenen Ursprungs zusammenfließen können: eine kalte, die von einer normalen Grundwasserschicht gespeist wird, und eine warme, die aus einem tiefenvulkanischen Heizkessel nach oben steigt. Dabei liefern sie sich einen wechselseitigen Kampf um das Übergewicht, der den Vorgängen im Sonnenquell entspricht[5]). Noch zur Zeit Alexanders des Großen war das Naturschauspiel lebendig, wie aus den Notizen des griechischen Pionierhauptmanns ARISTOBULOS hervorgeht, der 332 v. Chr. im Gefolge des Welteroberers die Oase besuchte. Als letzter erwähnt der Geograph DIONYSIOS PERIEGETES aus Alexandria um 125 das Quellwunder. Inzwischen sind rund 2000 Jahre verflossen, die sicher nicht spurlos an den heißen Wassern von Siwa vorübergingen. Im benachbarten Ägypten sind Erdstöße bis in die Gegenwart bezeugt. Schon geringe Beben können genügen, ein unterirdisches Kanalsystem umzugestalten. Ebenso

[5]) Ein großartiges Beispiel liefert der Roto-Mahana (= See – warm) auf der Nordinsel von Neuseeland. Aus dem Untergrund brechen zahlreiche kochendheiße Quellen und heizen das Wasser in ihrer Umgebung auf 30–40 Grad an, während mehrere einmündende Gebirgsbäche eiskalte Ströme dazwischenschicken und die Wärmeverteilung oft sehr wechselvoll gestalten.

trägt die Auslaugung und Zersetzung des Untergrundes dazu bei, einen Springquell zu einem gewöhnlichen Thermalsprudel umzuformen.
Auch der historische Kern der Hirtensage läßt sich unschwer herausschälen. Das heutige Sandmeer der Libyschen Wüste war schon immer, selbst zur Zeit der grünen Sahara, ein Land der Dünen, wenn auch Striche von widerstandsfähigen Büschelgräsern darauf wuchsen. Nachmals hat sich diese Vegetation in Wadis oder Mulden zurückgezogen, wo die Wurzeln dem Grundwasser näher sind. Die Beduinen nennen solche kümmerlichen Grünflecke *hattije = Graswüste.* Um einen Wanderhirten mit seiner Herde verdursten zu lassen, brauchen nur die nächsten Wasserlöcher ausgetrocknet zu sein. Das kommt selbst in einem Gebiet mit ausgiebigen Winterregen vor; die Kattara-Senke, an deren westlichem Zipfel Siwa liegt, kann sich über Nacht in eine einzige Tonschlammpfütze von der Größe Belgiens verwandeln, um dann binnen weniger Tage wieder zu einer Wüste auszuglühen, deren Boden von einem Netz daumenbreiter Risse durchzogen ist. Die Sage, daß der Leithammel Wasser im Boden wittert und danach scharrt, hat nichts Übernatürliches an sich. Zum Dank errichtete der Hirte seinem Gott Ammon einen Tempel, worunter wir uns eine Hütte aus Schilf oder Palmzweigen vorstellen müssen. Dies war die Geburtsstunde des nachmals weltweit berühmten Orakels des Zeus-Ammon.
Erst später, kaum eher als um 1000 v. Chr., faßten die Ägypter Fuß in der entlegenen Oase. Damals krönte den Felsrücken von Aghurmi bereits ein steinernes Heiligtum der Libyer. Es bestand aus zwei Vorhöfen und einer Kapelle, der ein Nebenraum angegliedert war. Die Ägypter brachten den Kult ihres Götterkönigs Amun-Ra aus Theben nach Siwa und fügten dem libyschen Tempel einige wuchtige Anbauten in ihrem Stil hinzu. Man datiert sie in das 5. Jh. v. Chr. Erhalten ist nicht viel. Das meiste liegt in den Häusern der Oasenbewohner, denen die Tempeltrümmer willkommene Fundamente für ihre Wohnungen abgaben. Den freiesten Anblick hat man von Norden; dort wächst die Quadermauer unmittelbar aus dem Felsen heraus. Monumental wirkt noch das gewaltige Südportal. Das Innere der alten libyschen Kapelle ist mit rauchgeschwärzten Hieroglyphen und Reliefs bedeckt. Sie wurden erst 385 v. Chr. angebracht und zeigen unter anderem den Fürsten der Oase, wie er dem widderköpfigen Ammon opfert. Unweit des Brunnens Ain hammâm steht ein Stück Quadermauer, auf der man ebenfalls Reliefs des Ammon noch schwach erkennen kann.
Der Anblick der Oasenfestung dürfte sich, abgesehen von den ägyptischen Bauten, seit Urzeiten wenig verändert haben:

Oben: Felsmalerei aus dem Tassili, um 3000 v. Chr. Fast eine Illustration zu der Sage von dem Hirten, dessen Leithammel den »Sonnenquell« aus dem Sand scharrte. – (Detail nach LHOTE). –
Unten: Ain el-Hammâm, der angebliche Sonnenquell. (Skizze d. Verf. nach Foto bei E. FALLS)

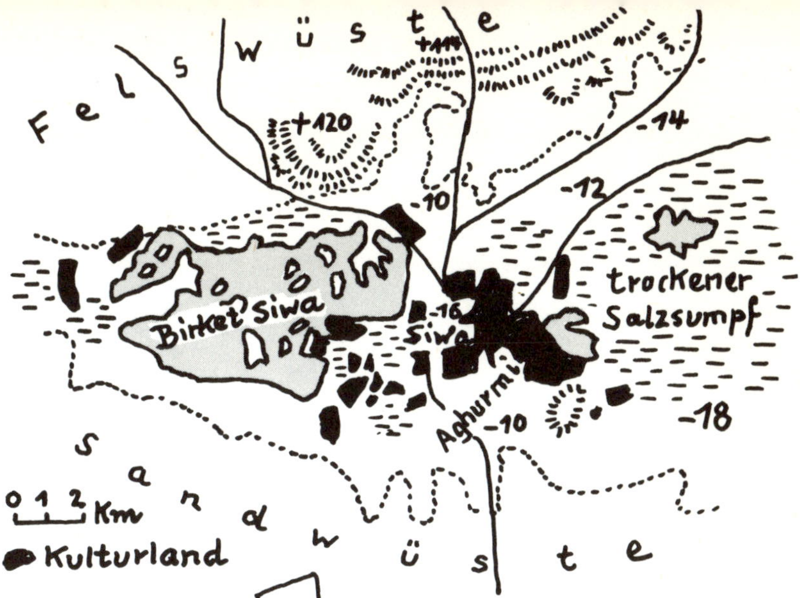

Oben: Die Oase des Gottes Ammon von Siwa unterschied sich wohl kaum von dem heutigen Kartenbild. Die Skizze zeigt die Verteilung von Wüste, Salzsümpfen und Seen sowie des Kulturlandes ohne die modernen Zutaten (Flugplatz, Telegrafenlinie, Autopiste). – Unten: Siwa vor 150 Jahren. Skizze d. Verf. nach einer Bleistiftzeichnung des Deutschen Freiherrn v. Minutoli 1822. Heute sieht man von oben her in ganze Haufen hohler Ruinen ohne Dächer mit wirr zerschluchteten Wänden.

»In der Mitte ihres (der Ammonier) Landes liegt eine Festung, von dreifachen Mauern gesichert. Der innerste Ring umschließt den Palast der alten Herrscher; der nächste, der Hof der Frauen, umschließt die Wohnungen der Kinder, Frauen und Verwandten und die Wachhäuser der Wachen, ebenso das Heiligtum des Gottes und die heilige Quelle, von deren Wasser die Opfergaben für den Gott geweiht werden. Der äußere Ring umgibt die Baracken der königlichen Garden und die Wachstuben jener, die den Herrscher schützen. Außerhalb der Festung, in geringer Entfernung, steht ein anderer Tempel des Ammon, beschattet von vielen großen Bäumen, und in der Nähe fließt die Quelle des Sonnengottes, die Sonnenquelle genannt wird wegen ihres Verhaltens.« (DIODOR XVII 50)

Auch der Anstieg durch die Stadt zum Tempel empor hat sich damals wohl kaum von dem heutigen Zustand unterschieden. Aus grellstem Sonnenlicht taucht man in die schwärzeste Finsternis dessen, was die Siwis Straßen nennen. Teils sind die Gassen von Haus zu Haus überbaut, teils mit Palmstämmen überdeckt. Durch die Ritzen der letzteren dringt, soweit es der obenauf liegende Sand und Schmutz erlaubt, da und dort ein dünner Sonnenstrahl. Niemand, der hier fremd ist, erkennt im Gewirr der finsteren Serpentinen und Winkel eine Richtung, bevor er nicht auf felsengehauenen Pfaden in höhere Regionen angelangt ist und über das drei- bis vierstöckige Häusermeer hinausblicken kann. Die Hauswände zeigen unten eine ungewöhnliche Dicke, um sich nach oben stark zu verjüngen. Schuld daran trägt das bröckelige Baumaterial. Wo man Holzwerk sieht, ist es nur roh bearbeitet; denn das Palmholz ist hart und schwer zu schneiden. Ab und zu gestattet ein Türspalt einen Blick in einen winzigen Hof. Die Türschlösser sind, wie die Schlüssel, aus Olivenholz geschnitzt.
So etwa müssen wir uns also die Residenz des Libyerhäuptlings Ammon vorstellen, von dem der Alexandriner Bericht erzählt.

Der Widder, ein Hochgott der alten Sahara

In den Religionen der alten Sahara sind Widder, Sonne und fruchtspendendes Wasser eng miteinander verbunden. In Ägypten erscheint ein Widdergott unter dem Tiernamen selber: *Chnum = Widder.* Er gilt als Spender des Wassers; so ist er der Schutzherr der Nilquellen bei Elephantine und wird bald mit dem Nil und sogar mit dem Urgewässer Nun gleichgesetzt. Da dem Widder besondere Zeugungskraft zugeschrieben wurde, ist Chnum auch der Urheber der Lebewesen. Schon früh hat er sich an den Sonnengott angeschlossen; viele Darstellungen zeigen ihn, wie er inmitten der Sonnenscheibe thront oder diese auf seinem Gehörn trägt.

Im Schöpfungsmythus der Kabylen entstand die Sonne dadurch, daß ein Widder in das von der Großen Mutter der Welt entzündete Urfeuer blickte. Nach einer anderen Legende brachte die Große Mutter der Welt Schafe hervor und gab ihnen Leben. Später stieg einer der Widder in den Bergen herum und kam der Sonne zu nahe, die sich seither an seinen Hörnern befindet. Auf Felsgravierungen im Fessan trägt der Widder die Sonnenscheibe über den Hörnern. Die Hima von Angkole in Uganda haben die Überlieferung von einem Schaf mit langem Schwanz, langen Beinen und einem feurigen Vließ, das man nur als Sonne deuten kann. Die Märchen des Fessan stellen die Sonne gelegentlich als Widder dar, der aus den Wolken Blitze schleudert. Bei den Dagomba am Volta hat der Sonnengott einen Widder als Begleiter. Wenn dieser stampft, erzeugt er den Donner; wenn er sich schüttelt, ruft er Blitze hervor; wenn er umherrennt, macht er den Wirbelsturm; seine herabfallenden Haare sind der Regen. Auch die Volksreligionen des Senegal bringen Widder und Gewitter zusammen. Bei den Bamane (Mande) hieß ein alter, mächtiger Regengott *Saga-dschigi = Schafbock.*
Das alles schließt sich an die ägyptische Auffassung an, wo der Widder als Gott der Urzeit an die Sonne Ra angenähert wurde und als Chnum ein befruchtender Wassergott war. Ebenso paßt es in den Kreis des Ammon, des widderköpfigen Oasengottes, des Herrn der Sonnenquelle. Im Mythus der Jukun in Nordnigeria hat der erste Mensch die Gestalt eines riesigen Widders. Sein Name lautet *Ama* oder *Amma.* Bereits den Aufzeichnern dieser Tradition ist die Übereinstimmung von Namen und Gestalt mit dem Ammon von Siwa aufgefallen. Bei den Tuareg gibt es ein Wort für *Gott = Amanai.*
Die Theorie, den libyschen Ammon als Ableger des phönikischen Baal Chamman anzusehen, könnte nicht schlimmer danebengegangen sein. Ich möchte nach Lage der Dinge den Namen mit dem libyschen Begriff für *Wasser* zusammenbringen. Dazu bietet sich an berber. *aman = Wasser,* im Guanche *ahemon = Wasser.* (Zum »Widder«: FROBENIUS Atlantis V 38; BAUMANN 147, 157, 275)

Ammons Widderhelm und die Hörnerkrone der Pharaonen

DIODOR schildert Ammon nicht als Gott, sondern als Menschen, Häuptling einer Gegend von Libyen, der auf seinen Feldzügen einen Helm in der Form eines Widderkopfes trug (III 73).
Schon das prähistorische Ägypten kennt Widderhörner als Bestandteile

Zu Ammons Widderhelm und der Hörnerkrone der Pharaonen. Links oben: Der Widdergott Chnum; Relief im Sethos-Tempel von Kumne, 18. Dynastie. Darunter: Osiris; Relief auf dem Sargdeckel Ramses III. um 1150. Fitzwilliam Museum, Cambridge. – Rechte Gruppe: verschiedene Atefkronen mit Widderhörnern bzw. auf der Haube mit Widderhörnern aufgebaut. Rechts unten: Osiris. Statue, Museum Berlin.

des königlichen Kopfschmucks. Die Grundform der sog. Atefkrone bildet eine konische, aus Schilfrohr geflochtene Mütze. Zu beiden Seiten stehen Straußenfedern empor, und aus dem unteren Teil ragen Widderhörner nahezu waagrecht vom Kopf ab.

Die Atefkrone stellt schon eine Weiterbildung des Kopfschmucks dar, der allmählich zu einem fast grotesk überladenen Aufputz wird. Denken wir uns den ganzen Aufbau weg, dann bleibt die ursprüngliche Hörnermütze übrig.
Die Frage, ob der Kopfschmuck Ammons nur eine helmartige Mütze mit Hörnern oder eine vollständige Widderkopfmaske war, sei dahingestellt. Die Menschen mit Tiermasken auf den saharischen Felsbildern lassen auch die zweite Deutung zu. Vielleicht standen beide Formen nebeneinander, je nach dem religiösen oder kriegerischen Zweck.

Ammons Reich und Volk

Wie der Häuptling, so trug auch der Stamm den Namen seines Hochgottes. Die Bezeichnung der Stämme um Siwa bis hinüber zur Syrte lautete bei den Griechen *Nasamones,* aus äg. *nesut = Enkel + Ammon,* früher auch *Mesammones,* aus äg. *mesu = Enkel, mes = Kind + Ammon.*
Entlang der Küste kennzeichnen mehrere Ortsnamen das Stammesgebiet: *Ammonos akra = A's Vorgebirge; Ammonos nesos = A's Insel,* beide vor dem Eingang zur Hafenbucht von Tabraka (Tobruk); *Ammonos polis = Ammonsstadt* östlich von Tripolis.
Nach PAUSANIAS (I 33) hießen die Nasamones auch *Atlantes;* das schlägt die Brücke zu den westlichen Stämmen um den *Atlas = adrar.*
DIODORS Angaben über die weit nach Westen reichende Ausdehnung von Ammons Herrschaftsgebiet finden ihre volle Bestätigung; sie werden in den folgenden Kapiteln sogar noch untermauert.

Das Keraunische Gebirge

Auf einem Trip durch das Hinterland von Tunesien lauschte ich einmal verwundert auf ein dumpfes Grollen, das aus den Atlasbergen an mein Ohr schlug. Ich hielt es zuerst für Geschützdonner; denn kein Wölkchen warf seinen Gewitterschatten auf die scharfen, kobaltblauen Felsketten, und man schrieb ein Jahr, in dem der Krieg zwischen den Franzosen und den Fellaghas im benachbarten Algerien bis an den Drahtverhau heranbrandete, der die Grenze für Waffenschmuggler sperren sollte. Ein paar Tage darauf wurde ich in den römischen Ruinen von Sbeitla eines Besseren belehrt: ein Donnerwetter von schönstem Schwarzgrau und Schwefelgelb zog über die Tebessa-Berge herüber, verfinsterte in Minuten-

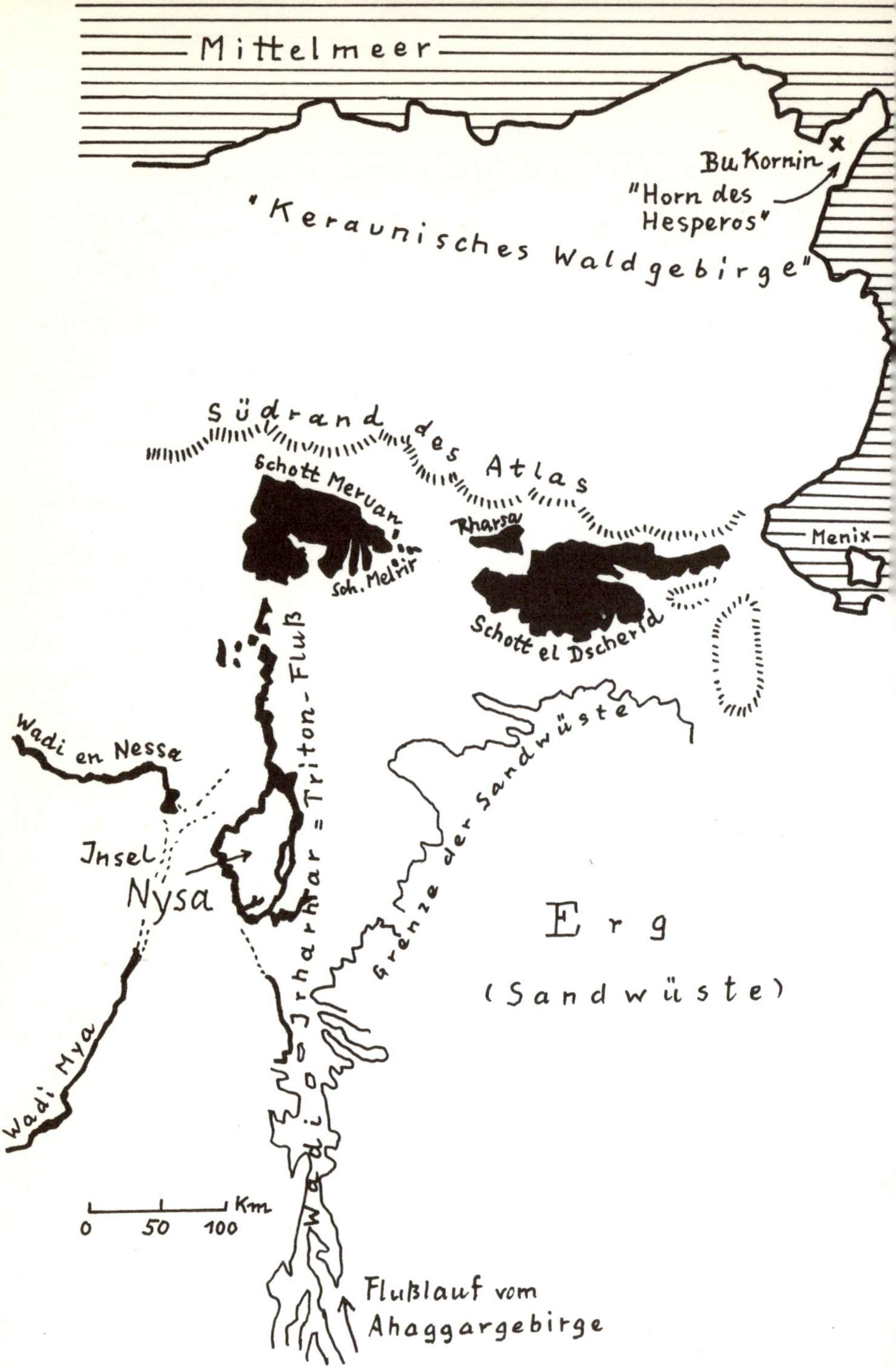

Oben: Übersichtskarte zum Bericht von Ammon und Dionysos (Irharhar = Igharghar, da rh = gh. Andere Umschrift desselben Lautes.)

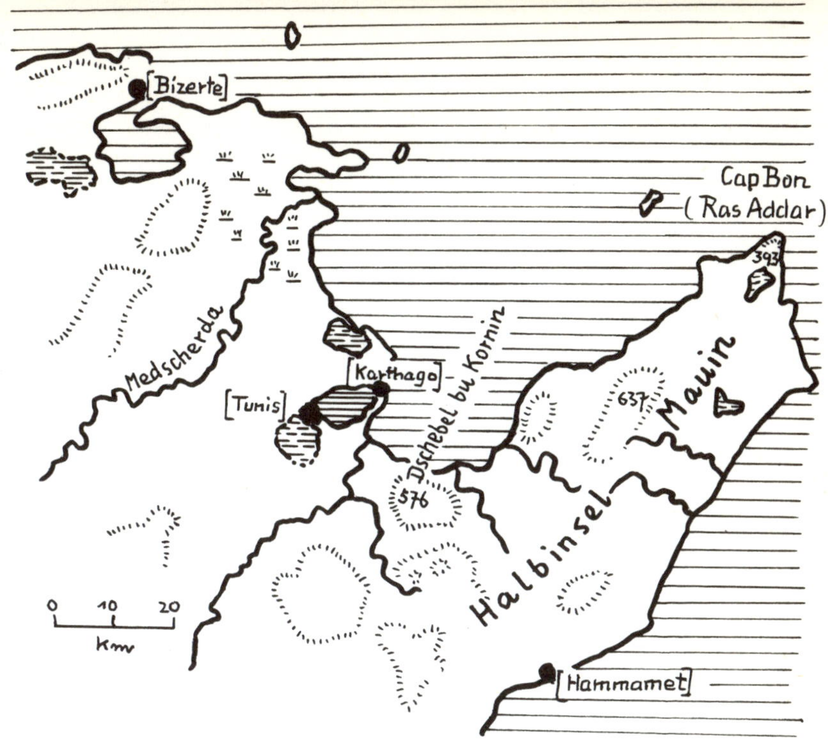

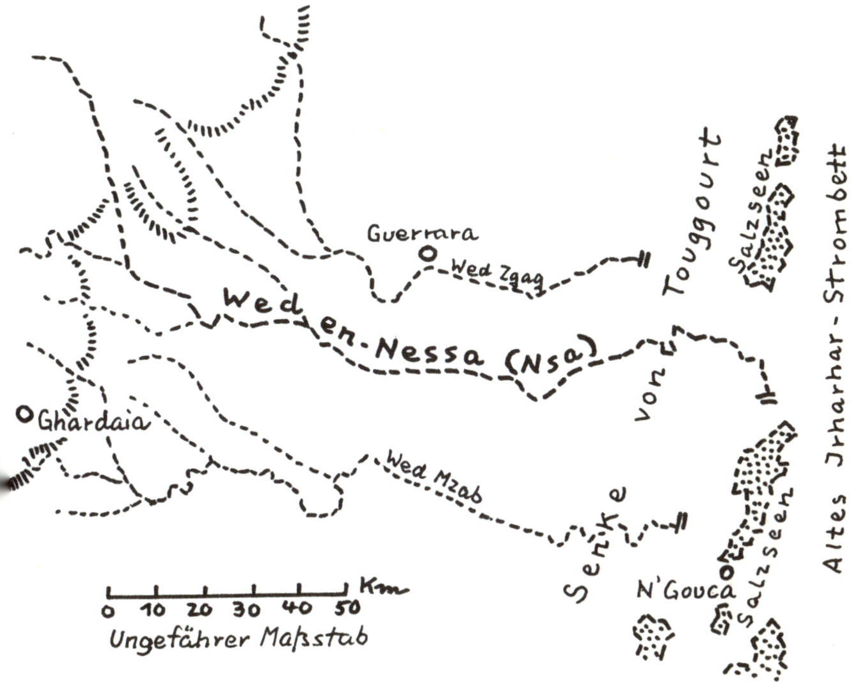

Oben: Das »Horn des Hesperos« bzw. »Horn der Amaltheia«
Unten; Sonderkarte des Wed en-Nessa

schnelle den Himmel, überschüttete die Gegend mit einem Trommelfeuer von Regentropfen, groß wie Taubeneier, und stob meerwärts davon, so schnell, wie es gekommen war.
In dieser Gegend muß es gewesen sein, wo Ammon die schöne Libyerin Amaltheia traf, »in der Nähe der Berge, die man die Keraunischen nennt«: *Keráunia órē = Donnersberge (keraunós = Donnerkeil).* Die Bezeichnung trifft, wie man selbst erleben kann, immer noch zu. Die schlimmste Wetterecke bildet das Ras Adâr; nach dem arabischen Geographen EDRISI hieß es im Mittelalter *Ras Raddâr = treuloses Vorgebirge.* Die Römer nannten es *Promuntúrium Hermaei, Pr. Mercurii = Vorgebirge des Hermes (Mercurius),* indem sie das tückische Kap dem Schutz des Gottes der Reisenden unterstellten. Der französische Name *Cap Bon = Gutes Kap* geht in gleicher Weise auf den Aberglauben der Seeleute zurück, die durch den schmeichelhaften Namen den launischen Dämon des Meeres und Wetters an dieser Stelle wohlwollend zu stimmen versuchten.
Zu diesem Keraunischen Gebirge = östlicher Mittelmeer-Atlas fügt sich unmittelbar die nächste Ortsangabe:

Das Horn des Hesperos

Ammon machte seine Geliebte »zur Herrin über das ganze Land ringsum. Es hatte die Gestalt eines Kuhhorns und hieß deshalb *Hespéru kéras = Horn des Hesperos, Westhorn.*« (III 68)
Mit *kéras = Horn* bezeichneten die Griechen ins Meer vorspringende Landspitzen. Die Form des *Kuhhorns* trifft auf keine andere Küstengestaltung Libyens besser zu als auf die Nordost-Ecke Tunesiens. Dort bildet ein Ausläufer des Atlas die Halbinsel Mauin in Gestalt eines krummen Horns, dessen Spitze das oben erwähnte Ras Adâr oder Cap Bon bildet. Unterstützt wird das Gesamtbild durch den *Dschebel bu kornin = Berg mit den zwei Hörnern,* ein Felsrücken, dessen Doppelhöcker zum Wahrzeichen der Bucht von Tunis geworden ist.

Wo lagen Stadt und Insel Nysa?

»Das Land Nysa irgendwo zu lokalisieren, kann nur mit den Versuchen kühner Phantasten in alter und neuer Zeit verglichen werden, die die Inseln der Seligen, Ogygia, die Atlantis usw. auf der Karte gesucht haben. Nysa ist ein Land der Phantasie, ein glückliches Land, für keinen Sterblichen zum Aufenthalt bestimmt, sondern nur für den heiligen Zeus-Sohn . . . Nysai sind Nymphen, und Nysa ist das Nymphenland, das, wie alle seligen Länder, von der Phantasie des Volkes zunächst in die Nähe des Okeanos verlegt wurde . . .« (FRITZ KERN, Autorität für Vorgeschichte 1884–1950, in PW V 1035).
Ein genaueres Studium des Textes bei DIODOR sowie der saharischen Topographie und der Berbersprachen hätte ein solches Fehlurteil verhindert.

Die farbigen Felsen von Nysa

In dem Buch *Wüsten, Palmen und Bazare* von EWALD BANSE, der zu Anfang unseres Jahrhunderts Algerien bereiste, stehen folgende farbenglühende Impressionen zu lesen, die er in der Schlucht von El-Gantra niederschrieb, dem wegen seiner romantischen Wildheit berühmten »Tor zur Sahara«:

»Ringsum lauter Felsberge. Eine Welt gelblicher und rötlicher Steinwände . . . alles in einer Mischfarbe von Gelb, Braun, Rot in sämtlichen Abstufungen. Immer wechselnd nach dem Stande des Lichts der Sonne, nach dem Winkel des Beobachters. Da rollt ein brünstiges Karmin über die blutigen Titanenmauern. Jetzt schneiden die beiden Schluchtberge wandartig mit rotbraunen Wildzacken in das tiefe Kobaltblau hinein. Ich sah sie rosig schimmern, und hoch oben flammte ein schmales Silberband um ihre Konturen . . . wie frisch geputztes Kupfer aus Armenien kann ihre Schattenkette aussehen . . . Goldrote Zacken fassen die kobaltblaue Bresche ein. Gegen das blaßorangene Gelb des Abendhimmels stehen die Bergschroffen ganz violett . . .«

Wem wollte es einfallen, den Erlebnisbericht eines angesehenen Geographen in das »Land der Phantasie« zu verweisen? Bei DIODOR hat man es gedanken- und bedenkenlos getan. Dabei nimmt sich dessen Schilderung des Talkessels von Nysa fast nüchtern aus:

»Ringsum zog sich eine steile Felswand . . . An ihr zeigte sich ein herrliches Farbenspiel. Abwechselnd schimmerte das Gestein wie Meerpurpur, dort wie Lasur (= blau), dort wieder wie andere glänzende Körper; es gibt keine Farbe der Welt, die man dort nicht gesehen hätte.« (III 69).

Nicht weit südlich des Tritonsees, quer durch die Senke von Wargla, verläuft die Linie, an der die Kreide- und Juraformation aneinanderstoßen. In den weißen und gelblichen Sedimenten der Kreide lagert vielfach Rö-

tel, eine Mischung aus Eisenocker und Ton. Die Farbenskala reicht von Bräunlich bis Blutrot. Dazu tritt in der Wüste der alluviale Laterit als Untergrund hervor, ein durch Eisen rotgefärbter Boden. Bläuliche Töne und Schiefertöne durchziehen die Schichten der Juraformation.
Der Text sagt, daß die verschiedenen Farben *enalláx = wechselweise, sich abwechselnd* auftreten; das entspricht genau den aufeinander lagernden Schichten verschieden gefärbter Sedimente in der Natur. Die hervorragende HARVARD-EDITION gibt denn auch diesen Ausdruck mit einem ganzen Satz wieder: »*. . . das Gestein liegt in Schichten (the rocks lie in bands = Bändern, Leisten, Streifen) . . .*«

Bild einer fruchtbaren Oase

»Der Duft von Orangen- und Zitronenblüten, die matt im Dunkel leuchten, der Duft von Jasmin, der würzige Geruch der Feigensträucher und der warme Hauch des feuchten Bodens mischen sich zu einer Welle der seltsamsten, unvergeßlichen Wohlgerüche. Unter dem Sonnendach der Palmwedel bilden die mannigfachsten Obstbäume mit dunklem, grauem, immergrünem und sommergrünem, durchschimmerndem Laub einen richtigen Wald, in dem Orangen-, Feigen-, Granatäpfel-, Zitronen-, Aprikosen-, Pfirsich-, Mandel- und Ölbäume in buntestem Wechsel durcheinanderstehen, durchflochten von den Tauen des üppig rankenden Weines . . .«

Auch das stammt aus keinem Märchenbuch, sondern aus einem modernen Reiseführer für Touristen, die Tunesien besuchen wollen (H. KAPPE, Ferien im Ausland, Bd. 21, Tunesien, 1959). Und was steht bei DIODOR über Nysa?

»Es gab mancherlei Fruchtbäume; wilde Weinstöcke rankten sich an Bäumen empor . . . vor dem Zugang standen Bäume, teils fruchttragend, teils immergrün . . . Da sproßten mancherlei Blumen, besonders Kasia und andere Gewächse, die das ganze Jahr ihren Wohlgeruch behalten . . .« (III 68–69)

Unter den wenigen, die jenen alten Bericht nicht einfach beiseite legten, hat HERRMANN bereits darauf verwiesen, daß DIODOR hier ganz einfach das Bild einer fruchtbaren Oase zeichnet. Zieht man die später dazugekommenen Kulturpflanzen ab, könnte eine Schilderung jedem modernen Reiseprospekt entnommen sein. Die Kasia, ein Lorbeergewächs, wird noch heute in Ägypten als Mittel gegen die orientalische Augenkrankheit verwendet. Auch die alten Griechen benutzten den Absud des Kasia-Samens gegen Augenleiden. Mit der Medizin ging der ägypt. Name *chassí-t* ins Griechische über.

Die Insel im Tritonfluß

Der Seitensprung bei der schönen Libyerin am Horn des Westens brachte Ammon nicht nur ein kräftiges Knäblein, sondern auch den Haß seiner legitimen Gattin Rhea ein; außerdem ging es um die Erbfolge in der Häuptlingswürde. Ammon brachte das Kind *nach Nysa, einer weit von jener Gegend entfernten Stadt. Sie lag auf einer Insel, die der Fluß Triton umströmte* (III 68). Der Ort war eine richtige Naturfestung; dennoch bestellte Ammon noch zum besonderen Schutz die Athene-Neith, richtiger gesagt, eine Leibwache von Kriegerinnen oder Priesterinnen dieser libyschen Göttin.

Das Strombett, das der Triton nach der Austrocknung der Sahara hinterließ, ist das Wed Igharghar. Läßt sich dort eine Insel nachweisen, die der Lagebeschreibung bei DIODOR entspricht?

In der Senke von Wargla, etwa 250 km südlich des Schott Meruan, spaltet sich das Wed in zwei Arme. Sie umfassen eine etwa 100 km lange und in der Mitte 50 km breite, stark zerschluchtete Insel, um sich dann wieder zu vereinigen und als einheitliches Strombett in den Schott Meruan zu münden.

Das Wed en-Nessa

In der nächsten Nachbarschaft dieser Insel fällt ein Flußname auf. Von NW her zieht ein urzeitliches Strombett gegen den Seitenarm des Igharghar, der die Insel links umfaßt. Heute endet es, im Sand und Schutt erstickt, etwa 30 km vor dem genannten Seitenarm. In der Pluvialzeit muß es dort als Nebenfluß des Triton gemündet haben, unmittelbar gegenüber dem Westufer der Insel. Dieses urzeitliche Strombett trägt den Namen *Wed en-Nessa* oder *Nsa.*

Aus dem Arabischen übersetzt heißt das *Wadi der Frauen.* Wieso die mächtige, 350 km lange, ausgetrocknete Wasserrunse zu dieser Bezeichnung kam, habe ich nicht herausgebracht. Ob hier eine Erinnerung an die libyschen Amazonen durchschimmert? Aber soll man diese arabische Benennung überhaupt wörtlich nehmen? Sie klingt so an das alte *Nysa* an, daß es naheliegt, darin einfach eine arabische Umdeutung des antiken Ortsnamens zu vermuten. Dieser müßte sich dann aus dem libyschen Sprachraum ableiten lassen.

Tuareg nussu = *fester Ort mit Überfluß an Nahrung und Wasser*

Nach der griech. Schreibung wurde der Name bald kurz, bald lang ausgesprochen: *Nýsa, Nýssa, Nȳsa, Nysä.* Im 6. Jh. v. Chr. verfaßte der Philosoph PHEREKYDES ein Buch über die Entstehung der Welt; dort (178) findet sich die Bedeutung *nysa = Baum.* Eine moderne Etymologie erklärt *Nysa = saftig fruchtbarer Ort,* aus der indogerman. Wurzel *s-neu = triefen, fließen.* Das paßt zu dem Bild der blühenden Oase; doch paßt diese Ableitung aus dem Indogermanischen in das vorgeschichtliche Libyen?

Die Ortsbeschreibung bei DIODOR, die auf eine genaue Ortskenntnis schließen läßt, hebt besonders die Unzugänglichkeit des Platzes hervor. Er stellt eine Naturfestung dar, von allen Seiten geschützt durch den Strom und die Steilufer. Nur ein schmaler Hohlweg erlaubt den Zugang, und dieser wird von dichtem Gehölz verbarrikadiert. Im Innern ist der Talkessel von steilen Felswänden umragt. Eine zweite Eigenheit des Ortes besteht in seinem Reichtum an Süßwasserquellen, die eine üppige Pflanzenpracht hervorsprießen lassen.

Der Wasserreichtum trifft für das von uns fixierte Gebiet noch heute zu; allein auf der Insel verzeichnet die Generalstabskarte 21 Brunnen (*hassi* = ungemauertes Brunnenloch, 2–3 m tief). Das ist bei der fortschreitenden Ausdörrung der Sahara eine erhebliche Konzentration auf einem begrenzten Raum. Ein solcher Überfluß an Wasser mit üppigem Pflanzenwuchs, verbunden mit einer von Natur aus gut befestigten Lage wird in der Sprache der Tuareg durch Wörter ausgedrückt, die sich ableiten von der Wurzel *enz = etwas innerlich Gefestigtes, etwas durch gute Nahrung Gestärktes, durch Überfluß an Wasser Kräftiges (z. B. Baum, Pflanze, Bodenfrucht), überhaupt etwas Kompaktes, innerlich Dichtes aus Stein oder Holz.* Aus dieser Wurzel stammt der Begriff *nass (nażż),* vulgär *nassu = etwas in sich Starkes, Gefestigtes* (FOUCAULD II 300). Das entspricht dem ägypt. *nasch = stark; nacht,* kopt. *nascht = stark sein, Starker, Stärke, hart werden; nachtu,* kopt. *naschte = Festung; nachtet,* kopt. *naschte = Schutz* (Wortkern *nach-, nasch-*).

Das Tuareg *nass, nussu* deckt sich klanglich und inhaltlich so sehr mit *Nysa, Nyssa* und dessen Ortscharakter, daß ich an einem Zusammenhang nicht zweifle. Nach dieser Etymologie ist *Nysa = fester Ort mit Überfluß an Nahrung und Wasser.*

Es mag verblüffen, daß die Ableitung aus dem Indogermanischen *Nysa = saftig fruchtbarer Ort* zu beinahe demselben Ergebnis kommt. Aber sind wir nicht auch sprachlich schon auf Urzusammenhänge gestoßen, die man bisher für unmöglich gehalten hätte: Kronos, Uranos, Akmon = Akoran, Orahan, ataman bei den Guanchen . . .?

Nysa als prähistorische Höhlenstadt

Für den Zufluchtsort des Dionysoskindes gebraucht DIODOR zuerst den Begriff *pólis = Stadt;* dann wird das Versteck dreimal als *ántron = Höhle, Grotte* bezeichnet. Später aber passen viele Einzelheiten (die kreisrunde Form und der mächtige Umfang, die ringsum aufragenden Felswände im Schimmer ihres buntfarbigen Gesteins, der überall hin strahlende Sonnenglanz und die üppige Vegetation) für beide Begriffe nicht mehr so recht; hier kann nur die Deutung *ántron = Talkessel* den richtigen Sinn treffen.
Ich glaube, DIODOR führt uns in eine Wohngegend, wo die Begriffe *Stadt, Höhle, Talkessel* eine Einheit bilden. Damit taucht vor meinem Auge das Bild einer *Höhlenstadt* auf, die in einem geschützten Talkessel liegt.
Diese Siedlungsform haben wir schon im vorzeitlichen Nordafrika und auf den Kanarischen Inseln kennengelernt. Im Zusammenhang mit Nysa aber denke ich besonders an einen Bericht bei HERODOT aus der Liste der Völkerschaften, die dem Perserkönig Kambyses Tribut zollen:

»Das sind die Aithioper, die an Ägypten grenzen . . . ferner *Umwohner des heiligen Berges Nysa,* die dem Dionysos Feste feiern. Diese Aithioper . . . *hausen in unterirdischen Wohnungen.* Diese beiden aithiopischen Stämme entrichten . . . alle drei Jahre ein Geschenk von zwei Choinix (Getreidemaß) ungeprägten Goldes, zweihundert Ebenholzstämmen, fünf aithiopischen Knaben und zwanzig großen Elefantenzähnen.« (III 97)

HERODOT bezeugt also noch für die späthistorische Zeit der persischen Herrschaft in Ägypten (um 525 v. Chr.) die *Existenz von bewohnten Höhlensiedlungen um Nysa;* außerdem zeichnet die Aufzählung der Tribute ein typisch afrikanisches Milieu der Umgebung von Nysa und erinnert uns an die Tatsache, daß Urwald und Großtiere (Ebenholz und Elefanten) bis in die späte Historie hinein weit nach Norden hin verbreitet waren, wo heute nichts als Sand- und Steinwüsten das verfallene Antlitz der Landschaft prägen.

Aus den Kämpfen des Ammon und libyschen Dionysos mit den Atlantern

Nach wie vor streiten sich die Philologen über die Herkunft und Bedeutung der Bezeichnung *Titanen.* Alle Versuche, den Namen aus dem Griechischen zu erklären, sind mißglückt, und man nimmt seit langem schon an, daß die Titanen sehr alte, vorgriechische Gottheiten seien, die aus Kleinasien oder sogar (wie RANKE-GRAVES meint) aus Babylonien oder Kanaan stammen. – Im Göttermythus der Atlanter bei DIODOR bilden die Titanen eine große Sippe der Atlanter und stammen aus dem ozeanischen Westen.

Die Gemahlin des Ammon war Rhea, »die Tochter des Uranos . . . eine Schwester des Kronos und der anderen Titanen« (III 68). Nachdem sie vergebens versucht hatte, Dionysos, den illegitimen Sohn Ammons, in ihre Gewalt zu bringen, »verließ sie den Ammon und wandte sich an ihre Brüder, die Titanen. Sie vermählte sich mit ihrem Bruder Kronos, und dieser ließ sich von ihr bewegen, zusammen mit den Titanen den Ammon zu bekriegen.« (III 71)

Uranos war, nach ihrem eigenen Göttermythus, der erste König der Atlanter. Seine Tochter Rhea ist also eine geborene *Atlanterin,* wie auch ihre Brüder Kronos und Atlas demselben Volk entstammen. Ihr Sippenname *Titanen* richtet sich nach ihrer Mutter Titaia – nebenbei ein Hinweis darauf, daß man die Atlanter zu dem mutterrechtlichen Kulturkreis Altlibyens rechnete. Als *Atlantídes,* d. h. Atlanter im engeren Sinn, gelten dann die Nachkommen des Titanen Atlas.

Bei dem Krieg der Titanen unter Kronos und Rhea können wir also diese *Titanen* ebensogut als *Atlanter* ansprechen. Setzen wir diesen Namen ein, dann lautet der Kriegsbericht bei DIODOR (III 71–73) kurz folgendermaßen:

Der erste Stoß der *Atlanter* unter Kronos überrollt das Herrschaftsgebiet Ammons, d. h. den Länderbogen um die Syrten, und endet mit dem Fall von Siwa. Der geschlagene Herrscher muß nach Kreta flüchten und sein Land unter der harten Faust der siegreichen *Atlanter* zurücklassen. Diese wenden sich nun gegen Dionysos in Nysa, werden dort jedoch blutig abgewiesen und zu einem verlustreichen Rückzug nach Siwa gezwungen. Dionysos rückt ihnen durch Steppe und Wüste nach, erhält überall Zulauf aus den libyschen Stämmen und wirft die *Atlanter* nach einem erbitterten Kampf wieder aus Siwa hinaus. Kronos wird verwundet, die Stadt geht in Flammen auf. Wohin sich Kronos mit dem Rest seiner Streitmacht wendet, bleibt unklar. Dionysos glaubt jedenfalls, den Rükken frei zu haben, so daß er seinen Zug nach »Indien« antreten kann (nach Vorderasien; s. nächstes Kap.). Die Gefahr war jedoch nicht gebannt; Kronos, der den Frieden versprochen hatte, brach sein Wort, sammelte seine *Atlanter* und setzte nach Kreta über. Dort aber erleiden sie durch den zurückgekehrten Dionysos und die mit ihm verbündeten Ägypter eine vernichtende Niederlage und verschwinden aus der Weltgeschichte.

Man sollte es kaum mehr eigens betonen müssen: Unabhängig von PLATON wird hier abermals im Kern dasselbe erzählt, was auch im Buch TIMAIOS steht. Eine Streitmacht der Atlanter, vom westlichen Ozean kommend, unterwirft Libyen, dringt (mit der Landung auf Kreta) in Europa ein und gelangt damit (wie es auch das Buch TIMAIOS verlangt) in die unmittelbare Nachbarschaft der Ur-Athener.

Die rasenden Weiberkrieger

Als die Titanen-Atlanter gegen Nysa anrückten, sammelte Dionysos seine Streitmacht: »Aus der Nachbarschaft zog er die Libyer an sich und die Amazonen. Letztere wurden besonders durch Athena zur Teilnahme am Kampf aufgerufen . . . Die Heeresmacht war so gegliedert, daß Dionysos die Männer anführte und Athena den Befehl über die Weiber erhielt.« (III 71)

Wieder spüren wir den heißen Atem der saharischen Urgeschichte. Unter den libyschen Kriegshaufen werden nochmals die *Amazonen = Amazigh* genannt, bei denen auch die Frauen in die Schlacht ziehen. Athena führt sie an, d. h. die *libysche Kriegsgöttin Neith.* Realistisch gesehen: die Kriegerinnen marschierten unter dem von bunten Bändern umflatterten Feldzeichen der zwei gekreuzten Pfeile; in ihm ist die Göttin magisch verkörpert, von der noch die späteren Ägypter sagen, daß sie »die Wege öffnet«, d. h. die Front der Feinde auseinandersprengt.
Auch die Griechen haben mit der Dionysossage die Überlieferung von Weiberkriegern übernommen:

»Dionysos brachte ein ganzes Heer zusammen, das er mit Thyrsosstäben bewaffnete, und zog mit ihm durch die ganze Welt.« – »Auf seinen Kriegszügen begleitete ihn ein Heer, das nicht nur aus Männern, sondern auch aus Weibern bestand.« – »Auf seinen Zügen führte er eine Menge Weiber mit sich, die mit Lanzen in Gestalt von Thyrsosstäben bewaffnet waren.« – (DIODOR III 64; IV 2 u. 4)

Zweifellos sieht DIODOR richtig, daß die orgiastischen Frauenbünde, die schon genannten *Mainades = die Rasenden* und *Bakchai = die Verzückten,* in diesen wilden Weiberkriegern ihre Vorläufer hatten:

Mainades, die rasenden Weiber des Dionysos, in klassisch-griechischer Auffassung: Tierfell über dem Gewand, Schlangen als Kopfbinde oder geschwungen in der Hand, Thyrsos-Stäbe, erjagtes Wild, das dann zerrissen wird. – – Details von verschiedenen Keramiken. Oben: Paris, Louvre, unten München (BUSCHOR).

»Er gab den Bakchai statt der Thyrsosstäbe Lanzen, an denen die eiserne Spitze mit Efeu umwunden war. Die (feindlichen) Könige rüsteten nicht zum Kampf, weil sie einen Haufen Weiber gering achteten; da wurden sie unversehens mit Wurfspießen angegriffen.« (DIODOR III 65)

Einen neuzeitlichen Beitrag zu diesem Thema lieferten die berüchtigten Frauenregimenter von Dahome aus dem vorigen Jahrhundert. In diesem Land, das hinter Benin und Yóruba noch zum äußersten Abflußgebiet der weiberrechtlichen altmediterranen Kultur gerechnet werden kann, brach die alte Sitte von einem Amazonenheer zum letzten Mal auf afrikanischem Boden durch. König Gezo (1818–1858) stellte ein Frauenregiment auf, indem er wohl schon vorhandene Abteilungen in einer straffen Organisation zusammenfaßte. Das erste Regiment soll aus Frauen des königlichen Harems bestanden haben. Diese waren als Elefantenjägerinnen berühmt; sie griffen das riesige Wild zu Fuß an und schlugen dem Opfer mit dem Buschmesser die Sehnen an den Hinterbeinen durch, so daß es nicht mehr entkommen oder sich wehren konnte. Bei einem Angriff auf die Stadt Abeokuta im Yórubaland 1851 zählte das Heer der Dahome 10 000 Männer und 6000 Frauen. Auf beiden Seiten gebrauchten die Gegner neben eingehandelten Feuergewehren das alte Buschmesser. Die Dahome wurden geschlagen, zogen sich jedoch in Ordnung zurück und nahmen ihre Verwundeten mit. 1209 Gefallene blieben liegen; unter ihnen zählte der britische Missionar Bowen mehrere hundert Frauen. Der hohe Blutzoll legt für den rücksichtslosen Einsatz der weiblichen Krieger in der Schlacht beredtes Zeugnis ab.
Im Kampf gegen andere Stämme bewährten sich die Frauen so hervorragend, daß Gezos Nachfolger ein weiteres Amazonenkorps von 1600 Frauen aufstellte, das unter dem Befehl seiner Hauptfrau stand. Zwei andere Korps zählten 1200 und 1600 Frauen. Es waren also in sich geschlossene Kontingente, die selbständig neben denen der männlichen Krieger fochten – ganz wie bei dem Heer des Dionysos, das in eine männliche und eine weibliche Abteilung gegliedert war, wobei letztere ebenfalls unter weiblichem Kommando (»Athena«) stand.
Weit mehr als ihre männlichen Mitkämpfer verbreiteten diese Weiberregimenter wegen ihrer gnadenlosen Grausamkeit Furcht und Schrekken. Bei der Ausbildung wurden die Rekrutinnen von den alten Kämpferinnen geradezu geschult, sich in einen Blutrausch hineinzusteigern und den Feind nicht nur zu töten, sondern mit dem Buschmesser zu zerhacken – eine weitere Parallele zu den Mainades, die in ihrer Raserei den Gegner in Stücke rissen.

Der Zug nach »Indien«

Untrennbar mit der Gestalt des Dionysos verbunden ist die Sage von seinem Zug nach Indien. Die meisten halten diesen Indienzug für eine Umdichtung des Alexanderzuges, vermischt mit Eroberungslegenden aus dem alten Orient. Einige vermuten, der Zug symbolisiere nur die Verbreitung des Weinstocks nach dem Osten.
Beides ist falsch. Das »Indien« des prähistorischen Dionysos-Zuges hat mit dem Indien der Alexanderzeit nichts zu tun; noch weniger genügt eine bloß symbolische Deutung; denn:

Es gab noch einen zweiten Indus

Das heutige Indien hat seinen Namen vom Fluß Indus. Wie dieser bei den dunkelhäutigen Ureinwohnern hieß, wissen wir nicht. Als um 1500 v. Chr. die arischen Eroberer über die Pässe Afghanistans in das Tiefland einbrachen und den mächtigen Strom erblickten, nannten sie ihn einfach *Sindhu = der Fluß*. Die Landschaft, durch die er seinen Lauf nimmt, erhielt den gleichen Namen; die Küstenprovinz von Pakistan heißt heute noch *Sindh*.
Zu den Griechen kam der Name erst 1000 Jahre später auf dem Weg über das persische Weltreich. Eine Eigenheit der persischen Sprache bestand in dem häufigen Wechsel zwischen *s* und *h;* so hörten die Griechen den Namen Sindhu als *Hindu* oder *Hindav,* woraus sie ihrerseits *Indós* machten. Wir benutzen das bei uns gebräuchliche lateinische *Indus*.
Aus dem Osten vernahmen die Griechen auch die Sage von Ninos, dem Gründer des assyrischen Reiches von Ninive. Dieser unternahm angeblich einen Zug bis Baktrien (Afghanistan). Als er starb, setzte seine ebenso legendäre Gemahlin Semiramis den Zug fort und eroberte Indien, d. h. das Industal. Der Dichter EURIPIDES bezog diese Sage auf Dionysos; im Drama Bakchai kommt der welterobernde Gott ebenfalls über Persien bis nach Baktra. Vielleicht geht diese Mär auf verschollene Kriegs- und Wanderzüge im Orient zurück. Dann kam Alexander der Große, der sich ja als zweiter Dionysos fühlte und auf seinem Vormarsch zum Indus fast genau den sagenhaften Spuren des Gottes folgte.
All das hat den Blick der Historiker so starr nach Osten ausgerichtet, daß eine zweite geographische Tatsache gar nicht in ihr Blickfeld geriet: die Tatsache nämlich, daß es noch einen zweiten Fluß mit Namen *Indus* gab. Dieser, allerdings kleiner als sein ferner Namensvetter, durchfließt das südwestliche Kleinasien und mündet gegenüber der Insel Rhodos ins Meer. Heute heißt er Dalaman, nach dem gleichnamigen Dorf an seinem Unterlauf. Wie nun, wenn dieser kleinasiatische Indus der Fluß wäre, den die ältesten Mythen von dem Indienzug des Dionysos meinen?

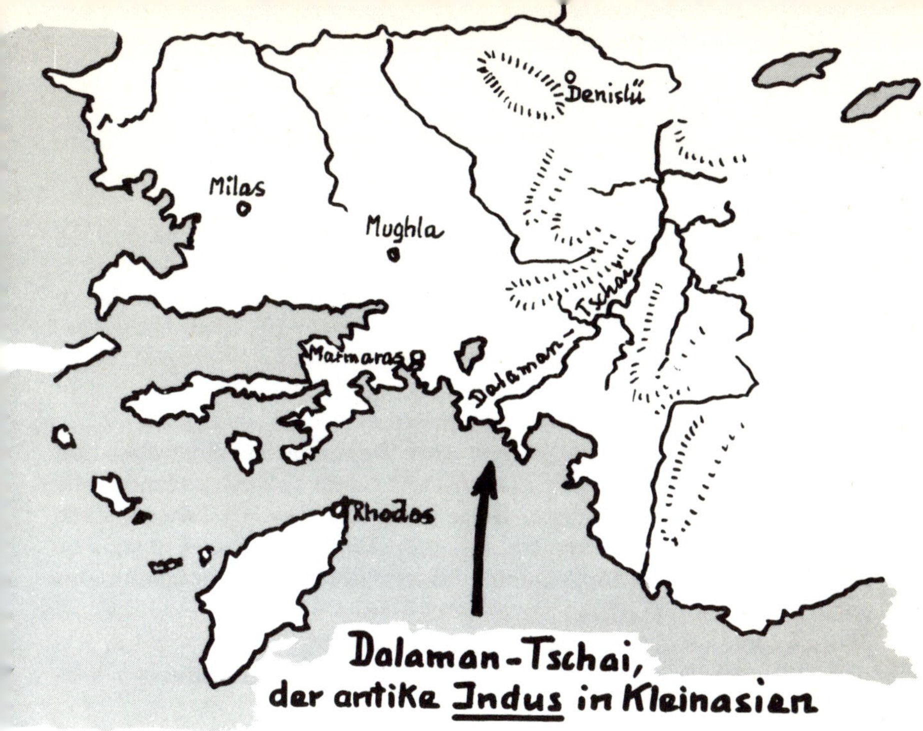

Inder im vorgeschichtlichen Westasien?

Das längste Gedicht über die Taten des Dionysos floß aus der Rohrfeder des Griechen NONNOS. Er lebte im 5. Jh. n. Chr. in Ägypten, das damals zum Kaiserreich Byzanz gehörte. Bevor NONNOS zum Christentum übertrat, war er ein glühender Anhänger der dionysischen Geheimkulte. – Sein Epos *Dionysiaka = die Taten des Dionysos* ist eine schlechte Imitation von HOMERS Ilias, barockschwülstig in der Sprache und vollgepfropft mit gelehrten Anspielungen aus der Mythologie. Doch gerade aus dieser Fülle von hineingepfropften Sagenstoffen ergeben sich einige unschätzbare Hinweise auf die Ur- und Frühgeschichte des vorderen Orients. – NONNOS hat in seiner spätantiken Epoche natürlich das Indien des Alexanderzuges im Auge; daher verläuft der Vormarsch seines Dionysos von der Ägäis quer durch Kleinasien, Syrien und Mesopotamien über den Iran nach Indien. Am Anfang aber stehen gewaltige Schlachten gegen *Inder in Kleinasien und Syrien.* Damit stoßen wir auf die erstaunliche Mär, daß indische Fürsten das ganze vordere Asien bis an die Küsten der Ägäis beherrschen.

Dionysos zieht aus, um »den dienenden Nacken der *Lyder und auch Phrygiens Bürger und die in Askanien wohnen* abzuschirren vom Joch der schrecklich drückenden Herrschaft (der Inder).« (14, 295 ff.) Lydien und Phrygien sind die bekannten Landschaften im westlichen Kleinasien. Askania heißt ein Landstrich am Süd- und Ostrand des Marmarameeres.

In der Nähe erleidet ein indischer Feldherr eine Niederlage: »Zahlreich wurde rings am Lauf des *astakischen Wassers* das Heer der Inder gemetzelt« (14, 386). Gemeint ist der Westzipfel des Marmarameeres. Dann stürmt Dionysos durch »wilde Täler des *Tauros*« (17, 137). Die Heerhaufen wälzen sich bis an den Fluß, dem der *indische Feldherr Orontes* seinen Namen gibt; er will sich nicht ergeben, sondern stürzt sich in sein Schwert und wirft sich sterbend in den Strom (17, 289). Orontes hieß in der Antike der Hauptfluß Syriens. Der Weitermarsch führt über den Euphrat und Tigris bis nach Indien. Dort rühmt sich ein anderer indischer Anführer seiner früheren Siege in Vorderasien: ». . . wie einst ich noch auf dem *Tauros* kämpfte, bis daß *Kilikiens und auch Assyriens Männer* dienend den Nacken unter das Joch des Deriades beugten« (des Inderkönigs; 36, 431 ff.).

Woher kommen diese Traditionen von indischen Eroberern in Vorderasien? Wie erklärt sich die Tatsache, daß es einen Fluß Indus in Kleinasien gibt?

Die Ursitze der Inder in der Ukraine und Kubansteppe

Der echte Namen der Inder lautet *sindhu = Leute vom Fluß*. Wir finden diesen Namen als *Sindoi* bei HERODOT: Am Kimmerischen Bosporus = Straße von Kertsch fahren die Skythen zur Winterszeit mit Wagen über die zugefrorene Meerenge zu den *Sindoi,* d. h. von der Krim nach der Halbinsel Tamán und zur Kubansteppe hinüber; der Name des Landes ist *Sindiké* (IV 28 u. 86). Auch STEPHANOS BYZANTINOS hat Land und Leute in seine Sammlung geographischer Namen aufgenommen: »*Sindoi,* im Süden des Maiotis-Sumpfes (Meer von Asow); einige sagen auch, daß der *Sindische Stamm ein Teil der Maiotes sei«* (569). Diese Maiotes sind identisch mit den uns schon bekannten Maidoi = »Meder der Herakleszüge«.

Zusammen mit anderen arischen Volksgruppen saßen die Maidoi-Sindoi ursprünglich nordwestlich im Binnenland an den großen ukrainischen Strömen, woher wohl auch ihr Name *Sindhu = Leute vom Fluß* stammt. Von dort zogen andere Wandergemeinschaften der Maidoi-Sindoi auch südwärts über die untere Donau in den Balkan und um das östliche Mittelmeer herum bis zum Nil.

Sindhu- Volks- und Ortsnamen in Thrakien, Kleinasien, Syrien und Ägypten

An der europäischen Küste der Ägäis fällt zunächst die Stadt *Sinthos* am Golf von Saloniki auf, bei HERODOT *Sindos geschrieben* (VII 123). Es folgt eine Stadt *Sintia* in Makedonien; die Einwohner heißen *Sintioi.* Es handelt sich um einen ganzen Stamm im Hinterland von Saloniki, durch das auch ein Fluß *Sindos (= Sindhu!)* fließt. Ein anderer thrakischer Volksstamm heißt *Sindonáioi.* Am Golf von Saros wohnen die *Apsinthioi;* ihre Küstenstadt Ainos führt auch den Namen *Apsinthos* an der Mündung der Maritza. Die alten Bewohner der Insel Lemnos werden schon bei HOMER als *Sinthi-es* überliefert. An der ägäischen Küste Kleinasiens liegt die Stadt *Isindos* in der Landschaft *Isinda, Isindia.* Dazu kommen die Städte *Sindessos* in Karien und *Sindia* in Lykien, schließlich *Sintoion,* eine Festung in Klein-Armenien. Eine Stadt *Sindra* findet sich in Phönikien an der syrischen Grenze. Jetzt kann uns auch nicht mehr überraschen, daß Ägypten u. a. »*auch Aetia von einem gewissen Inder Aetós* . . .« genannt wurde (sämtl. bei STEPH. BYZ.).
Selbst die Bemerkung bei NONNOS bleibt im zulässigen geographischen Rahmen, daß der indische Feldherr Blemys mit seinen *erythräischen Indern = Indern vom Indischen Ozean* sich nach seiner Niederlage gegen Dionysos im Tauros an den oberen Nil zur Stadt Meroe zurückzog (17, 394). Diese Blemyer waren noch im römischen Kaiserreich ein gefürchteter Nomadenstamm zwischen Nil und Rotem Meer, zeitweilig auch im nördlichen Nubien; man hält sie für die Vorfahren der Bischarin. STEPHANOS BYZANTINOS hat dieselbe Tradition festgehalten: »Blémyes, ein barbarischer Stamm Libyens, von Blemys, einem der drei Unterführer des Deriades, die mit ihm gegen Dionysos kämpften.« (172). – Weiterhin spricht der Chronist EUSEBIUS von *Indern, die nach Ägypten kamen* (Canon a. m. Abraham 409), ebenso PSEUDO-MANETHO: »Die Aithioper, *vom Fluß Indus kommend,* siedelten nahe Ägypten.« (bei SYNCELLUS, Sothisbuch, App. IV 40)
Damit sind wir wieder beim Fluß Indus angelangt. Während man früher (z. B. KARST) äußerst gewundene Erklärungen versuchte und die unwahrscheinlichsten Theorien konstruierte, um diese »Inder« und »indischen Aithioper« in Ägypten vom himalayischen Indus an den afrikanischen Nil herüberzubefördern, bedeutet das jetzt kein Problem mehr. Mit dem Indus ist *der Fluß in Kleinasien* gemeint, und die Inder haben wir unter ihrem richtigen *Sindhu*-Namen vom Asowschen Meer bis her-

unter nach Syrien in einem runden Dutzend Orts- und Stammesbezeichnungen nachgewiesen.
Legen wir bei dem Fluß *Indus* den ursprünglichen Sanskritnamen *Sindhu* zugrunde, dann gehören zwei weitere Flüsse im ägäischen Raum dazu: der schon genannte thrakische *Sindos* im Hinterland von Saloniki und in Kleinasien noch der *Sindros,* ein Nebenfluß des Maiandros (Mäander) in Lydien.

Mit Herakles kamen »Inder« bis nach Marokko

Noch mehr Kopfschütteln hat die Notiz bei STRABON hervorgerufen: »Es gibt Leute, die behaupten, daß die Maurusier *Inder* seien, die mit Herakles bis zu dieser Landschaft vorgedrungen sind.« (Geogr. XVII 3, 7)
Im Bericht des SALLUST haben wir gelesen, daß *Meder* und *Armenier* mit den eingeborenen Libyern zu einem Volk verschmolzen, wobei der Name *Medoi* zu *Mauroi* entstellt wurde. Richtig ist, daß dieser Wandel aus der Sprache der Armenier stammt; bei diesen ist *Mar* die Bezeichnung für Meder. Dabei haben wir auch erfahren, daß deren skythische Vorfahren oder Stammverwandten, die *Maidoi, Maiotes* der Ukraine oder der Kubansteppe, gemeint sind.
Nach STEPHANOS BYZANTINOS aber war der *Sindische Stamm ein Teil der Maiotes* (s. vorne); beide bilden also zusammen ein Volk. Tatsächlich tauchen auf der Landkarte der Ägäis neben den Sindoi stets auch die Maidoi auf, und nach all dem ist es nicht mehr verwunderlich, wenn *Sindhu, Sindoi = Indoi* des STRABON auch in den ozeanischen Westen kommen und dort in derselben Gemeinschaft zu dem neuen Volk der *Mar = Mauroi, Maurusioi* verschmelzen.

Der Elefantenritt nach »Theben in Boiotien«

In der griechischen Variante des Dionysos-Mythus überliefert DIODOR eine Notiz, wonach der aus Indien zurückgekehrte Gott auf einem Elefanten in Boiotien einzog:

»Er machte einen Kriegszug nach Indien, woher er im dritten Jahr nach Boiotien zurückkehrte und eine große Beute mitbrachte. Und er war der erste Mensch, der einen Triumphzug abhielt, auf einem indischen Elefanten reitend.« (IV 3)

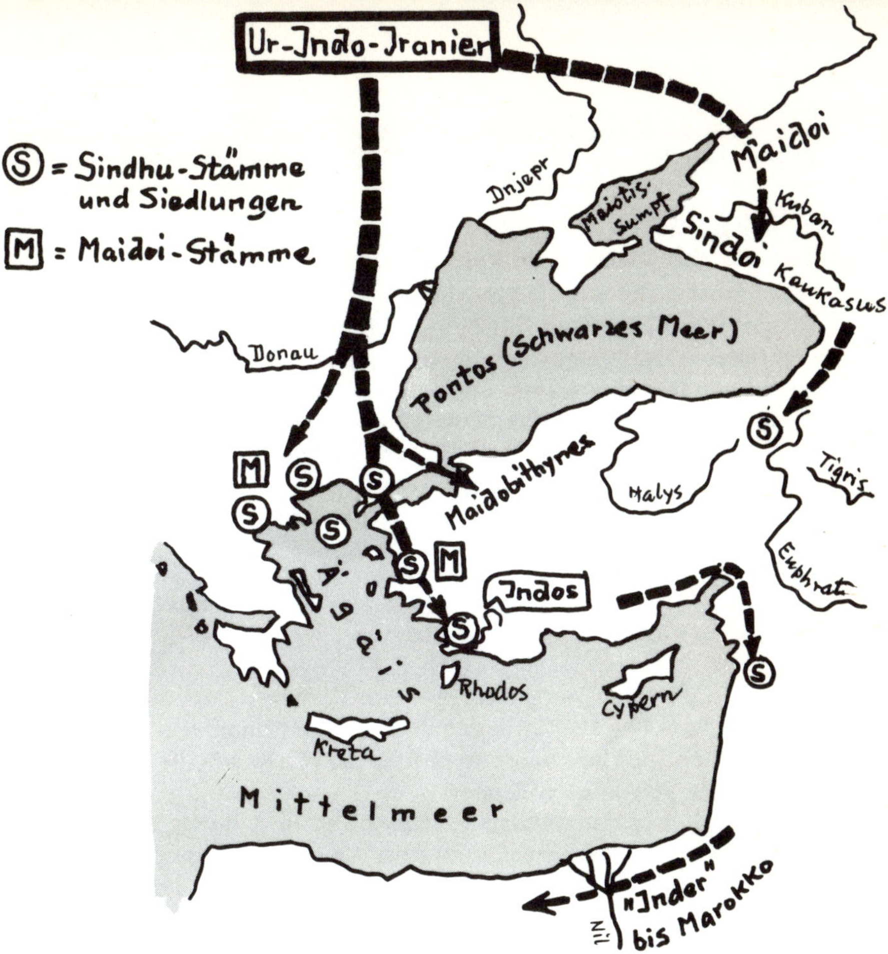

Noch weniger als den Zug nach Indien konnten sich die Fachhistoriker einen Triumphzug auf einem Elefanten in Boiotien als ein geschichtlich wahrhaftiges Ereignis vorstellen. Doch die Elefanten des Dionysos stammen weder aus dem fernen Indien im Schatten des Himalaya, noch ist das Boiotien mit der Hauptstadt Theben in Mittelgriechenland gemeint.

Was »Indien« betrifft, so sind unsere Schauplätze die Sindhu-Gebiete in Thrakien, Kleinasien und Syrien. Aus der letzteren Gegend erzählt der ägyptische General Amenemhet, ein Günstling des Pharao Tutmose III. (um 1460 v. Chr.), von einer Elefantenjagd:

»Ich erlebte noch eine weitere großartige Tat, die der Herr der beiden Länder (= Ägypten) im Land Nije nahe Aleppo vollbrachte. Dort erlegte er 120 Elefanten ihrer Stoßzähne wegen . . . Ich ließ mich mit dem größten von ihnen ein, der seine Majestät annahm, und schlug ihm, während er noch lebte, vor den Augen seiner Majestät den Rüssel ab. Ich stand dabei im Wasser zwischen zwei Felsklippen. Dafür belohnte mich mein Herr mit Gold und gab mir . . . drei Gewänder zum Wechseln.«

Vorher schon haben wir Kunde von Tutmose I. (1530–1520), daß er in der oberen Euphratgegend Elefanten jagte und die Stoßzähne dem Amun von Theben weihte. Das Land Nije bezeichnet die Gegend am mittleren Orontes, wo sich heute noch der sog. Ghab, ein Süßwassersumpf, als Rest des einstigen Elefantendschungels erhalten hat (s. v. u. »Die Landschaft des Atlantersturmes«).
Als nächster rühmt sich Tiglatpilesar von Assur (um 1100):

»Zehn starke Elefantenbullen tötete ich im Land Charran und an den Ufern des Chabur (im nördl. Mesopotamien). Vier Elefanten fing ich lebendig; ihre Häute und Zähne brachte ich zusammen mit den lebenden Elefanten in meine Hauptstadt Assur.«

Dort besaß er einen Tiergarten, in dem er Kamele, Krokodile, Affen und Robben zur Schau stellte. In den folgenden Jahrhunderten nehmen die Beutezahlen stark ab; unter Assurnasirpal II. (883–859) war die Ausrottung der Tiere fast vollendet.
Das syrisch-mesopotamische Elefantenland liegt im Bereich des Sindhu-Gebietes im vorderen Orient, d. h. also im »Indien« der Dionysoszüge. Den Abbildungen nach gehören die Elefanten zu einer kleinwüchsigen Rasse und wurden auch gezähmt. Es spricht also nichts gegen einen »Elefantenritt«.
Dieser krönte den Triumph des Dionysos bei der Rückkehr von dem »Indienzug« nach »Boiotien«, seinem »Heimatland«. Damit meint der Text das *Boiotia = Rinderland* in Hellas. Das aber war nie die wirkliche Heimat des Gottes, sondern wurde von den Griechen, als der Wirbelsturm seines Kultes über sie hinwegbrauste, erst dazu gemacht. Die Hauptstadt Theben, griech. *Thēbai, Thēbē,* galt dann als sein Geburtsort. Die Herkunft des Dionysos ist heute noch umstritten; nachdem sich die Theorie von seinem thrakischen Ursprung nicht mehr halten ließ, glaubt man seine Spur vorläufig bis Kreta zurückverfolgen zu können (KERENYI). Weiter ist man noch nicht gekommen. Die Berichte bei DIODOR vom libyschen Dionysos oder gar von dem Elefantenritt in Boiotien hat man überhaupt nicht ernst genommen.
In Wirklichkeit steckt gerade darin der entscheidende Hinweis. Die Vor-

Zum »Elefantenritt« des Dionysos:
Die einzige sichere Darstellung eines syrischen Elefanten befindet sich auf dem Fresko im Grab des Rechmire, des Wesirs Tutmosis III. (1490–1436 v. Chr.). Das Gemälde ist heute fast völlig zerstört, wurde aber zum Glück vor mehr als 100 Jahren abgezeichnet. Wir sehen einen syrischen Adeligen mit Strohhut und einem Bogen, gefolgt von vier Dienern; sie bringen neben anderen Tributgaben zwei kleine Pferde, einen Bären und einen Elefanten, der wiederum nur halb mannshoch ist. Man erkennt das Tier an den kleinen Ohren und der steilen Stirn unzweifelhaft als asiatischen Elefanten. Wie die Stoßzähne beweisen, handelt es sich um ein ausgewachsenes Exemplar, also um eine Zwergrasse, die uns schon aus Knochenfunden auf Zypern, Sizilien, Malta usw. bekannt ist.
Die zweite Darstellung, die wahrscheinlich ebenfalls einen syrischen Elefanten abbildet, überliefert uns der sog. Schwarze Obelisk Salmanassars III. von Assyrien (858–824). Sie ist nicht besonders geglückt. Der Elefant ist ebenfalls noch nicht einmal mannshoch, obwohl ihn die Stoßzähne als ausgewachsenes Tier ausweisen. Die Ohren sind stark verzeichnet, doch verrät die Schädelbildung unverkennbar die Verwandtschaft mit dem indischen Elefanten.

fragen haben wir schon gelöst: Dionysos stammt aus dem libyschen Nysa. Der Schauplatz seiner Züge umfaßt Libyen, Ägypten und das vordere Asien; in letzterem lag das vorgeschichtliche »Indien«. Von dort kann er logischerweise nur in das Gebiet zurückkehren, von dem er ausgezogen war, d. h. nach Ägypten oder Libyen. Die wirkliche *Boiotia* mit der Stadt *Thēbē* müssen wir also wieder einmal in Nordafrika suchen. Dann lautet die Frage: Haben die Griechen mit dem Dionysos-Mythus zugleich auch Landschafts- und Ortsnamen aus Libyen bzw. Ägypten übernommen, die so stark an ihr *Boiotia* und *Thēbē* in Hellas anklangen, daß daraus die Legende entstehen konnte, der Gott sei dort geboren? Man braucht bloß bis zu diesem Punkt der Überlegung gekommen zu sein, dann drängt sich die Lösung von selbst auf:
Sie liegt im Anklang von griech. *Boiotia* an *Buto,* die gräzisierte Namensform der Hauptstadt des vorgeschichtlichen Reiches der »Horusverehrer« im nordwestlichen Delta. Dieses Buto bildete eine Doppelstadt; der eine Stadtteil hieß *Dep,* wo die Kobragöttin Uto ihren Sitz hatte, während der andere Stadtteil *Pe = Thron* die eigentliche Königsstadt war und den Reichsgott Horus beherbergte. Mit diesem schon vorgeschichtlichen Doppelnamen *Dep-Pe* aber haben wir beinahe klangrein die Parallele zum griech. *Thēbē* erfaßt.

Dionysos = Herr von Nysa

Bisher hat man den Namen Dionysos nicht zu erklären vermocht. Die erste Silbe *dio-* deutete man auf *Zeus, Dios* hin; die zweite brachte man mit *Nysa* in Verbindung, wo das Götterkind von den *nyeai, nysiai = Nymphen* gepflegt wurde. Letztere wurden von dem thrak. *nysa = Nymphe* abgeleitet, wozu man dann eine nirgends nachgewiesene männliche Form *nysos* konstruierte. Schließlich kam man auch zu der Deutung *Dios nysos = Saft des Zeus, Zeus-Sohn.* Die Urform des Namens muß man aber in Libyen suchen; sie läßt sich auch ungezwungen rekonstruieren: äg. *tesi-u, tesei-u,* kopt. *doeis, daeis, dois = Herr, Gott* + Ortsname *nass, nussu, nysa.* Aus der Zusammensetzung etwa von der Art *dios-nussu* konnten die Griechen leicht ihr *Dios-nysa, Dio-nyso-s* heraushören. Der Name bedeutet also nichts anderes als *Herr (Gott) von (aus) Nysa.*

Der Parallelbericht zum Libyschen Dionysos: Die Taten des Osiris

Seinem ursprünglichen Wesen und Wirken nach ist Osiris ein irdischer König und Kulturbringer und wird unterstützt von seiner Schwester und Gattin Isis, die ihm nach seiner Ermordung auf den Thron folgt. Die ägyptische Kunst stellt ihn mit rein menschlichem Körper dar; auch seine Herrschaftsabzeichen tragen den Charakter weltlicher Königssymbole. Erst im Lauf der Zeit hat man ihm vielfältige kosmische Züge verliehen. – Der größte Teil der Fachgelehrten nimmt deshalb an, daß Osiris ein König der Vorzeit war, der nach seinem Tod göttliche Ehren empfing. – So sieht ihn auch der folgende Bericht bei DIODOR.

Der Text (auf die Kernstellen gekürzt)

(I 1) »Die Ägypter halten den Gott, der bei ihnen Osiris heißt, für denselben, der bei den Griechen Dionysos genannt wird. Nach ihrer Sage hat er die ganze Welt durchwandert, den Wein erfunden und die Menschen Reben pflanzen gelehrt. Zum Dank dafür wurde ihm die Unsterblichkeit zuerkannt. – (I 14) Er schaffte zuerst die Sitte ab, Menschenfleisch zu essen, nachdem Isis den Weizen und die Gerste entdeckt hatte . . . Auch Gesetze hat Isis gegeben, damit der gesetzlosen Willkür und Gewalt gesteuert würde. – (I 15) Osiris entdeckte bei Nysa den Weinstock und erfand auch die Pflege dieses Gewächses. – (I 17) Osiris sammelte ein großes Heer, um die Welt zu durchziehen und alle Menschen die Weinrebe und den Anbau von Weizen und Gerste zu lehren. – (I 18) Den Osiris begleiteten auf dem Heereszug zwei Söhne, *Anubis* und *Makedon (äg. Upwaut)*. Ihre Rüstungen waren von zwei Tieren genommen, die als Sinnbilder ihres Mutes gelten konnten. Anubis hatte das Fell eines Hundes, Makedon eine Wolfshaut übergeworfen . . . Als alles gerüstet war, trat Osiris den Marsch durch Aithiopien an . . . Dort wurden ihm die *Satyrn* vorgeführt, eine Völkerschaft, die an den Hüften behaart sein soll; denn Osiris lachte gern und war ein Freund der Musik und des Tanzes . . . Die Satyrn, die Tanzen und Singen sowie jede Art von Spiel und Belustigung verstanden, wurden auf dem Zug mitgenommen . . . (I 19) Hierauf setzte er seinen Zug fort durch *Arabien am Roten Meer* bis zu den *Indern* und an die Grenzen der Welt . . . (I 20) Auch mit der *Elefantenjagd* beschäftigte er sich . . . Er fuhr dann über den *Hellespont (= Dardanellen)* nach Europa hinüber. In *Thrakien* tötete er den Lykurgos, den König eines nichtgriechischen Volkes, das sich seinen Unternehmungen widersetzte . . . Bei seiner *Rückkehr nach Ägypten* brachte er die herrlichsten Geschenke mit, und mit Zustimmung aller wurde dem edlen Wohltäter die Unsterblichkeit und die gleiche Ehre mit den Göttern zuerkannt. – (I 21) Osiris wurde von seinem Bruder Typhon (äg. Seth) ermordet. Dieser zerstückelte den Leichnam . . . und gab jedem der Mitschuldigen ein Stück; denn er wollte sie alle an dem Greuel mitschuldig machen . . . Isis aber rächte den Mord mit Hilfe ihres Sohnes Horus. Sie tötete den Typhon und seine Genossen und wurde Königin von Ägypten.«

Sie waren in der Vorzeit Kannibalen

»Osiris schaffte zuerst den Brauch ab, Menschenfleisch zu essen . . .«

Die Tötung gefangener Feinde und kultischer Kannibalismus sind für die ältere Zeit schriftlich wie bildlich bezeugt. Bei einem urzeitlichen Feldzug in Nubien macht Horus Behedti, der alte Gott des siegreichen Falkenclans, viele Gefangene:
»142 Feinde wurden vor das Schiff gebracht . . . (Text zerstört) . . . er (Horus) schlachtete sie mit dem Schwert ab und gab ihre Eingeweide seinen Gefolgsleuten. Das Fleisch von ihnen gab er allen Göttern und Göttinnen, die im Schiff des Re am Ufer von Hebnu waren.« – Unter Eingeweiden verstand man damals nicht nur die Gedärme, sondern auch die delikateren Teile wie Herz, Lunge, Leber, Magen usw. – »381 Feinde wurden herbeigebracht, nachdem er sie vor dem Schiff des Re getötet hatte. Er übergab je einen davon seinen Gefolgsleuten.« (Aus dem Mythus von der »Flügelsonne« im Horustempel zu Edfu).
Es geht dabei um die Gewinnung magischer Kräfte. Eine Erinnerung an solche urzeitlichen Bräuche lassen zwei Zauberformeln aus den Pyramidentexten durchschimmern. Sie sollen dem verstorbenen Pharao dazu verhelfen, seinen Herrschaftsanspruch auch im Jenseits durchzusetzen, indem er als furchterregender Eroberer auftritt. Mit Hilfe schrecklicher Henkersknechte schlachtet, kocht und frißt er die Bewohner der himmlischen Gefilde und reißt dadurch deren körperliche und seelische Kräfte an sich. In den folgenden Zitaten ist der Name des Königs, der jeweils bei dem Totenritual eingesetzt wurde, durch X ausgedrückt:
»X ist es, der die Menschen ißt und von den Göttern lebt . . . der Scheitelpacker und der Strickfasser fesselt sie für X, die Schlange Prachtkopf bewacht sie für X und hält sie ihm fest, der Oberschreiber bindet sie ihm, der Läufer und der Schärfste des Herrn schneidet ihnen die Kehle durch

für X und nimmt ihnen die Eingeweide heraus . . . eine Mahlzeit wird aus ihnen in seinen Abendkesseln gekocht.« (Pyr. 273). – »X ist es, der ihre Zauber ißt und ihre Lichtgeister verschlingt. Die Größten von ihnen werden zu einer Morgenmahlzeit des X genommen, die Mittleren für seine Abendmahlzeit, die Kleinsten für das Nachtmahl des X, die Greise und Greisinnen für seinen Ofen. Die Großen, die im Norden des Himmels wohnen (= die Sterngötter um den Nordstern), zünden ihm an den Töpfen, die sie (d. h. die geschlachteten Opfer) enthalten, ein Feuer an mit den Gebeinen der Ältesten von ihnen. Die Umherwandler, die am Himmel sind (= die Planetengötter), gehören dem X, wonach er mit dem Pfeile schießt, das sind die Kessel mit den Gebeinen ihrer Weiber. X hat die Rückgrate und die Wirbel gebrochen, X hat die Herzen der Götter an sich gerissen, X hat die rote Krone gegessen, und er hat die grüne Krone verschluckt. X nährt sich von den feinsten Lungen und befriedigt sich an dem, ›Der von ihren Herzen und Kräften lebt‹. X verschlingt ihre Kräfte, die in der roten Krone sind, und er wird wieder jung. Ihre Zauber sind in seinem Leibe, und die hohen Eigenschaften des X weichen nicht von ihm; denn er hat den Verstand jedes Gottes verschluckt. Siehe, ihre Seele ist im Leibe des X, ihre Leibeskräfte sind bei X. Seine Mahlzeit ist reichhaltiger als die der andern Götter, und das Feuer des X wird durch ihre Knochen gespeist.« (Pyr. 274. – ROEDER Urk. 192–193)
In ähnlich faszinierender Weise bestätigt sich DIODORS historische Zuverlässigkeit im nächsten Kapitel:

Krieger vom Wolfs- und Schakal-Clan

»Den Osiris begleiteten . . . Anubis und Makedon . . . Anubis hatte das Fell eines Hundes, Makedon eine Wolfshaut übergeworfen . . .«

Zunächst löschen wir den Namen *Makedon;* den hat ein hellenistischer Abschreiber eingefügt, um die göttliche Abstammung der Makedonen, der Herren der damaligen Welt, für das ägyptische Volk zu betonen. Ursprünglich stand an Makedons Stelle der äg. *Upwaut,* der alte Gott von Siut. Man malt ihn als schwarzen Wolf; seine Figur wird als Standarte in der Prozession des Osiris vorangetragen. Als Attribute führt er Bogen und Keule; sie deuten auf einen alten Kriegsgott. Einmal erscheint Osiris sogar selbst als kriegerischer Wolf:
»Als Isis mit ihrem Sohn Horus gegen Typhon (Seth) kämpfen wollte, kam Osiris in der Gestalt eines Wolfes aus der Unterwelt seinem Sohn zu

Hilfe. Nachdem Typhon getötet worden war, gebot er (Osiris) den Siegern, das Tier zu verehren, in dessen Gestalt er ihnen erschienen war ... Andere erzählen, bei einem Einfall der Aithiopier in Ägypten hätten sich zahlreiche Wolfsrudel gesammelt und die Feinde aus dem Land gejagt, bis über Elephantine hinaus; daher habe der Bezirk von Lykópolis (griech. Wolfsstadt, das alte Siut) seinen Namen ...« (DIODOR I 88).

Durch diese Traditionen schimmert die Erinnerung an die Kämpfe von Kriegern eines Wolfsclans mit Libyern (Seth) und Nubiern (Aithiopern) hindurch.

Anubis (äg. *ianpu = Hund*) war der Gott einer oberägyptischen Stadt, die von den Griechen *Kynópolis = Hundestadt* genannt wurde. Auch er wurde in schwarzer Farbe gemalt, als liegender Hund oder Schakal. Die Pyramidentexte lassen ihn als den ältesten Herrscher des Totenreiches im Westen erkennen, wohl aus der Beobachtung der Schakale, Füchse und verwilderten Hunde, die sich auf den Begräbnisstätten herumtrieben, die Gräber aufwühlten, in dunklen Höhlen hausten usw. Anscheinend war Anubis zuerst nur der Todesgott des Pharao. Man nimmt an, daß die Herrscher der Frühzeit nach einer Regierung von 28 Jahren einen rituellen Tod durch Schlangengift sterben mußten. Kam dieser Zeitpunkt heran, so erschien ein Priester in der Maske des Anubis mit einer Viper beim Pharao. Dieser Brauch geriet in Vergessenheit, Anubis aber blieb der Todesverkünder. Er wurde aber auch als Krieger mit Dolchen und einer sich windenden Schlange dargestellt, oder in einem Panzer aus bunten Leder- und Metallschuppen, mit einem Löwenschwanz hinten am Gürtel und mit der Maske oder dem Kopf eines Schakals oder einer spitznasigen, langhalsigen Hunderasse, wie sie heute noch auf der Baleareninsel Ibiza gezüchtet wird. Daß es in der Vorzeit tatsächlich Krieger und Jäger in Hunde- oder Schakalmasken gab, beweisen die Felsbilder aus dem Fessan und Adscher-Tassili.

PLINIUS berichtet von nubischen Stämmen, »... die einen Hund als König haben, aus dessen Bewegungen sie Befehle herauslesen« (hist. nat. 6, 35), und zitiert den AGATHARCHIDES, der von Eingeborenen mit Hundeköpfen erzählt, also wohl von Kriegern mit Hundemasken. Einen Hunde-Clan sowie Schakalkulte gibt es noch heute an der Goldküste; mancherorts glaubt man, die Seelen der Toten leben in diesen Tieren weiter.

Die Kanarischen Inseln haben ihren Namen von lat. *canis = Hund.* In der Zeit um Christi Geburt schickte der Numiderkönig Juba II. Schiffe dorthin; die Mannschaft traf auf der größten Insel »viele Hunde von un-

Oben links: Anubis-Maske für den Priester bei den Leichenzeremonien. – Mitte: Eine der zahllosen Abbildungen des Anubis im Totenbuch. – Rechts: Upwaut auf einem Feldzeichen. Er wird stehend dargestellt; Anubis liegt, wenn er als Standartenfigur dient. (HAAS)

Mitte: Altlibysche Jäger oder Krieger mit schakal- oder hundeähnlichen Masken. Die beiden Außenfiguren tragen Krummkeulen, wie sie auch auf ägyptischen Soldatenbildern vorkommen. 6000–1200 v. Chr. Details aus einer Felsmalerei aus dem Wadi Adschefu, Tassili-n-Adscher. (LHOTE)

Unten: Jäger in Schakalmasken mit erlegtem Nashorn. Gravierung auf einer von Spalten zerrissenen Felswand. In-Habeter, Fessan. (FROBENIUS)

geheurer Größe«, von denen sie zwei fingen und zurückbrachten; die Insel nannten sie *Canaria = Hundeinsel,* von der dann der Name auf die ganze Inselgruppe überging. Als die französischen Normannen und die Spanier dort landeten, erfuhren sie, daß die Eingeborenen ihre Abstammung vom Hund ableiteten. Nach ihrem Glauben wohnt der Gott der Vorfahren im Schlund des Vulkans Pico de Teide auf Tenerife; er hat die Gestalt eines großen, zottigen Hundes und erhält Opfergaben.
Unter den Namen *Anubis* und *Makedon = Upwaut* verbergen sich, historisch gesehen, zweifellos Kriegerscharen eines Wolfs- und eines Hunde- oder Schakal-Clans, die in den Masken ihrer Totemtiere oder unter den betreffenden Standarten im Heer des Osiris mitzogen.

Die tanzenden Pygmäen und die Sage von den geschwänzten Menschen

Zu den unzertrennlichen Begleitern des griechischen Weingottes Dionysos gehören die *Sátyroi.* Die spätere Kunst verlieh ihnen Hörner, Schwanz und Beine eines Ziegenbocks; ursprünglich aber stellte man sie dar als plump menschliche Gestalten mit stumpfer, aufgestülpter Nase, breitem Gesicht, wulstigen Lippen sowie einer struppigen Haar- und Bartmähne. Typisch ist die den ganzen Körper bedeckende Behaarung. – Die Fachwelt rechnet die Satyrn zu den Naturdämonen der wilden Wälder und Bergeshöhen. Im Gefolge des Weingottes sind sie übermütige Spaßmacher, die Freude am Wein haben, ausgelassene Tänze aufführen und allerhand Unfug treiben. Auf Vasenbildern sieht man sie mit Efeu bekränzt tanzen und springen und Kunststückchen wie Handstand usw. vollbringen. So sagt denn auch DIODOR vom griechischen Dionysos: »Er führte Satyrn mit sich, die ihm durch Tänze und Bockspiele Unterhaltung und viel Vergnügen bereiteten.« – Auch die *Séilenoi* gelten häufig als Wärter und Erzieher des jungen Dionysos. Sie sind ebenfalls geschickte Musikanten und stecken oft voll schlichter Weisheit. Aufs Ganze gesehen sind die Silene in der griechischen Mythologie ältere Satyrn und im Wesen eng mit ihnen verwandt. – Wie aber kommen diese Satyrn und Silene nach Nordafrika in das Heer des Libyschen Dionysos = Osiris?

DIODOR nennt Satyrn als Gefährten des ägyptischen Osiris (I 18): »In Aithiopien wurden ihm die Satyrn vorgeführt, eine Völkerschaft, die an den Hüften behaart sein soll; denn Osiris lachte gern und war ein Freund der Musik und des Tanzes . . . die Satyrn nun, die Tanzen und Singen sowie jede Art von Spiel und Belustigung verstanden, wurden auf dem Zug mitgenommen.«
Noch seltsamer klingt die Stelle aus den Feldzügen des Libyschen Dionysos (III 71): »Auch die Edlen von Nysa, *Séilenoi* genannt, zogen mit in den Krieg. Seilenos war der erste König von Nysa, aus einem uralten Stamm, von dem niemand mehr etwas weiß. Die Natur hatte ihn mit einem Schwanz an der Hüfte ausgezeichnet, und diese Eigenschaft erbte sich auf seine Nachkommen fort.«

Wen meinen nun die Alexandriner Quellen DIODORS mit dem griech. Begriff *Satyrn* und *Silene* in der vorgeschichtlichen Sahara und im alten Ägypten? Gibt es dort in der Mythologie und Kunst etwa Wesen mit ähnlichen körperlichen und charakterlichen Merkmalen?

Es gibt sie, nämlich die ägyptischen Dämonen, die man unter dem Namen *Bes* oder *Besa* zusammenfaßt (griech. *Besa-s*). Die vielen hundert bildlichen und figürlichen Darstellungen zeigen sie mit breiten Zügen, bald fratzenhaft, bald mehr grotesk, oft auch mit den Linien eines groben, aber freundlichen Greisenantlitzes. Den Kopf ziert eine dicke Haar- und Bartmähne. Die Gestalt ist zwergenhaft; der plumpe, dickbäuchige Oberkörper steht in keinem Verhältnis zu den kurzen Beinen. Den Rücken bedeckt meist ein Löwenfell, dessen Schwanz hinten herabhängt. Dieser Tierschwanz wird bald als ein natürlicher Schwanz des Bes selbst verstanden, und die Zotteln der Löwenmähne gehen in struppige Haar- und Bartsträhnen über. Manchmal schmückt den Kopf eine Federkrone.

Nach der ägypt. Vorstellung ist der Bes ein Gott, der an ausgelassenem Spiel seine Freude hat und Fröhlichkeit stiftet. Dazu gesellt sich das Gefallen am Trunk. Weinkrüge und Trinkgefäße wurden deshalb gern mit Besköpfen verziert; noch die späten Alexandriner hatten ein Trinkgefäß, das sie *Besíakon = kleiner Bes* nannten.

Die Nebeneinanderstellung spricht für sich. Niemand wird etwas dagegen einwenden können, wenn wir für die *Satyrn* und *Silene* im Heer des Dionysos-Osiris den Namen *Bes* einsetzen.

Die Federkrone weist auf nubische Schmucksitten hin; die Ägypter selbst sprechen den Bes als *Herrn von Punt (= Somaliküste)* und aus *Nubien* stammend an. Die Spur führt also tief nach Afrika hinein. Auf diesem Weg begegnet uns der oft zitierte Brief des Pharao Neferkare (Pepi II. um 2350) an Herichuf, den Gaufürsten von Elephantine, der eben von einem Feldzug aus Nubien zurückkehrte:

»Den Inhalt Deines Schreibens an mich, den König, habe ich zur Kenntnis genommen. Daraus erfuhr ich, daß Du mit Deiner Truppe bis in das Land Imam (= Baumland, Urwald) vorgedrungen bist . . . Weiter erfahre ich, *daß Du einen Zwerg mitführst, der die Gottestänze im Geisterland tanzt* . . . Du hast den Zwerg in Deiner Gefolgschaft, den Du aus dem Geisterland entführt hast, *damit er die Gottestänze tanze und dadurch das Herz des Pharao Neferkare mit Freude erfülle* . . .« (SETHE Urk. I 128)

Ein Zwerg, der tanzkundig ist und dessen Heimat südlich von Ägypten liegt: das trifft genau auf den Bes zu. Er soll durch seine Tänze das Herz

Oben: Tanzende Bese mit Kopfputz aus Löwenmähne bzw. ganzer Löwenmaske und Löwenschwänzen. – (BONNET)
Unten: Bes mit Tierfell (HAAS) und Bes als Krieger (BONNET).

des Pharao erfreuen: das könnte geradezu aus dem Text von Dionysos und Osiris stammen, wo die Satyrn und Silene aus Aithiopien mitgenommen wurden, um den Dionysos-Osiris zu erheitern.
Jetzt ist es nur noch ein Schritt zu den *Pygmäen,* die heute im Kongo-Urwald leben. Sie sind plump von Körperbau, mit massigem Kopf auf kurzem Hals, stark hervortretenden Backenknochen, breiter und kurzer Nase, mit oft dichtem Bart und meist an Armen, Beinen und Brust dicht behaart. Die lehmgelben Körper zeigen ungewöhnliche Proportionen: »Die kurzen, schmächtigen Beine stehen in starkem Gegensatz zu dem plumpen, langen Rumpf, dessen Schultern breit ausladen. Die Arme sind unverhältnismäßig lang, Hände und Füße dagegen fast zierlich, letztere nicht selten nach innnen gekehrt.« (SCHEBESTA Bambuti 298)
Über die tänzerischen Fähigkeiten der Pygmäen kann man in der einschlägigen Literatur seitenlange Berichte lesen. Das folgende Zitat (nach GUSINDE Kongo-Pygmäen) mag genügen:
»Seit dem grauen Altertum erfreuen sich die Pygmäen des ungeschmälerten Rufes, hervorragende Tanzkünstler zu sein . . . Die den Bambuti angeborene Tanzlust paart sich mit unbeschwerter Lebensfreude, hervorragender mimischer Begabung und schlangenartiger Gelenkigkeit in allen Körpermuskeln . . . Von frühester Jugend bis ins hohe Alter steckt den Bambuti ein leicht schneller Rhythmus in den dünnen Knochen . . . Statt in freien Minuten gelassen und regungslos zu verharren, schwingen sie sich mühelos und unbeschwert für eine kurze Zeitspanne in die zuckenden Tanzbewegungen hinein, und währenddessen vibrieren alle Glieder mit federndem Schwung. Summt irgend jemand die bekannten Melodien noch nicht einmal halblaut vor sich hin, fangen die Nächststehenden sie sofort auf, und ihr ganzer Körper gerät dadurch, wie leicht entzündlich, in die damit übereinstimmenden Bewegungen.« (385 f.)
Was Imam = Baumland betrifft, so reichte der Tropenwald noch in historischer Zeit bis Khartum; Reste davon haben sich an den Westhängen des Hochlands von Abessinien erhalten. Auch das Wohngebiet der Pygmäen erstreckte sich weit nach Norden und dehnte sich in der Vorzeit über die ganze grüne Sahara aus. Auch im Niltal selbst saß eine kleinwüchsige Grundschicht, und man hat buschmann-ähnliche Züge bei den prähistorischen Nubiern und Ägyptern gefunden. Felsmalereien im Buschmannstil sind in der ganzen Nord- und Ostsahara verbreitet. Die heutigen Bewohner der Oase Tidikelt nordwestlich des Ahaggar bezeichnen die ehemals dort ansässigen Menschen als kleinwüchsig.
Sogar für die Sage von den »geschwänzten« Silenen und Satyrn gibt es noch heute eine natürliche Erklärung. Die Batschwa-Frauen tragen

»vorn eine schmale, etwa zwei Hand breite Schürze, rückwärts aber baumelt zwischen den Hinterbacken eine etwa 20 cm lange, schmucke Quaste herab, deren Fäden aus Lianenfasern gewebt und rot oder schwarz gefärbt sind.« – Die Bakango-Frauen des Ituri-Waldes tragen ähnlich den Babali-Weibern »vorne einen kurzen Schurz, rückwärts einen langen Baststreifen von etwa Handbreite, der bis unter die Knie reicht. Von weitem sehen sie wie geschwänzte Menschen aus.« (SCHEBESTA 157). Wie diese Tracht in der Vorzeit und im Altertum wirkte, zeigen die Abbildungen.

Die Pygmäen in den Heerhaufen des Dionysos-Osiri wurden nicht nur als Musikanten, Tänzer und Spaßmacher mitgenommen, sondern auch als Krieger; die »geschwänzten« Silene aus Nysa zogen bei dem Feldzug zur Rückeroberung von Siwa mit in den Kampf. Historische Berichte zeigen, daß die Pygmäen in der Vergangenheit keineswegs immer das harmlose Völkchen waren, als das wir sie heute kennen; mußten sie doch seit undenklichen Zeiten einen verzweifelten Kampf gegen ihre großwüchsigen Nachbarn führen, von denen sie Schritt für Schritt zurückgedrängt wurden. Schon HOMER hat von solchen Vernichtungskämpfen im fernen, sagenhaften Afrika gehört und spricht von den »Kranichen . . ., die, vor der Winterkälte und den Regenschauern fliehend, unter Gekreisch den Strömen des Okeanos zueilen, um den pygmäischen Männern Tod und Verderben zu bringen . . .« (Ilias II 2–6)

Die Mär von den »Kranichen« geht sicher auf die körperlichen Eigenschaften bestimmter Negerstämme zurück:

»Im Gegensatz zu den Bewohnern der steinigen und felsigen Hochländer, die den Nil umranden, machen die in den Sumpfniederungen ansässigen Schilluk, Nuer und Dinka den Eindruck menschlicher Flamingos; es sind echte Sumpfmenschen. Plattfuß und verlängerte Ferse sind für ihren Bau bezeichnend. Wie Sumpfvögel pflegen sie stundenlang bewegungslos auf einem Bein zu stehen. Ihr Schritt ist gemessen, ihre Gliedmaßen sind dürr und langschüssig, der Hals ist ebenso verlängert und mager. Liegt hier nicht der Gedanke an die Kraniche der Sage nahe, mit denen die Pygmäen kämpften?« (Nach Th. v. HEUGLIN. – HELMOLT Weltgesch. III 78. Bibl. Inst. Leipzig-Wien 1914)

Noch zu Beginn des vorigen Jahrhunderts rafften sich die ewig Verfolgten zu einem letzten, wilden Ausbruch gegen die benachbarten Negerstämme auf. Die Rebellen hießen Begatsi, *die sich in den Hüften wiegen* (Tänzer!), Geregere, *mit hölzernen Rasseln an den Fußknöcheln* (Tänzer!) und Bana-piripiri, *Krieger mit einem aus Pflanzenfasern geflochtenen Rückenschild und mit einem längeren Bogen.* Der Aufstand erfaßte sämtliche Bambuti, die alles niedermetzelten, was ihnen in den Weg

Zur Sage von den »geschwänzten« Menschen:
Oben: Zur Tracht des Pharao gehört der Löwenschwanz. – Palette des Narmer, Hierakonpolis. – Bogenschütze in Tierschwanztracht. Felsritzung, Detail, Wadi Abu Wasil östl. d. Nil. (BRENTJES)
Unten: Krieger mit Tierschwänzen. – Jagdpalette, Detail. (VARAGNAC)
Zeit: sämtlich um 3000 v. Chr.

kam. Von den Negern des Mugagu-Babira-Volkes wissen wir, daß sie über den Ituristrom flüchten mußten und aus dem Urwald bis in die Irusteppe hinausgejagt wurden. Um 1830 waren die östlichen Striche des Ituriwaldes zeitweilig völlig von den Negern verlassen. Bis zur Ankunft der ersten Europäer waren die Pygmäen freilich wieder in die Wälder zurückgetrieben worden.

Die Karte der Pygmäen (bei SCHEBESTA) gibt für die am Ituri hausenden Sippen die Namen *Basa* und *Basúa* an, mit Varianten anderwärts als *Batwa, Batschwa, Vatwa* u. ä. Der Stammesname *Basa, Basua* entspricht genau dem griech. *Besa-s* = äg. *Besa, Bes,* kopt. *Bes.*

Der gesamte Beweisgang verläuft so mühelos und geradlinig, daß man sich fragt, warum die Fachhistoriker nicht längst schon diesen Weg gegangen sind.

Zusammenfassender Vergleich mit dem Atlantisbericht

Auch der 3. Alexandriner Bericht und seine Osiris-Parallele haben keine Märchen erzählt. Sie haben nicht nur die Lösung eines ganzen Bündels bisher verschnürter historischer und geographischer Probleme gebracht (Hörnerkrone, Nysa, Titanen = Atlanter, »Indienzug«, »Theben« = Dep-Pe, die Bes-Pygmäen usw.), sondern abermals eine Bestätigung des Kriegsberichts im TIMAIOS gegeben.
Eine Streitmacht der Titanen-Atlanter aus dem Kronosreich dringt vom Ozean her durch Libyen und, trotz mancher Wechselfälle, weit über das Meer bis Kreta vor. Erst hier, an der Schwelle von Hellas, bricht der Angriff zusammen.

Natürlich kommt dabei kein strategisch geplanter Angriff im modernen Sinn heraus, sondern ein Zug von Wanderhorden, die, gleich Flutwellen vom Zentrum eines Seebebens um sich greifend, über die Nachbarvölker hinwegbrausen, bis sie sich an irgendeinem Damm brechen und wieder zurückbranden. Ein solches Beben lösten schon die Amazonen der Myrina aus; ihre Flutringe erfaßten zuerst die umwohnenden Libyer am Tritonsee; dann erfolgte ein Ausbruch gegen die Küsten-Atlanter und Gorgonen, bis schließlich daraus der schäumende Strom wurde, der sich nach Osten wandte und auf seinem Weg alle Völkerstämme mit sich riß, bis er in Kleinasien mit einer entgegengesetzten Wanderwelle zusammenprallte und wieder in die umgekehrte Richtung zurückflutete.
Dies alles wird noch deutlicher bei den Kriegswirren um Dionysos-Osiris. Dessen Heer umfaßt vielerlei Gruppen: seine Jugendgefährten aus Nysa, die dortigen Urbewohner und andere Pygmäen, die Amazonen unter Anführung der »Neith«, sonstige Libyer, übergetretene Titanen-Atlanter, schließlich Ägypter und wohl auch Vorderasiaten, die sich bei dem weiteren Zug zum »Indus« anschlossen.

Dieser Zug bildet auf der Landkarte praktisch eine Parallele zu dem Amazonensturm der Myrina. Umgekehrt führt die Spur der »Inder« = Sindhu aus dem Umkreis der Ägäis über Syrien und Ägypten bis zum Ozean, und diese Linie deckt sich mit dem Verlauf der »Herakleszüge« und des Gegenstoßes der Ur-Athener.
Was TIMAIOS nur andeutet und die Alexandriner Berichte breit ausführen, gehört zweifellos zusammen und stellt dasselbe Geschehen dar: ein Hin- und Herfluten von Völkerwogen, das sich – ähnlich wie unsere germanische Völkerwanderung – über viele Jahrzehnte und vielleicht Jahrhunderte hinzog.

Zur Atlantis-Geographie und -Zeitrechnung im TIMAIOS

». . . vor der Mündung, die bei euch, wie ihr sagt, Säulen des Herakles heißen . . .«

Soweit es den Kurzbericht im TIMAIOS betrifft, bilden die »Säulen des Herakles« den einzigen präzisen geographischen Bezugspunkt für die angebliche Lage von Atlantis. So haben sie denn auch das Schicksal der Insel getreulich geteilt, indem man sie auf der Landkarte hierhin und dorthin versetzte oder auch ganz aus dem Urtext strich. Nennen wir nur die drei jüngsten Beispiele: nach der Rekonstruktion von BORCHARDT und HERRMANN flankierten die Säulen die einstige Ausmündung des Tritonsees ins Mittelmeer; SPANUTH, der Atlantis auf dem Grund der Nordsee gefunden zu haben glaubt, versetzt die Säulen in die Gegend von Helgoland; GALANOPOULOS, der Hauptvertreter der Thera-Kreta-Theorie, betrachtet das Kap Malea und Kap Tainaron (Matapan) auf der Peloponnes als die Säulen. Außerdem behauptet der griechische Professor, daß die »Säulen« erst durch ein Mißverständnis SOLONS in die Geschichte eingeführt wurden, da sie in den ursprünglichen ägyptischen Berichten noch gar nicht enthalten sein konnten . . .

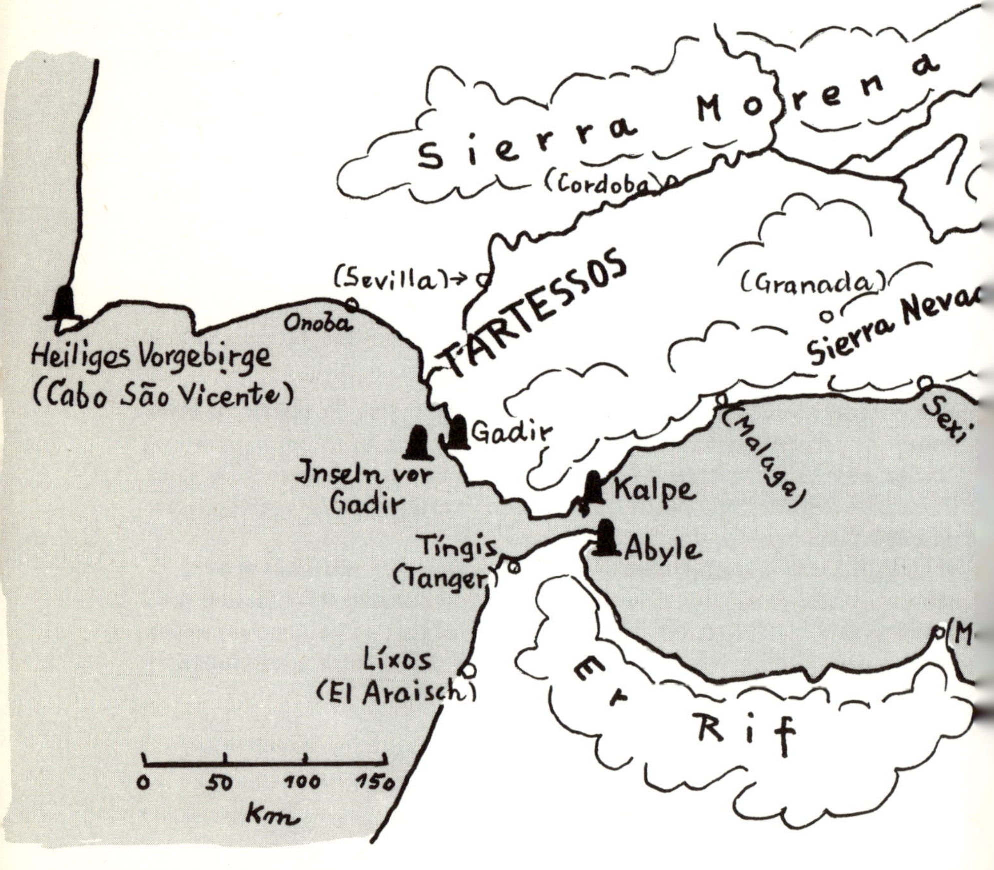

Auf seinem Raubzug zur Roten Insel am westlichen Rand der Erdscheibe errichtete Herakles steinerne Male (griech. *stēlai = Säulen, Pfeiler*) als äußerste Grenzzeichen der Schiffahrt, die alle Seeleute warnen sollten, »nicht mehr weiter vorzudringen in die unzugängliche Salzflut«, wie sich PINDAR ausdrückt (Nemeische Oden III 21).
Die Sage ist so alt und zeigt so viele fremde Einflüsse, daß schon die Griechen nicht mehr recht wußten, was sie sich unter diesen »Säulen« vorstellen sollten und wo sie genau lagen.
Gewöhnlich galten die Vorgebirge Kalpe und Abyle (Felsen von Gibraltar und Céuta) als die mächtigen Steindenkmäler, jenseits derer die nicht mehr überschreitbare Wasserwüste begann. Andere verstanden darunter kleine Felseninseln in der Nähe von Gadir, deren eine der Hera, der Mutter des Herakles, geweiht war. Alle Spanier und Libyer nahmen jedoch die Bezeichnung *Säulen* wörtlich und sagten, diese stünden in Gadir. Es seien erzene Säulen; jede messe acht Ellen in der Höhe (um 6 m) und trüge eingraviert, was ihre Errichtung gekostet hatte. Wie die Einwohner von Gadir erzählten, erhielt der König von Tyros durch einen Orakelspruch den Befehl, in der Nähe der Säulen des Herakles eine Kolonie zu gründen. Er sandte drei Expeditionen aus. Die erste glaubte, daß sich das Orakel auf die Felsen Kalpe und Abyle bezöge und landete innerhalb der Meerenge an einer Bucht bei Sexi östlich des heutigen Malaga. Die zweite segelte zweihundert Meilen über die Meerenge hinaus bis zu einer dem Herakles geweihten Insel gegenüber der spanischen Stadt Onoba. Doch wurden beide Schiffsbesatzungen durch düstere Vorzeichen erschreckt und kehrten nach Tyros zurück. Die dritte Expedition kam zu einer Felseninsel, die fast derjenigen glich, auf der ihre Heimatstadt erbaut war. Sie errichtete auf dem östlichen Zipfel einen Tempel und gründete auf der westlichen Seite eine Stadt, die sie *Gadir = Festung* nannten (= Cadiz). Dort stellten sie vor dem Tempel des Herakles die erwähnten erzenen Säulen auf. Das geschah um 1100 v. Chr. Aber auch die Felsen Kalpe und Abyle trugen Opferstätten mit Säulen.
Nach arabischen Nachrichten aus dem frühen Mittelalter ragten noch bis ins 12. Jahrhundert eherne, reich vergoldete Säulen auf beiden Vorbergen in den Himmel. Wahrscheinlich hatten die maurischen Eroberer Spaniens diese Wahrzeichen als Erneuerung der alten errichtet. In der Sonne wie Leuchtfeuer funkelnd, wiesen sie unkundigen Seefahrern aus dem Norden den Eingang ins Mittelmeer, oder schreckten auch manchen reisigen Pilger, der nach Palästina fahren wollte, wie flammende Schwerter zurück, wie es vom hl. Olaf berichtet wird.

Ein weiterer Altar des Herakles stand auf dem heutigen Cabo São Vicente, das die Alten für den westlichsten Punkt der Erde hielten. Damals nannten sie es das *Heilige Vorgebirge (hierón ákron,* lat. *promuntúrium sacrum).* Dort brachten die Seefahrer Trankopfer dar und wälzten zum Andenken an die zwölf Arbeiten des Herakles ebensoviele Felsblöcke von einer Seite auf die andere. Der griechische Reisende ARTEMIDOROS, der alle Küsten vom Roten Meer bis zur Nordsee kannte, beschrieb um 100 v. Chr. den Vorsprung ähnlich dem Bug eines Schiffes, dessen Rammsporn durch eines der drei vorliegenden Riffe gebildet werde. *Tarf al Gharb = Spitze des Westens* hieß das Kap bei den Arabern. Nach ihrer Vertreibung baute der Infant Heinrich der Seefahrer auf der Felsnase ein Kastell; dessen Name *Sagres* erinnert an das *sacrum* in der römischen Bezeichnung. Noch lange muß aber ein natürlicher oder künstlicher Pfeiler das Kap besonders auffallend gekennzeichnet haben; denn 1460 taufte der portugiesische Kapitän Pedro de Cintra an der afrikanischen Guineaküste eine Felsnase *Cabo Sagres de Guinea,* nach der Ähnlichkeit mit dem Sagres-Felsen auf São Vicente. Dieses afrikanische Taufkind war » das von allen bisher gefundenen das höchste (Kap), in dessen Mitte ein hoher, wie ein Demant zugespitzter Felsen stand . . .« (EGLI 804 a)
Die erzenen Säulen in Gadir und auch die Pfeiler auf den genannten Klippen und Vorgebirgen gehen auf die Phöniker zurück. Ihrem *Baal = Gott* waren natürliche oder künstliche Hügel geweiht; auf ihnen standen kegelförmige Steinsäulen, die als Wohnung des Gottes galten. Dort wurden Tiere, Früchte und Trankopfer dargebracht und ekstatische Fruchtbarkeitstänze aufgeführt, bei denen man sich mit Messern Stirn, Brust und Schenkel zerschnitt; auch Menschen wurden geschlachtet. Die Erde trank das niederströmende Blut und gewann dadurch die Kraft, nach den Monaten der Dürre neues Leben im Frühling zu gebären. Die Griechen nannten einen solchen Steinkegel *báitylos,* aus semit. *bet-ēl = Haus Gottes,* d. h. Stein, in dem der Gott wohnt, oder der von dem Gott beseelt ist. Oft genug lesen wir im Alten Testament von den Baalshügeln in Kanaan, von den abtrünnigen Götzendienern aus dem Volk Israel und von den Bannflüchen der Propheten gegen sie.
Der Baal von Tyros hieß *Melkart (melek = König + kart = Stadt).* In seinem Tempel brannte ein ewiges Feuer. Statt einer bildlichen Darstellung des Gottes, die nicht geduldet wurde, standen dort zwei Säulen, deren eine mit Goldblech, die andere mit blaugrünem Glasfluß überzogen war. Melkart ist eine solare Gestalt. Gleich der Sonne schafft er neues Leben, beseitigt die schädlichen Einflüsse der 12 Tierkreisbilder (vgl. die 12

Arbeiten des Herakles) und bändigt die Sonnenglut, indem er den Löwen besiegt, das Symbol der mordenden Hitze. Doch trägt er auch selbst die Züge der zerstörenden Dürre und des fressenden Feuers; dann hat er die Gestalt des stierköpfigen Moloch, der Menschenopfer heischt, und sein heiliges Tier ist der Stier, dessen Gebrüll dem Donner gleicht.
Mit dem Vordringen der Phöniker nach Westen führt die Spur des Melkartkultes über Zypern, Rhodos, Kreta, Sizilien und Sardinien, Malta und Libyen bis nach Spanien. Auf diesem Weg vermischte sich der Mythus mit verwandten italischen, sizilischen, libyschen, iberischen und keltischen Stammessagen. Mittelpunkt für diese erweiterte Sagenbildung wurde der Melkartdienst in Gadir.
An der westlichen Durchfahrt, hinter der die Küsten nach Norden und Süden auseinanderklafften, war für die Phöniker zunächst der Rand der Welt erreicht. Geradeaus gab es nichts als den großen, die Erdscheibe umströmenden Ozean. So sahen sie in den Felsen Kalpe und Abyle die Säulen, die sich Melkart am Ende seiner Westwanderung setzte. Noch wahrscheinlicher ist, daß nicht die Berge selber als die Säulen galten, sondern nur als die Hügel, auf dem die Steinkegel des Baalskultes standen, und daß die Phöniker dort bereits alte Steinsetzungen vorfanden, die sie als Denkmale ihres Melkart auffaßten. Anlaß zu dieser Vermutung gibt der Name *abylē stēlē, abyla columna = Säule von Abyla.* Der Fels hieß auch *Abylix,* und dies leiten manche ab von iberisch *belex = schwarz.* Das ließe auf einen Meteorstein schließen, der bereits von den alten Umwohnern der Meerenge verehrt wurde. Vielleicht ist er identisch mit dem zur Legende gewordenen *Sidhi skrom = der erkaltete Herr,* der später bei Melilla stand. Es war ein stark eisenhaltiger Meteor, an dem die Rifkabylen ihre Messer wetzten, bevor sie in den Kampf zogen. Als die Spanier den Rif besetzten, brachten die Kabylen den Stein in ein unbekanntes Versteck fort.
Wie kamen diese Baalssäulen zu dem Namen des Herakles?
Gleich dem Melkart trägt auch Herakles manche Züge eines wandernden Sonnenhelden, der rastlos von einem Ende der Welt zum andern schweift, den Menschen hilft und gegen die Mächte der Finsternis streitet. Im Verlauf ihrer kolonialen Ausbreitung kamen die Griechen mit fast allen Völkern der damals bekannten Erde in Berührung; dabei fanden sie – wie vor ihnen die Phöniker – überall ähnliche Götter und Heroen vor, so daß sie zu der Überzeugung gelangten, in denselben ihrem eigenen Herakles, nur unter fremdem Namen, zu begegnen und in den dortigen Überlieferungen die Spuren seiner Weltwanderungen zu erkennen.

Wir wissen, daß die Phöniker aus Gründen des geschäftlichen Konkurrenzkampfes mit genaueren Aufschlüssen über ihre westlichen Handelsgebiete zurückhielten. Andrerseits kann kaum bezweifelt werden, daß mit den Sagenmotiven um Melkart auch eine gewisse Vorstellung von den Gegenden, in denen diese Sagen spielten, zu den Griechen gedrungen sein muß, und zwar schon früh durch den Melkartkult auf Thasos, wo sich die Elemente des phönikischen und griechischen Glaubens zuerst durchdrangen. Zum mindesten erfuhren die Griechen, daß das Meer weit draußen in der Richtung, in der die Sonne untergeht, sich zu einer schmalen Durchfahrt verengt, jenseits derer der große Weltstrom die Erde umkreist.
Zur Zeit SOLONS (etwa 640–559 v. Chr.) hatten diese Umrisse längst deutliche Formen angenommen. Um 1100 erfolgte die Gründung von Gadir; die Griechen drangen um 850 in das westliche Becken des Mittelmeeres ein und gründeten die Stadt Kyme am Vesuv, hundert Jahre später Naxos (735) und Syrakus (734) auf Sizilien. Der Dichter HESIOD (um 700) besingt den »Schoß der heiligen Inseln« beim Volk der Tyrsener, nämlich Sizilien, die Äolischen Inseln und Unteritalien, sowie die Gegend der Gorgonen im fernen Westen, wo die Hesperiden, Atlas und die Quellen des Okeanos zu finden sind. Das klingt zwar noch recht legendär; doch um 600 setzten sich die Phokäer in Massalia (Marseille) fest und dehnten ihre Handelsfahrten bis Südspanien aus; zur selben Zeit gelangte der Kapitän Kolaios aus Samos als erster Grieche durch die Meerenge nach Gadir. Der Dichter STESICHOROS, der mit SOLON fast die gleiche Lebenszeit gemeinsam hatte, weiß in seinem Epos über die Fahrten des Herakles nach Spanien genaue geographische Einzelheiten zu nennen, z. B. die »reichlich strömenden, im Silber wurzelnden Quellen des Tartessos-Flusses«, d. h. des Guadalquivir, der in der Sierra Morena entspringt, wo die reichsten Silbergruben des damaligen Jahrhunderts von den Tartessiern ausgebeutet wurden.
Nach all dem steht fest, daß den Griechen zu SOLONS Zeit um die Wende zum 5. Jh. v. Chr. die Umrisse des westlichen Mittelmeerbeckens und seine Ausmündung in den Ozean bekannt waren. Ferner zeigt unsere Kartenskizze, daß die Säulen des Herakles, fußend auf den phönikischen Baalshügeln, nie und nirgendwo anders als in der Gegend der Gibraltarstraße angenommen wurden. Ob sich SOLON und seine Landsleute unter diesen Säulen nun Vorgebirge, Inseln mit oder ohne Steinpfeiler oder die erzenen Säulen vor dem Melkart-Herakles-Tempel in Gadir vorstellten, ist für uns gleichgültig.
Wie aber steht es mit den Ägyptern? Reichte der geographische Hori-

zont der Priestergelehrten, die sich mit SOLON unterhielten, auch schon so weit nach Westen, daß sie mit den »Säulen des Herakles« dasselbe meinten wie er?

SOLONS Besuch in Sais setzt man gewöhnlich um 590 an. Gerade damals war ein seemännisches Abenteuer in aller Munde, das größte, an das man sich seit Urzeiten überhaupt erinnerte: ein paar phönikische Schiffe hatten auf ägyptischen Befehl zum ersten Mal Afrika umfahren. Der Pharao Necho schickte »Phoiniker mit einer Flotte aus und gab ihnen den Auftrag, den Rückweg durch die Säulen des Herakles zu nehmen und also durch das Mittelmeer nach Ägypten zurückzukehren. So fuhren die Phoiniker durch das Rote Meer nach Süden . . . im dritten Jahr bogen sie bei den Säulen des Herakles in das nördliche Meer ein und gelangten nach Ägypten.« (HERODOT IV 42)

Necho regierte 609–593; die Afrika-Umsegelung geschah also wenige Jahre vor SOLONS Aufenthalt in Sais. Natürlich konnte Necho eine solche Expedition nur deshalb planen und anordnen, weil die Ägypter längst über den westlichen Zugang zum Ozean unterrichtet waren. Wie lange schon?

Die Verbindung mit den Phönikern reicht wahrscheinlich bis in die prädynastische Zeit zurück. In der klassischen Ära des Alten Reiches zwischen 2600 und 2500 bezogen die Pharaonen aus dem Libanon Zedernholz für ihren Schiffsbau und Totenkult. Seither riß die Verbindung nicht mehr ab; phönikische Seeleute bildeten den Kern der ägyptischen Flotten im Mittelmeer und im Roten Meer. Was die großen Westfahrten der Phöniker betrifft, so lesen wir im Alten Testament bei der Schilderung der Reichtümer Salomos von den Tarschisch-Flotten des Königs Hiram von Tyros:

»Der König (Salomo) hatte Schiffe, die mit den Leuten Hirams nach Tarschisch fuhren. Jeweils einmal in drei Jahren kamen die Tarschisch-Schiffe und brachten Gold und Silber, Elfenbein, Affen und Perlhühner.« (2 Chron. 9, 21; ähnl. 3 Kön. 10, 22)

Tarschisch = Tartessos ist die schon erwähnte Handelsmetropole der Bronzezeit an der Atlantikküste Spaniens. Hiram herrschte etwa 970–936; er war ein Freund Davids und Salomos. Es ist kaum anzunehmen, daß die Pharaonen von dieser Westroute nichts wußten, bestanden doch auch zu Salomo handels- und sogar familienpolitische Beziehungen: eine Tochter des Pharao hatte Salomo in seinem Harem als Hauptfrau. Um 800 war die Tarschisch-Route nichts Außergewöhnliches mehr; vom Propheten Jonas z. B. heißt es, er »begab sich nach

Japho (Jaffa) und fand dort ein Schiff, das nach Tarschisch fuhr.« (Jon. 1, 3)

Nun waren die Phöniker keineswegs die ersten, die aus dem Osten bis zur Gibraltarstraße vordrangen. Die Geschichte mit dem Orakel, das die tyrische Expedition zu den »Säulen« veranlaßt haben soll, ist doch wohl so aufzufassen, daß die Tyrier durch andere Seevölker von diesem Ausgang in den Ozean erfuhren und, nach Befragung ihres Stadtgottes Melkart, sozusagen im Kielwasser ihrer Vorgänger die ersten Vorstöße nach Westen unternahmen. Die Kunde, die sie dorthin lockte, muß eine sehr bestimmte gewesen sein, auch über den Seeweg und mögliche Zwischenlandepunkte; denn von Anfang an war Tarschisch das Ziel der Tyrier. Das erweist sich daraus, daß Sizilien, Malta, Gaulos (= Gozzo), Kossura (= Pantelleria) und die Buchten an der Atlasküste anfangs nur als Anlege- und Verproviantierungsplätze auf dem langen Weg benutzt wurden. Erst nachdem die Tarschischfahrten in Gang gekommen waren, wurden einige der Zwischenstationen zu selbständigen Ansiedlungen ausgebaut. Die Gründungen im fernen Westen sind sämtlich älter als die heimatnäheren Orte. So ist Gadir (um 1100) älter als Utika (nahe dem späteren Karthago), das um 1700 km Küstenfahrt heimatnäher liegt. Noch weiter draußen lag Onoba; dort landeten die Tyrier angeblich noch vor der Gründung Gadirs. Ebenso soll die phönikische Station bei der alten Libyersiedlung Lixos (Larache = el Araisch an der Atlantikküste Marokkos) älter gewesen sein als Gadir. Die Tyrier haben von vorneherein Tarschisch gezielt angesteuert und die mächtige Handelsstadt ebenso gezielt von Norden und Süden in die Zange genommen.

Wer waren diese Vorgänger der Phöniker?

Da stoßen wir zunächst auf die sog. »Seevölker«, die gegen Ende des 13. Jh. und noch Jahrzehnte über die Jahrhundertwende hinaus vom Balkan und von Kleinasien her das Mittelmeer in seiner ganzen Länge überfluteten. Unter ihnen befanden sich die Tyrsener, die um 1150 Tartessos gründeten, also lange vor den Tyriern die Meerenge durchfuhren und darüber hinaus sogar bis Madeira in den offenen Ozean vorstießen.

Doch vor den Tyrsenern hatte bereits ein anderes Seevolk den Ozean erreicht: die Kreter. Auf dem Höhepunkt der minoischen Glanzzeit um 1600 finden wir kretische Stadt- und Landschaftsnamen auf dem Boden Italiens, Siziliens, Sardiniens und Südfrankreichs (Massalia = Marseille z. B. ist wahrscheinlich nach dem Fluß Massalias auf Kreta benannt). Kretische Kupferbarren und Geld in Form der kretischen Doppelaxt wurden in Italien und Südfrankreich ausgegraben. Am stärksten zeigt sich der Einfluß in dem Stierkult, den schon DIODOR (IV 18) für das

vorgeschichtliche Spanien bezeugt; die kultischen Stierkämpfe aus Kreta haben sich bis heute in Gestalt der südfranzösischen und spanischen Stierkämpfe erhalten.
Doch schon die vorminoischen Kreter um 2200 besaßen seetüchtige Segler mit einem Mast und 15 Riemen an jeder Seite; nach Abbildungen auf Tonscherben und Siegeln berechnet man die Rumpflänge auf 21 m. Und aus diesem 3. Jahrtausend erscheinen spanische Kupferdolche auf Kreta!
Was aber hat das alles mit dem geographischen Horizont der Ägypter zu tun?
Nun, diese standen schon im Mittleren Reich (rund 2000–1800) in enger Handelsverbindung mit der großen Insel im Norden. Unter Tutmose I. (um 1520) war der Verkehr mit den *Keftiu = Bewohnern Kretas und der Ägäis* so regelmäßig, daß die Schiffe, die auf dieser Route eingesetzt waren, als *keftiu = Kretafahrer* bekannt wurden. Die Kulturen durchdrangen sich gegenseitig. Unter Amenhotep III. (1401–1362) waren im Palast der Seekönige von Knossos ägyptische Industrieerzeugnisse im Gebrauch. Religiöse Zeremonien aus Ägypten fanden in Kreta Eingang: auf einer kretischen Vase sehen wir, wie ein ägyptischer Priester einer Prozession von Eingeborenen voranschreitet. Die vorgriechische Schrift Kretas scheint Spuren ägyptischen Einflusses aufzuweisen. Keftiu-Leute verkehrten in den Straßen von Theben und verhandelten ihre eingelegten Bronzen und verzierten Gefäße. Mit den Keftiu kam damals eine solche Menge Silber ins Land, daß ein Kurssturz eintrat und das bisher so seltene und kostbare Metall zum gewöhnlichen Zahlungsmittel herabsank.
Die Kreter nahmen aus dem Nilland leicht zu tauschende Handelsware an Bord, um sie im Westen gegen die Metallschätze Spaniens einzuhandeln; so erschien z. B. um 1200 eine eigentümliche Art blauer ägyptischer Fayenceperlen sowohl in Kreta als auch in Südspanien. Noch weiter zurück, schon um 3000, vor und seit den ersten Dynastien Ägyptens, tauchen in Almeria, bei den ältesten Bergwerken Spaniens, Gegenstände auf, die sich außer in Spanien häufiger nur noch in Ägypten finden: eigenartige Armbänder aus Muscheln, Halsketten aus den Rückgratwirbeln bestimmter Fische sowie charakteristische Tongefäße. Umgekehrt kam die Erfindung, das Kupfer durch Zusatz von Zinn zu Bronze zu härten, aus Südspanien nach dem Orient, wo zuerst in Ägypten um 2700 die Kupfer-Zinn-Bronze auftritt. Da die Ägypter selbst keine großen Seefahrer waren, müssen kretische Händler die Zwischenträger gewesen sein.

Bei dieser Sachlage wäre es doch töricht, den ägyptischen Priestergelehrten im allgemeinen und denen des Lebenshauses zu Sais im besonderen einen entsprechenden geographischen Westhorizont absprechen zu wollen.

Zu dieser Stelle muß eine Notiz bei DIODOR (III 73) auffallen; er spricht von *drei* Heroen der Vorgeschichte, die mit der Meerenge und den dortigen »Säulen« in Verbindung gebracht werden:

»Der älteste Herakles war nach der Sage (der Libyer) *in Ägypten geboren; er setzte die Säule in Libyen,* nachdem er einen großen Teil der bewohnten Erde mit den Waffen erobert hatte. Der zweite stammt aus *Kreta* . . . Der letzte lebte kurze Zeit vor dem Trojanischen Krieg und war der *Sohn des Zeus* (d. h. der bekannte Held der 12 Arbeiten) . . . Nachdem er alle Kämpfe überstanden hatte, *setzte er die Säule in Europa* . . . Er erbte in der Folgezeit die Taten seiner Vorgänger, als ob es nur *einen* Herakles im ganzen Altertum gegeben hätte.«

Über die Bedeutung dieser Notiz scheint sich noch niemand Gedanken gemacht zu haben, ganz sicher aber nicht im Zusammenhang mit dem Atlantisproblem. Der »älteste Herakles« aus Ägypten ist *Chonsu = der Durchwanderer,* ein sehr alter Mondgott von Theben. Auch dieser bekämpft als gewaltiger Held die bösen Mächte, um sie mit seinem Sichelschwert (Mondsichel!) dem König im Himmel als Opfer abzuschlachten. Bald machten die Thebaner den Chonsu zum Sohn ihres Himmelsgottes Atum und verliehen ihm die Rolle des *Himmelsträgers* bei der Weltschöpfung. Dieselben Motive wiederholen sich bei dem griechischen Herakles, der auf seinen Wanderungen die Schurken und schädlichen Bestien ausrottet und auch einmal von Atlas das Tragen des Himmels übernimmt, so daß die Griechen den ägyptischen Chonsu mit ihrem Herakles gleichsetzten.

Die Bemerkung, der »ägyptische Herakles« habe die *Säule in Libyen* errichtet, läßt uns besonders aufhorchen; denn Chonsu weist vielfältige Verknüpfungen mit dem libyschen Westen auf. In dem uralten Lokalkult des Fayum gilt Chonsu als Sohn des Krokodilgottes Sobek, der wiederum als Sohn der libyschen Hochgöttin Neith verehrt wurde. Dieser Sobek tritt schon in den Pyramidentexten als Herrscher libyscher Gaue auf und wird als *Herr von Bachu* angesprochen (Pyr. 455/56). Dieses *Bachu* heißt in älteren Texten *Land des Sonnenuntergangs; in ihm erhebt sich einer der Berge, auf denen der Himmel ruht.* Bisher glaubte man, sich im allgemeinen nur auf die westlichen Ränder des libyschen Wüstenplateaus um das Fayum beschränken zu müssen; sollten wir aber jetzt nicht doch weiter ausgreifen und an den schon oft genannten *Dschebel Te-*

bagha am Tritonsee denken? Nach Abzug des berberischen Präfix *te-* bleibt als Namenskern *bagha* übrig. Das gleicht nicht nur lautlich dem äg. *bachu;* der Dschebel Tebagha bildet, wenn man an der Küste entlangzieht, auch die erste Stufe zu dem großen Westgebirge Libyens, das wir heute Atlas nennen.

Infolge seiner kämpferischen Eigenschaften wurde Chonsu auch als eine Gestalt des Falkengottes Horus von Edfu betrachtet. Dort nannte man ihn *Chonsu in Edfu, der sein geheimes Bild in seinem Obelisken (benben) verbirgt.* Der Obelisk, in seiner Urform *benben* ein kegelförmiger Steinfetisch, stand im Allerheiligsten des Chonsu-Tempels in Edfu und galt als Sitz des Mondgottes, der in ihm geborgen sei (vgl. die phönikischen Baalssäulen!).

Der gesamte Komplex – Chonsu als großer Weltwanderer und Bekämpfer böser Mächte, verbunden mit der Gottheit des libyschen Westberges Bachu und in einem Steinpfeiler versinnbildlicht – dieser gesamte Komplex schlägt eine starke Gedankenbrücke zu DIODORS Bemerkung, daß *ein ägyptischer Herakles die Säule in Libyen setzte,* d. h. die südliche Säule auf dem Felsen bei Céuta. Und ich frage mich, ob darin nicht die Erinnerung an eine solche Steinsetzung steckt, die von vorgeschichtlichen Ägypto-Libyern (vgl. den Falken-Clan des alten Horus!) am Endpunkt ihrer Westwanderung aufgerichtet wurde, lange bevor die minoischen Kreter oder gar erst die Phöniker bis an dieses Ende der Welt vordrangen . . .

Bleibt noch nachzutragen, daß die Griechen selber wußten, daß die »Säulen des Herakles« früher andere Namen trugen, nämlich *Säulen des Briáreos* und davor noch *Säulen des Kronos.*

Der Erstgenannte, *Briáreos, Obriáreos = der Starke, Wuchtige,* ist ein hundertarmiger Riese, Sohn des Uranos und der Gaia und damit ein Bruder der Titanen. HOMER (Il. I 401) sagt von ihm: Der Hundertarmige, »den die Götter Briáreos nennen, aber Aigaion sagen die Menschen«; das deutet auf einen Wasserriesen, den die späteren Seefahrer der Ägäis aus einem fremden Urzeitmythus übernahmen und nach ihrem Meer benannten. Vielleicht trifft die Vermutung zu, daß die kretische Kunst mit ihrem beliebten Motiv des Tintenfisches die Vorstellung von dem schreckenerregenden Aussehen des Wasserungeheuers mit hundert Armen angeregt hat.

Auf jeden Fall gehört er als *Titane* in den Schöpfungsmythus der *Atlanter.* Dasselbe trifft für *Kronos* zu, und damit stehen die *Säulen des Herakles* als vorherige *Säulen des Briareos* und noch frühere *Säulen des Kronos* mit ihren Fundamenten mitten in der atlantischen Urzeit.

Nach all dem halte ich es einfach für absurd, die »Säulen« nach der Nordsee oder auf die Peloponnes oder sonst wohin versetzen und uns außerdem glauben machen zu wollen, in den Original-Papyri der Priester von Sais hätten die »Säulen« noch gar nicht enthalten sein können . . .

»Die Insel aber war größer als Libyen und Asien zusammen . . .«

Ein riesiger Erdteil also? Lange Zeit hat man es geglaubt. Daß eine so gewaltige Ländermasse spurlos verschwinden konnte, wagte freilich niemand zu behaupten. Sie mußte einige Trümmer zurückgelassen haben; als solche betrachtete man die Azoren, Madeira, die Kanarischen und Kapverdischen Inseln und auch Amerika. Diese Landgebiete seien die über den Wasserspiegel herausragenden Reste der Atlantis, die einst die volle Breite des Atlantischen Ozeans eingenommen habe und nunmehr den Boden des genannten Meeres bilde. – Erst im kritischen 19. Jh. wies der Franzose THOMAS HENRI MARTIN (1841) auf die Unwahrscheinlichkeit hin, daß ein Land von so ungeheurer Ausdehnung plötzlich versunken sei. Vor allem gilt bis heute der Einwand, daß größere Veränderungen der Erdkruste nicht plötzlich stattfinden, sondern in geologischen Zeitmaßen vor sich gehen, d. h. in Jahrmillionen und für den Menschen unmerklich.

Inzwischen haben die Historiker längst erkannt, daß man die antiken Begriffe *Libyen / Asien* nicht mit unseren modernen Kontinenten gleichsetzen darf, sondern wesentlich kleinere Maßstäbe anlegen muß. Aber welche? PLATONS Angabe *größer als Libyen und Asien zusammen* ist zunächst recht unbestimmt:

»Was man mit ihr anzufangen hat, hängt offenkundig von Platos Vorstellungen von der Größe Libyens und Asiens ab – Vorstellungen, von denen wir keine hinreichenden Kenntnisse besitzen. Doch wahrscheinlich dachte Plato an eine Landmasse, die so groß war, wie Nordafrika und Kleinasien zusammengenommen.« – (J. V. LUCE, Atlantis, Legende und Wirklichkeit, 1969).

Dem kann ich nicht zustimmen. Nicht PLATONS Erdbild steht zur Debatte, sondern das, *was die Priester von Sais unter den Begriffen Asien und Libyen nach dem ägyptischen Sprachgebrauch verstanden bzw. was in ihren alten Papyri damit gemeint war;* denn auf diese gehen doch die geographischen Angaben zurück.
Als um 700 v. Chr. griechische Kolonisten an der Küste von Barka landeten und die Stadt Kyrene gründeten, trafen sie dort auf die *Libu (Lebu, Lubu)*. Bei den Ägyptern erscheint diese Völkerschaft mit Wechsel *r/l* als *Rebu;* die hebräische Geographie kennt sie als *Lubun, Lubim, Lehabim.* Die Griechen hingen ihre Endungen an das Stammwort an:

Einzahl *Liby-s,* Mehrzahl *Liby-es.* Diese Libyer hausten, teils seßhaft, teils als Viehnomaden, im Hochland von Barka und an den umliegenden Wasserlöchern der Kyrenaika und Marmarika, und nichts anderes als diesen kleinen Ausschnitt Nordafrikas umfaßte der älteste griechische Begriff *Liby-e = Libyen.* Erst im Lauf ihrer weiteren Ausdehnung übertrugen die kyrenischen Griechen den Namen ihrer nächsten Nachbarn auch auf deren umwohnende Stammverwandte und dann auf den Erdteil überhaupt. HERODOT (um 450) verstand unter Libyen bereits das ganze damals bekannte Afrika nördlich der Sahara bis zum Ozean.

Das *Rebu = Libyen* der Ägypter war ursprünglich noch viel enger gefaßt. Es bezeichnete nur das überwiegend von Libyern besiedelte westliche Randgebiet des Deltas links des kanobischen Nilarms, zwischen dem Küstensumpf Mareótis (bei dem heutigen Alexandria) und dem Steilhang des Wüstenplateaus, also nicht mehr als etwa den »westlichen Harpunengau« des alten Ägypten = die spätere Provinz Mareótis. Das kriegerische Hin und Her bei der Abwehr größerer Nomadeneinfälle bezog dann auch die weiter westlich liegenden Steppenstriche mit ein. Vielleicht können wir sagen, daß dieses erweiterte Libyen der Ägypter etwa dem heutigen Weidegebiet der Uled Ali-Beduinen entspricht, d. h. dem gut bewässerten Küstenstreifen bis zur Bucht von Sollum und einigen Brunnen auf dem Wüstenplateau, wohin die genannten Beduinen heute noch ihre Herden zur Sommerweide hinauftreiben.

Ähnliche Einschränkungen gelten für den Begriff *Asien.* Man leitet ihn her von assyrisch *asu = Aufgang (der Sonne);* er bezog sich aber in der Frühzeit nur auf das *vordere Kleinasien,* wo um 700 eine assyrische Dynastie herrschte.

Der ägyptische Wortschatz kennt den Namen *Asien* überhaupt nicht. An seiner Stelle steht *site-t;* dessen frühes Vorkommen in den Pyramidentexten beweist, daß es sicher von den semitischen Wanderwellen stammt, die in vorgeschichtlicher Zeit über die Halbinsel Sinai in das Delta hereinfluteten. Es entspricht dem assyrisch-babylonischen *situ = das Herausgehen, d. h. Aufgang der Sonne.* Unter diesem »Morgenland« wird sich der damalige Ägypter wohl nicht viel mehr vorgestellt haben als die Sinai-Wüste, die hinter den Bitterseen in den graugelben Schwaden der Hitze mit dem östlichen Himmel verschwimmt. So bringt es z. B. auch ein alter Zauberpapyrus zum Ausdruck; darin wird eine Krankheit verflucht: »Fließe aus, du diese *Asiatin, die aus der Wüste kommt!*« (ROEDER Urk. 117)

Der zweite Ausdruck *am = Asien, Asiate, amu = Asiaten* erweitert das Gesichtsfeld auf das nordwärts anschließende Küstengebiet; *am* heißt

nämlich auch *Semit* und *Syrer*. Das Wort *am* = *Asien* umgreift also nichts anderes als die von den Ägyptern zeitweise eroberten Küstenländer im Ostbogen des Mittelmeeres: den heutigen Gaza-Streifen, Palästina westlich des Jordans, den Libanon und das küstennahe Syrien. Sicher haben die Ägypter ihr *amu* = *Asien, Asiaten, Semiten, Syrer* aus dem westsemitischen *ammi* = *Völker, Stämme* entliehen, das seinen Weg auch in die assyrischen Keilschriften gefunden hat.
Wenn SOLON in seinen Notizen diese ägyptischen Namen mit *Asien* übersetzt, benutzt er mit Recht den Begriff, den die griechischen Seefahrer der Kolonialzeit um 700 als Bezeichnung einer Fahrtrichtung gebrauchten: *Asiē* bedeutete ihnen soviel wie *Osten*, d. h. die nach Osten zu gelegenen Küsten, zunächst der Ägäis, dann des östlichen Mittelmeerbogens. SOLON mag wohl auch das vordere Kleinasien in seine Vorstellung mit einbezogen haben, da er vor seinem Besuch in Sais Gast des Königs Kroisos von Lydien war; doch das ist für unsere Rekonstruktion nicht bindend, da wir lediglich die Vorstellungen der Ägypter, nicht aber SOLONS (oder gar PLATONS) zu beachten haben.
Wenn wir nur wüßten, aus welchem Jahrhundert oder Jahrtausend die Atlantis-Papyri von Sais bzw. deren Quellen stammen! Dann könnten wir auch festlegen, was man zu jenen Zeiten jeweils unter *Libyen / Asien* verstand, und auf dieser Grundlage eine Flächenberechnung der Atlantis-Insel vornehmen. Dennoch glaube ich, daß wir imstande sind, gewisse Grenzwerte zu fixieren, innerhalb derer man die Größenordnung der Insel ansetzen muß:

Unterer Grenzwert (ungefähre Zahlen im Vergleich mit europäischen Staaten):

»Libyen«	= Mareotis	=	2 500 qkm	= Luxemburg (2586 qkm)
»Asien«	= Sinai + Negev	=	60 000 qkm	= Belgien (30 513 qkm) + Niederlande (36 621 qkm)

Ergebnis I: Atlantis = Fläche der heutigen Beneluxstaaten.

Oberer Grenzwert: (w. o.)			
»Libyen«	= Küstenstreifen bis Sollum	= 40 000 qkm	= Dänemark (43 031 qkm)
»Asien«	= Küstenländer im Ostbogen des Mittelmeeres	= 200 000 qkm	= 2 x Island (2 x 102 819 qkm)

Ergebnis II: Atlantis = Fläche von zweieinhalb mal Island.

Wahrscheinlich sind beide Ansätze noch zu hoch, da man wohl einen Teil der Sinai-Halbinsel abziehen muß; die Ägypter kannten praktisch nur den Küstenstreifen am Mittelmeer (Handelsstraße nach Palästina) und die Randgebiete im Westen (an den Bitterseen und an der Küstenstraße zu den Malachit- und Kupfergruben im Sinai-Gebirge). Die riesige Wüste im Innern mit ihren wenigen Wasserlöchern entzog sich wohl ihrer genaueren Vorstellung. Ich persönlich denke mir die Fläche der Atlantis-Insel zwischen den ungefähren Grenzwerten 30 000 qkm (etwa Belgien + Luxemburg) und 200 000 qkm (etwa zweimal Island oder dreimal Irland).
Damit hätten wir, so meine ich, zum ersten Mal ein *historisch tragbares, fundiertes Bild* von den möglichen Größenverhältnissen, bei denen auch die Zerstörung und Versenkung durch eine geologische Katastrophe nicht mehr so ausgeschlossen erscheint wie bisher.

Atlantis herrschte ». . . über Teile Europas bis nach Tyrrhenien.«

Europē hieß eine phönikische Prinzessin, die einst von Zeus nach Kreta entführt wurde. Der Gott hatte in der Gestalt eines Stiers das Mädchen auf den Rücken genommen und war mit der schönen Beute über das Meer geschwommen. – Den historischen Hintergrund bildet ein Überfall ägäischer Seewölfe auf Tyros. HERODOT (I 2) erwähnt, daß »Hellenen unbekannter Herkunft«, wahrscheinlich »Kreter«, die Königstochter aus Tyros entführt hätten. Der Geschichtsschreiber MALALAS aus Byzanz (chron. II) bestätigt die Notiz: »Tauros (Stier), König von Kreta, überfiel Tyros während der Abwesenheit Agenors (des Königs) und seiner Söhne. Er eroberte die Stadt am gleichen Abend und machte viele Gefangene, darunter Europa. Dieses Ereignisses wird in Tyros alljährlich in dem »Unglücklichen Abend« gedacht.« – Natürlich trug keine Phönikerin den griechischen Namen *Europē;* dieser bedeutet *breitgesichtig* und bezog sich auf die Mondgöttin Astaroth der Westsemiten. Einige Historiker meinen, die Entführung der Europa durch den Zeusstier sei die mythische Einkleidung jenes Überfalls auf Tyros, bei dem das Idol der Astaroth aus dem geplünderten Tempel gerissen und auf einem der Raubschiffe, die das Symbol Kretas, den Stierkopf oder die Stierhörner, als Verzierung am Bug trug, über das Meer nach der genannten Insel verschleppt wurde. – Auch in Kleinasien gab es Bilder einer nackten Göttin, die auf dem Rücken eines Stieres steht.

In Wirklichkeit liegt der Ursprung des Namens *Europa* wohl bei den Begriffen *asu = Sonnenaufgang, Osten* und *ereb = Sonnenuntergang, Westen,* die in assyrischen Inschriften einander gegenübergestellt werden. Wie erwähnt, geriet um 700 v. Chr. fast das ganze Kleinasien einschließlich Lydiens unter den Einfluß des assyrischen Großreiches. Am Ägäischen Meer aber, wo sich die beiden Himmelsrichtungen als scharf abgegrenzte Küsten gegenübertreten, lag der Gegensatz von Morgen- und Abendseite am augenfälligsten vor den Betrachtern. So übernahmen die Umwohner den Begriff *asu = Morgenseite* für Lydien und *ereb = Abendseite* für das gegenüberliegende Hellas. Anfangs waren damit sogar nur einzelne Landschaften gemeint: Thrakien, Mittelgriechenland (bei HOMER) oder Epirus. Erst im Zusammenhang mit den Perserkriegen (492–449 v. Chr.), also mit der Notwendigkeit zur politischen Einigung und Abwehr, ist der Name *Europa* auf das ganze griechische Festland ausgedehnt worden. Allerdings bezeichnete *Europē* schon bei den griechischen Seefahrern der Kolonialzeit seit dem 8. Jh. eine der drei großen Fahrtrichtungen: *Asien = Ost, Libyen = Süd, Europa = West.* Daraus ergab sich bald die Gleichung Europa = alles Land nördlich des Mittelmeeres zwischen den Säulen des Herakles im Westen und dem Tanais (Don) im Osten; das Hinterland jenseits der Skythen, die großen ukrainischen Flüsse, sowie das Europa nördlich der Alpen und Pyrenäen blieben dagegen noch lange im Dunkel und interessieren hier nicht.
Den Ägyptern war der Name *Europa* fremd. Ihr »Abendland« *(amenti, manu)* umfaßte die Gegend westlich des Deltas und die Wüstensteppe dahinter, wie sich ihr »Morgenland« auf den Sinai und die anschließenden Küstenstriche beschränkte.
Jenseits des Meeres im Norden kannten sie außer *Kefti = Kreta* nur ein paar schattenhafte Randstriche, an denen sie kein unmittelbares Interesse hatten. Dort lagen die *ru-u = Inseln des Meeres, die Fremdländer,* die Gegend der *haunebut = der vielen Herrscher,* im Gegensatz zu dem Einheitsreich am Nil. Später verstand man unter den Letzteren besonders die Griechen; so hieß das Ägäische Meer *uad-ur hau-nebut = Grün-groß (d. i. Meer) der vielen Herrscher* (*d. i. der Griechen* mit ihren unzähligen Insel- und Stadtstaaten).
Im ganzen gesehen, bedeuten diese *ru-u = Inseln, Fremdländer* also dasselbe wie *Europē* für die frühen Griechen, nämlich die südlichen Inseln und Landspitzen bzw. Randgebiete unseres Kontinents, insbesondere in der Westhälfte des Mittelmeeres. Der Name *Europē* aber kann noch nicht in den Originalpapyri des Lebenshauses von Sais gestanden haben; sie gehen ja auf uralte Quellen zurück, in denen es diesen Begriff noch

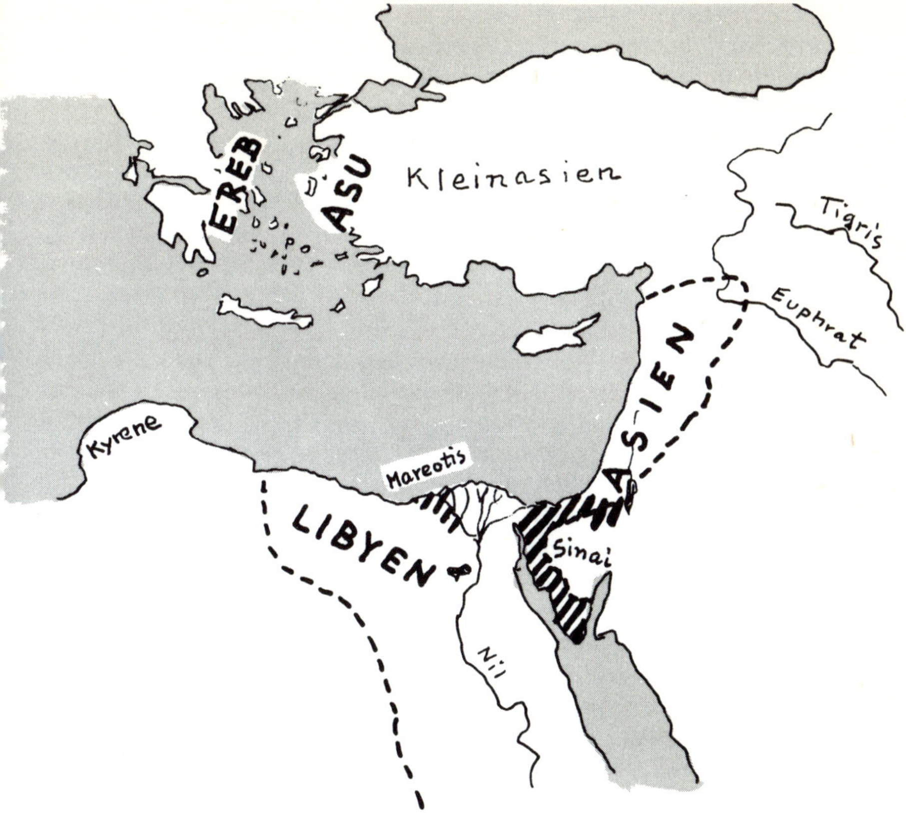

nicht gab, so wenig wie *Asien* . . . und vielleicht auch so wenig wie *Tyrrhenien:*
Über die Herkunft der *Tyrrhener,* griech. *Tyrrhe-noi,* älter *Tyrse-noi,* streiten sich die Gelehrten bis heute (1974). Nach HERODOT (I 94) waren sie ein Teil der Lyder in Kleinasien; von einer langjährigen Hungersnot getrieben, wanderten sie aus und erreichten nach mancherlei Irrfahrten über See die Küste Umbriens in Italien, wo sie neue Wohnsitze gründeten. Die meisten Historiker vertreten die Ansicht, daß damit die Wirren der sog. Ägäischen Wanderung im 13./12. Jh. v. Chr. angesprochen werden, in deren Sog neben vielen anderen Stämmen auch die Tyrsener mitgerissen wurden. Ihren Namen leitet man ab von der Stadt *Tursa* in Lydien; in den ägyptischen Schriftquellen der 19. Dynastie erscheinen sie als *Turscha* im Bund mit den »Völkern von den Inseln des

Meeres«. Diese brandeten nach 1230 in mehreren Wellen gegen das Delta heran und konnten erst 1170 von Ramses III. in einer mörderischen Land- und Seeschlacht endgültig zurückgeschlagen und nach Westen abgedrängt werden, wo ihre versprengten Haufen auf Sardinien, in Nordwest-Italien und in Südwest-Spanien neue Heimstätten eroberten. (SCHULTEN, Tartessos, Kap. 2)
Andere Gelehrte glauben, die Tyrrhener (röm. = *Etrusker*) seien ein altmediterranes Volk, das schon vor den Indogermanen in Italien ansässig war, ja, daß der Begriff *Tyrrhenien* seit Urzeiten den gesamten Küstenumkreis des heutigen Tyrrhenischen Meeres einschließlich der Iberischen Halbinsel umfaßte. (KARST 80 ff.)
Im Hinblick auf den Atlantisbericht mag man beide Theorien für annehmbar halten; zur Zeit SOLONS jedenfalls hatten die saitischen Priestergelehrten mindestens seit dem Ansturm der »Seevölker« um 1200, also seit 600 Jahren, Kenntnis von den Turscha-Tyrrhenern auf den Inseln und an den Gestaden des Meeres nördlich von Libyen.
Ich persönlich denke an etwas anderes. Mit dem griech. *Europē* hat SOLON wohl sicher das ägyptische *ru-u* wiedergegeben, das räumlich ungefähr dasselbe bedeutet, insbesondere die europäischen Inseln und Festlandsränder um das westliche Mittelmeer. Nun spricht der Text (TIMAIOS 25 a/b) davon, daß Atlantis »Teile Europas bis Tyrrhenien« beherrschte. Übersetzen wir aus dem griechischen Text das *merós = Teil, Anteil* in das ägyptische *tu- = Anteil* (Pyr.) oder *ti- = Teil* (Demot., Gräbertexte) zurück und setzen *Europē = ru-u,* dann standen im saitischen Atlantis-Papyrus die obigen Wörter als *tu-ru-u, ti-ru-u* nebeneinander. Das würde erklären, daß SOLON aus dem ägyptischen *turuu, tiruu* das griech. *tyrrhe-* heraushörte und auf die *Tyrrhe-noi* seiner Zeit bezog, zumal es sich zufällig um dieselbe westliche Gegend handelte. So gesehen, ist gegen SOLONS bzw. PLATONS Atlantistext auch von dieser Richtung her nichts Negatives einzuwenden.

Übrig bleibt jetzt noch die Kunde von *»anderen Inseln«* hinter Atlantis, die eine Brücke bildeten zu einem *»jenseitigen Festland, das jenen wahren Ozean begrenzt«*. Was ist damit gemeint? Stoßen wir da auf die älteste Nachricht von *Amerika?*
Doch das ist ein Rätsel, das sich nicht auf einigen Seiten lösen läßt; seine Behandlung erfordert eine neue, umfangreiche Studie, ein neues Buch über das *Problem einer vorgeschichtlichen Ozeanschiffahrt* . . .

Das Datum 9600 v. Chr.

»Völlig undiskutabel ist der von Platon angegebene Zeitansatz.« (W. BRAY u. D. TRUMP, A Dictionary of Archaeology, 1970). – Das betrifft die Angabe 9000 Jahre vor SOLON für den Atlanterkrieg und die Katastrophe. – Wie man damit in der Praxis vonseiten ernster Wissenschaftler umgesprungen ist, zeigen stellvertretend für viele andere die schon bekannten Theorien von TARTESSOS, HELGOLAND und THERA: SCHULTEN zieht runde 9000 Jahre ab (Untergang von Tartessos um 500 v. Chr.), SPANUTH runde 8400 Jahre (»Seevölkersturm« um 1200 v. Chr.) und der THERA-KREIS runde 8100 Jahre (Vulkankatastrophe um 1500 v. Chr.). – Wir wollen einmal nachprüfen, was wirklich »indiskutabel« ist: PLATONS Angaben, oder die verschiedenen Zeitberechnungen mancher Atlantis-Forscher.

Der Atlantisbericht enthält drei Zeitangaben:

1. Der Staat der Ur-Athener wurde von Athene = Neith 1000 Jahre früher gegründet als der ägyptische Staat (von Sais), dessen Alter »in der geweihten Schrift auf 8000 Jahre angegeben ist«. (TIMAIOS 23 e. – Summe 9000 Jahre bis zur Begegnung SOLONS mit den Priestern)
2. »Von deinen vor 9000 Jahren lebenden Mitbürgern will ich dir berichten . . .« sagt SONCH zu seinem athenischen Gesprächspartner. – (TIMAIOS 23 e)
3. Beide Zeitangaben werden im Großbericht nochmals erhärtet: »Vor allem wollen wir uns erinnern, daß zusammengenommen 9000 Jahre verstrichen sind, seitdem der Krieg . . . zwischen den Menschen außerhalb der Säulen des Herakles und denen innerhalb derselben stattfand . . .« (KRITIAS 108 e)

Alle drei Daten ergeben ab SOLON (um 600 v. Chr.) zurückgerechnet nach unserem Kalender die Zeit um 9600 v. Chr. (nicht 9400, wie oft falsch ab PLATON zurückgerechnet wird).
Erinnern wir uns an die libysche Tradition, wonach es vor dem griechischen Herakles der mykenischen Zeit noch zwei andere Helden gab, deren Taten später auf ihn übertragen wurden und unter seinem Namen fortlebten: einen »Herakles« aus Kreta und einen noch älteren aus Ägypten (DIODOR III 73). Dieser »ägyptische Herakles« ist identisch mit dem Gott *Chonsu = Durchwanderer.* Von dessen Taten besitzen wir nun eine interessante Zeitangabe:
»Auch Herakles, der Held, der einen großen Teil der Welt durchzog und die Säule in Libyen setzte, ist ein Ägypter von Geburt . . .« und von seinen Taten ab *»zählt man in Ägypten mehr als 10 000 Jahre . . .«* (DIODOR I 24). DIODOR, der diese Zeitberechnung von seinen damaligen

ägyptischen Gesprächspartnern selbst erhielt, lebte kurz vor Christi Geburt; wir können also das genannte Datum als rund 10 000 v. Chr. übernehmen.

Warum ist dies so bedeutsam?

Das gesamte Bündel von Überlieferungen über die sog. »Herakleszüge« nach dem ozeanischen Westen ist wiederholt verknüpft mit Hinweisen auf geologische Umbrüche: die Vernichtung der Amazonen in Libyen geht einher mit der Erdbebenkatastrophe am Tritonsee, wo sich das Land spaltete und die Wasser über die Seeufer ausbrachen; ganz im Westen konzentrieren sich die Katastrophenhinweise auf die Gibraltarstraße, die von »Herakles« durch Auseinanderreißen der beiden Kontinente erst gebildet oder auch zeitweise wieder aufgefüllt wurde.

Der Einbruch der Landbrücke von Spanien nach Marokko und die Herausbildung der jetzigen Küstenlinien erfolgte, wie an anderen Stellen des Mittelmeeres, mit der Wende von der Eiszeit (Diluvium) zur geologischen Gegenwart (Alluvium). Als Datum findet man in jedem historischen Schulatlas die runde Jahreszahl 10 000 v. Chr. angegeben.

Der Schauplatz der Atlantiskatastrophe lag nach dem Ortshinweis der Priester von Sais »vor der Meerenge, die ihr (die Griechen) jetzt Säulen des Herakles nennt«, d. h. westlich der Straße von Gibraltar. Die Katastrophe fand, von Solon aus zurückgerechnet, »vor 9000 Jahren« statt, d. h. nach unserer Zeitrechnung um 9600 v. Chr.

Stellen wir die drei Daten nochmals nebeneinander:

Atlantis: Krieg und Katastrophe:	um 9 600 v. Chr.
»Herakles«: Kriegszüge und Katastrophen:	um 10 000 v. Chr.
Geologische Trennung Afrikas von Europa:	um 10 000 v. Chr.
Anstieg des Meeresniveaus um 100–200 m durch das Abschmelzen der eiszeitlichen Gletschermassen	um 10 000 v. Chr.

Ist der Zeitansatz bei PLATON immer noch »völlig indiskutabel«?

Im Folgeband, der sich mit der Kultur von Atlantis befaßt, werden wir sehen, daß auch die Archäologie in zunehmendem Maße mit Jahreszahlen rechnen muß, die man noch vor kurzer Zeit für unmöglich gehalten hätte (z. B. in der Metallbearbeitung: 1960 fand man in der irakischen Höhle Shanidar einen Schmuckanhänger aus Kupfer, der auf 9500 v. Chr. datiert wird, d. h. fast bis zur Zeit des Atlantisunterganges zurück! – TIME-LIFE: Die Entdeckung des Metalls, 1974).

Erste Bilanz: Das Abenteuer einer neuen Urgeschichte

Eine Autorität auf dem Gebiet der klassischen Philologie beurteilte einst DIODOR als *»ein besonders tiefstehendes Exemplar von Bücherfabrikanten«* und sein Werk als *»fade Exzerpte«*. Die Alexandriner Quellen werden in diesem Gutachten als mögliche Fälschungen verdächtigt. Gegen Ende des 2. Jh. v. Chr. sei in Alexandria von neuem das Problem der Umsegelung Afrikas aufgetaucht und habe das Interesse des Publikums nach Westen gelenkt; daher seien die angeblichen libyschen Traditionen aus Alexandria nichts als *Reiseromane,* die dem Zeitgeschmack entgegenkamen. – (EDUARD SCHWARTZ in PAULY-WISSOWA XVII A 1, 320; V 929–31)
Auch weniger gehässige Kritiker schätzen DIODORS wissenschaftliche Brauchbarkeit nicht hoch ein: »Was er bietet, ist *kein wissenschaftliches Werk,* sondern eine populäre Weltgeschichte mit einseitiger Betonung der Haupt- und Staatsaktionen, Merkwürdigkeiten, Anekdoten, mit moralischen und rhetorischen Würzen zubereitet.« – (KRÖNER Wb. d. Antike 1955, nach CHRIST, Gesch. d. griech. Lit. 1888, neu bearb. SCHMID/STÄHLIN 1911–1913). – Man sollte allerdings daran gedacht haben, daß die wahre Weltgeschichte sehr oft gerade in Merkwürdigkeiten und Anekdoten steckt!
Zur Hälfte, nämlich als *vollwertige Quelle für die geographischen Daten,* wird DIODOR von dem Historiker ALBERT HERRMANN anerkannt, der sich durch Forschungen zur Geographie bei HOMER und eine Expedition zum Schott el-Dscherid, wo er die Lösung des Atlantisrätsels suchte (1933), einen Namen gemacht hat.
Wir wissen es unterdessen besser.

Dunkle Jahrtausende rücken ans Licht

Bis zum heutigen Tag war die Sahara nichts anderes als der größte geologische »Friedhof« an der Oberfläche des Erdballs; ihre menschheitsgeschichtliche Vergangenheit lag, mit Ausnahme der jüngsten ein-, zweihundert Jahre, unter Sand und Schutt begraben oder war unter der Sonne zu Staub zerfallen und ins Nichts verweht. Gewiß, man konnte nach dem Verlauf der Wadis, nach Kalkabsätzen, alten Uferterrassen, Versteinerungen und anderen Resten von Wassertieren eine Landkarte der einstigen Flüsse, Quellen und Seen rekonstruieren. Man fand versteinerte Wälder und Baumblätter, grub Knochen von Tieren und ein paar Skelettreste von Menschen aus. Man stieß auf Werkzeuge, Topfscherben, Schmuck, Spuren von Hausbau. Man machte die großartigen Entdeckungen von Gravierungen und Malereien an Fels- und Höhlenwänden. Man erkannte staunend die Vielfalt der dargestellten Tiere, Menschenrassen und Kulturschichten. Man sah Bilder von Jagd, Viehzucht, Wanderungen, Tanz und Magie, friedliche Dorf- und Familienszenen neben Kampf, Raub und Überfall.
Letztlich aber blieben und bleiben alle diese Funde und Bilder stumm. Wer waren diese Völker? Die Paläo-Anthropologie ordnet sie ein unter

wissenschaftlichen Bezeichnungen: Neandertaler, Cro-Magnon-Mensch, Mensch von Mechta el-Arbi, von Afalou bou Rhoumel usw.; LHOTE, der Erforscher der Tassili-Fresken, half sich in seiner ersten Übersicht mit Ausdrücken wie »Rundköpfe, Teufelchen, Doppeldreiecksmenschen, Richter, griechischer Krieger, die beiden Venus, Antinea, der große Marsgott, der große Gott von Sefar, die gehörnte Göttin oder Weiße Dame ...«

Wie aber nannten diese Menschen sich selbst, ihren Stamm, ihr Dorf? Die Flüsse, Seen und Berge ihrer Landschaft? Ihre Götter? Welche Sprache redeten sie? Welche Gesetze beherrschten ihr Gemeinschaftsleben? Wie verlief ihr Dasein im großen Gang der Jahrhunderte? War es bloß ein gesichts- und umrißloses Dahindämmern im steten Gleichmaß der Landschaft und der Jahreszeiten? Ein träges Hin und Her von Nomadenhorden zwischen Jagdrevieren, Weideplätzen, Wasserlöchern? Oder gab es schon feste Staatsgebilde unter profilierten Herrschern, eine »große Politik« mit Handel, Bündnissen, Kriegen?

Gewiß, man kann aus Knochen, Werkzeugen und Felsbildern vieles erschließen. Eine authentische Antwort aber kann nur eine lebendige Stimme geben, eben der Mythus, die Sage, worin die mündliche Überlieferung später schriftlich festgehalten wurde, und denen die Fachwissenschaften so lange ihr Ohr verschlossen hielten (und noch halten).

Uns jedenfalls hat der Mythus die oben gestellten Fragen alle beantwortet. Die Landschaft füllte sich mit Leben, die Figuren der Felsbilder begannen zu reden und sich zu bewegen. Noch sind nicht alle aus ihrer Stille und Starre erwacht. Aber von einigen erfuhren wir ihre Stammesnamen oder wie sie von entfernteren Völkern genannt wurden: Amazonen = Amazigh; Titanen = Atlanter = Adrar-Stämme; Clans vom Horusfalken, Wolf und Schakal; »Satyrn« = Bese = Basa-Pygmäen; endlich das »Perseus-Volk« = Pheresiter aus Kanaan sowie die indogermanischen Maidoi, Sindhu und Armenier aus den Kriegshaufen des »Herakles«. Wir wissen, wie einige ihrer Städte hießen, und daß es diese tatsächlich gegeben hat: Kerne am Ozean, Mene und »Cherronesos« im Tritonsee, die Stadt des Ammon in der heutigen Siwa-Oase und die so lange umstrittene Höhlensiedlung auf der Tritoninsel Nysa. Auch die Landschaft hat plötzlich Namen bekommen: der Berg Atlas = adrar und die großen Ströme Triton = atru, beide aus berberischer Sprachwurzel. Das Gemeinschaftsleben stand unter dem Gesetz des Matriarchats. Stämme schlossen sich zusammen, feste Staatsgebilde entstanden, mächtige Herrscherpersönlichkeiten traten auf: Frauen wie Myrina, Medusa, Titaia, Basileia, Rhea, oder Männer wie Uranos, Kronos, Atlas, Ammon,

Dionysos-Osiris, die sich nach ihren Himmels- und Berggöttern nannten oder später selbst vergöttlicht wurden; bei einigen konnten wir die griechischen Namensformen bis in die alten Westsprachen zurückverfolgen. Kulturbilder und -taten traten aus dem Dunkel, die uns durch ihre Einmaligkeit, aber auch durch ihre Wildheit faszinieren: Die Entdeckung und Veredelung der Feldfrüchte, des Weinstocks und der Olive, die Zähmung von Pferd und Elefant; daneben dämonischer Schlangenkult und das Schinden, Verstümmeln und Opferschlachten von Menschen, verbunden mit Zauberriten und Kannibalismus. Ins weite Feld der großen Historie führen uns dann der Amazonensturm vom Tritonsee und die Ereignisse um den libyschen Dionysos-Osiris. – (Einzelheiten s. auch bei den »Ergänzungen«).

Diese gesamte **Aufhellung der altsaharischen Geschichte,** die auch den Umkreis des Mittelmeeres mit einbezieht, verdanken wir dem 30jährigen Sammel- und Arbeitseifer DIODORS, des *»besonders tiefstehenden Exemplars von Bücherfabrikanten«,* seinen *»faden Exzerpten«* und seinem Interesse an den *»Reiseromanen«* aus Alexandria . . .

Doch es geht nicht nur um die Geschichte der alten Sahara. Manche Ergebnisse bedeuten einen erheblichen **Umbruch in unserer klassischen Vorstellung von Althellas und Altägypten.** Die Urgestalt des griechischen Dionysos ist in Libyen heimisch und identisch mit Osiris. Der »Indienzug« und die »Herakleszüge« bekamen nicht nur auf der Landkarte, sondern auch ethnographisch und kulturell ein völlig anderes Gesicht. Dasselbe gilt für die griechische Athene, in deren Wesen die Merkmale ihrer libyschen Abstammung von der Tritonischen Athene = Neith nicht mehr länger übersehen werden können.

Einen weiteren und zugleich unschätzbaren Dienst hat uns DIODOR damit erwiesen, daß die in seine Sammlung aufgenommenen Alexandriner Traditionen uns in allen Kernpunkten eine **Bestätigung des Atlantisberichts im TIMAIOS** geben und diesen sogar ergänzen:

1. Existenz mächtiger Atlanterreiche mit hoher Kultur in besonders naturgesegneten Gegenden am Westmeer;
2. Ihr Herrschaftsbereich umfaßt auch den Umkreis des westlichen Mittelmeeres (Kronosreich), wie die Ostgrenzen der Atlanterherrschaft im TIMAIOS auch Tyrrhenien und Libyen bis Ägypten einschließen;
3. Ansturm von Völkern, unter denen die Atlanter ausdrücklich genannt werden, aus diesem fernen Westen;
4. Abwehr durch Kriegerscharen, deren Anführer Mopsos auf die Mopsopier hinweist, die prähistorischen Bewohner Attikas und Vorfahren der Athener, die nach TIMAIOS den Angriff zurückschlagen;

5. Zug des »Herakles« nach Libyen, wo er die Amazonen und Gorgonen besiegt, was dem Gegenstoß der Ur-Athener bis zu den »Säulen des Herakles« entspricht;
6. Erwähnung zweier geologischer Katastrophen im libysch-atlantischen Bereich, die im Verlauf der Kriegszüge hereinbrechen; im TIMAIOS gehen die beiden gegnerischen Heere in einer solchen Katastrophe unter.

Lediglich zu PLATONS großer Atlantischer Zentralinsel im Ozean fehlt bei DIODOR die Parallele. Doch dieses Problem stellt sich dann bei unseren weiteren Studien über den Großbericht im KRITIAS (wie auch der weltweite Komplex der Sintflut- und Sintbrandmythen noch einer eigenen, umfangreichen Abhandlung bedarf).

Mit all den genannten Ergebnissen aber bahnt sich nicht nur eine Korrektur unseres klassischen Geschichtsbildes im Umkreis des Mittelmeeres an, sondern ein **Umsturz unseres gesamten prähistorischen Weltbildes in und um den Atlantischen Ozean.** Denn: schließt sich an die Bestätigung des Kurzberichts im TIMAIOS auch noch ein Nachweis der historischen Zuverlässigkeit dessen an, was der Großbericht im KRITIAS erzählt, dann waren **zwei bisher fundamentale fachwissenschaftliche Dogmen schlichtweg falsch:**

1. **Das Dogma der Historiker von dem kulturellen Aufstieg der altweltlichen Völker ex oriente, aus dem Orient, und**
2. **das Dogma der Geologen von dem durch keinerlei Großkatastrophen von der Art des Atlantisberichts gestörten, seit Jahrmillionen gleichmäßig evolutionären Lebenslauf unseres Planeten.**

Wer wird am Ende Recht behalten: Die bisherigen Fachmeinungen oder die Atlantis-Überlieferung?

Vorschau auf den Großbericht im Buch KRITIAS

Im Buch KRITIAS, dem ausführlichen Kulturgemälde von Atlantis, liegt die Entscheidung über die erste Frage:

Wo in der Alten Welt ging zum ersten Mal die Sonne der hohen Kulturen auf, die dann ihr Licht über die Nachbarvölker ausstrahlte?

War es im sogenannten »Fruchtbaren Halbmond«, dem großen Halbkreis, den die Kulturzentren von Mesopotamien über Syrien und Altphönikien bis ins Tal des Nil bilden? **Kam also das Licht aus dem Osten: ex oriente lux?** So glaubt man es bisher.

Oder gab es vorher eine andere Lichtquelle, die viele Jahrtausende frü-

her ihre Strahlen über die Nachbarländer aussandte, bis sie in den Fluten des Ozeans erlosch? So behauptet es die Atlantiserzählung. Sinkt also das Licht aus dem Osten auf den zweiten Platz, und **leuchtete die erste Kultursonne über dem großen Westmeer auf?**
Abermals stellt uns die Überlieferung eine Fülle faszinierender Aufgaben. Da ist die Stadtanlage: Ringwälle, so breit, daß ganze Stadtviertel und eine Rennbahn darauf Platz haben; Wassergräben, die Häfen und Werften aufnehmen; Mauern aus schwarz-weiß-roten Steinen und mit Metallbelag; Palast, Tempel und heiliger Hain. In jedem Teilstück dieser Aufzählung steckt ein ganzer Komplex von Fragen: Steinbautechnik, Metallkultur, Hochseeschiffahrt, Pferd und Wagen . . . und das alles in »vorsintflutlicher« Zeit. Andere Schilderungen klingen nicht weniger unglaublich: Einteilung der Insel in zehn Königreiche mit absoluter Königsgewalt; merkwürdige Königsnamen; seltsame Gesetzesversammlungen in blauen Mänteln und mit zeremoniellem Stieropfer; riesige Kanalsysteme; eine straff und bis ins kleinste organisierte Streitmacht. . .da muß sich jeder Vorgeschichtsforscher, der nach neuen Aufschlüssen sucht, geradezu herausgefordert fühlen, diesen Behauptungen auf den Grund zu gehen, zumal auch noch zahlreiche Spuren weiterführen, in die Odyssee HOMERS mit seiner Erzählung von dem Seevolk der Phaiaken im fernen Westen, zu den altägyptischen Pyramiden und zu der brennenden Frage des Zusammenhangs mit den Hochkulturen Altamerikas.

Anhang und Ergänzungen

Der Irrtum mit den Inschriften von Karnak und Medinet-Habu

In einem Kommentar zum TIMAIOS steht folgende Bemerkung des Philosophen KRANTOR (um 300 v. Chr.): »Die Schriftgelehrten der Ägypter bezeugen, daß dies alles (d. h. der Atlantisbericht) auf Stelen geschrieben stehe, die noch erhalten seien und von ihnen gelesen werden könnten.« (PROCLOS in Tim. 24 a/b)
Das weist auf Stein-Inschriften hin: *stēlē = Säule, Pfeiler, Gedenkstein, aufrecht stehende Steintafel.* Welche Steindenkmäler gemeint sind, bleibt offen, doch meinten einige, dieses Rätsels Lösung und damit auch die Lösung des Atlantisrätsels gefunden zu haben.

Im Trümmerfeld des Amun-Tempels von Theben (die Ruinen werden meist unter dem Namen des umliegenden Dorfes *Karnak* genannt) berichtet an der Mauer eines Seitenhofes eine Inschrift von den Kämpfen des Königs Merenptah gegen die Libyer und andere Völker aus den Ländern des Mittelmeeres. Rechts daneben zeigt ein Relief den König, wie er vor dem Gott Amun die Feinde mit der Keule erschlägt.
Seit alters her hatte das fruchtbare Nildelta unter den Überfällen der Nomaden aus den westlichen Wüstensteppen zu leiden. Zur Regierungszeit Merenptahs um 1230 vereinigte ein Häuptling Merjej eine Anzahl Libyerstämme unter seiner Führung und brachte auch einige fremde Wanderhorden auf seine Seite: Schardana (Sarden), Scheklu-scha (Sizilier), Luka (Lykier, Lukaner?), Turscha (Tyrrhener), Akaiu-scha (Achäer), Danauna (Danaer) und andere, die »immer wieder in die Ländereien Ägyptens bis zum Fluß einfielen und Tage und Monate haften blieben«.
Im 5. Regierungsjahr Merenptahs kam es zur Entscheidungsschlacht im westlichen Delta. 9000 Feinde deckten als Leichen das Feld, ebenso viele gerieten in Gefangenschaft. Merjej entkam und überließ sein Lager mit Vieh und sonstiger Beute den Siegern.
Mit dieser Inschrift glaubte der deutsche Altphilologe WILHELM CHRIST (1831–1906) den Schlüssel zu PLATONS »Epos«, wie er sich ausdrückte, in Händen zu halten:

»Jenes in Prosa geschriebene Epos, nämlich von der Invasion Attikas und der Binnenländer des Mittelmeeres durch ein mächtiges Volk, das weit im Westen auf einer großen Insel des Atlantischen Ozeans seinen Sitz hatte, hat, wie jedes große Volksepos, einen historischen Hintergrund; den haben wir erst durch die Hieroglyphentexte des Denkmals von Karnak ... kennengelernt ... Keiner der Gelehrten hat dabei an die Atlantis im Kritias

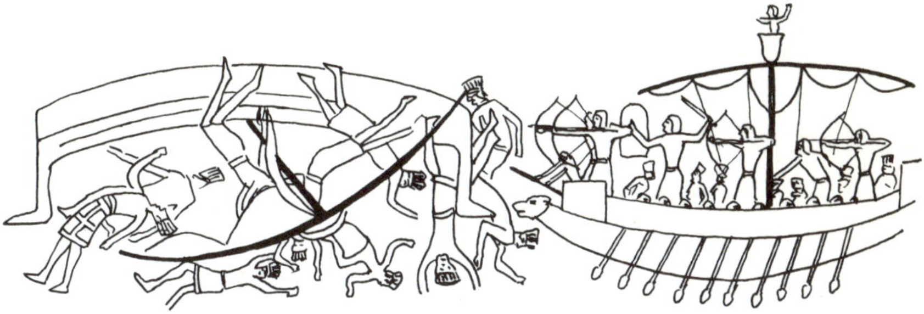

Aus den Reliefs von Medinet Habu: Schardana-Söldner und Ägypter im Gemetzel bei den feindlichen Ochsenkarren. – Unten: Aus der Seeschlacht im Delta. – Die Feinde gehören zum Volk der Lykier (äg. Luka) aus Kleinasien, die nach HERODOT VI 92 »auf dem Kopf einen federbekränzten Hut« trugen. Man hat diese Krieger bisher auch als Philister angesehen.

Ein Barbarenschiff im Pfeilhagel der am Nilufer aufgestellten ägyptischen Bogenschützen. Letztere sind auf dem angrenzenden Teil des Reliefs übergroß gezeichnet, daher auch die riesigen Pfeile. – Die Schiffsbesatzung besteht nicht aus Nordmännern, wie SPANUTH will, sondern aus mykenischen Griechen. Diese trugen ebenfalls Hörnerhelme; auch die Spiralmuster auf dem Brustpanzer sind typisch für die älteren griechischen Hopliten-Rüstungen; vgl. dazu rechts: Ausschnitt aus einer mykenischen Vasenscherbe, Nat. Mus. Athen, sowie aus verschiedenen Darstellungen griechischer Hopliten (Schwerbewaffneter).

und an die ägyptischen Stelen des Krantor gedacht ... aber jene Texte enthalten Berichte von einer größeren Konföderation der Völker des westlichen Mittelmeeres ..., welche Ägypten mit Krieg überzogen, aber nach heftigen Kämpfen total geschlagen und vernichtet wurden; sie waren gewiß 1000 Jahre später noch den Priestern Ägyptens bekannt und konnten, dem Solon oder Platon erzählt, recht wohl den Hintergrund bilden, auf dem der Dichterphilosoph sein Gemälde aufbaute.« (W. CHRIST, Kritias, ein historischer Roman, Abhandl. d. Münchener Akademie 1886)

Diese Deutung, ebenso anfechtbar wie jede andere »Roman-Theorie«, war seit 100 Jahren so gut wie vergessen, da wurde sie durch den friesischen Pastor JÜRGEN SPANUTH in erweiterter Form wiederbelebt.

Jenseits des Nil, genau westlich von Karnak, am Fuß des Wüstenplateaus, liegt die Ruinenstätte von *Medinet Habu* (= *Stadt des Habu,* nach einer zerfallenen christlichen Ortschaft des 5. Jh.). Der Haupttempel wurde von Ramses III. um 1180 v. Chr. erbaut. Auf dem rechten Turm des Pylonenpaares, das zum zweiten Hof führt, rühmt eine Inschrift den Sieg des Königs im 8. Jahr seiner Regierung über eine Vereinigung von Völkern aus dem Mittelmeer, die zu Wasser und zu Land von Syrien her gegen Ägypten vordrangen. Auf dem linken Turm, unter den Kolonnaden des zweiten Hofes, vor allem aber auf der westlichen Außenwand des Tempels in einer Länge von 140 m ist die Kriegschronik in Reliefs und Hieroglyphen dargestellt. Man sieht den Pharao bei der Abfahrt an die Front; neben seinem Streitwagen schreitet ein abgerichteter Löwe. Davor steht die Standarte des Amun-Re mit dem Widderkopf aufgepflanzt. In einem Schlachtgemälde wüten die Schardana-Söldner zwischen den zweirädrigen Ochsenkarren, auf denen die Feinde Weib und Kind mit sich führen. An Gefallenen werden 12 535 gezählt. Das großartigste Relief zeigt die Seeschlacht gegen die Eindringlinge, die in der Nilmündung vernichtet werden. Der König und seine Bogenschützen decken vom Ufer aus die feindlichen Schiffe mit einem Pfeilhagel ein. Ein Barbarenschiff ist gekentert, die anderen stehen in verzweifeltem Kampf mit den ägyptischen, die am Bug den Löwenkopf der Kriegsgöttin Sachmet als Gallionsschmuck tragen. Eines mit vielen Rudern fährt eine Anzahl gefesselter Gefangener fort ...

Auf den genannten Reliefs will SPANUTH Nordmänner erkennen, die Griffzungenschwert, Hörnerhelm und Rundschild tragen, d. h. die gleichen Waffen und Rüstungsstücke, die durch Funde im altgermanischen Jütland nachgewiesen sind. Der Pastor nimmt diese Krieger für Atlanter; denn er interpretiert den Bericht im TIMAIOS wie folgt:

Dürren, Überschwemmungen und Erdbeben haben in den Tagen des

Untergangs von Atlantis die Welt heimgesucht. Damals seien die Atlanter aufgebrochen, hätten ganz Europa durchquert und Hellas mit Ausnahme von Athen unterworfen, seien dann durch Kleinasien bis an den Nil vorgedrungen und erst dort besiegt worden. Die untergegangene Insel Atlantis sei in der Gegend von Helgoland zu suchen; letzteres zeige das schwarz-weiß-rote Gestein, mit dem die Mauern der Atlantisstadt verziert gewesen sind; auch berichten alte Helgoländer Sagen und Karten von den Ruinen einer Burg und eines Tempels auf dem sog. Steingrund östlich von Helgoland. Ein Tauchversuch soll auch das Vorhandensein von Steinwällen bestätigt haben.
Soweit die wesentlichen Punkte von SPANUTHS Theorie. Doch die Krieger mit den Hörnerhelmen auf den Reliefs sind keine germanischen Nordmänner, sondern mykenische Griechen (Akaiuscha, Danauna; vgl. den Kommentar zu den Abbildungen). Die Atlanter bei PLATON werden nicht durch Naturkatastrophen zum Aufbruch getrieben, sondern

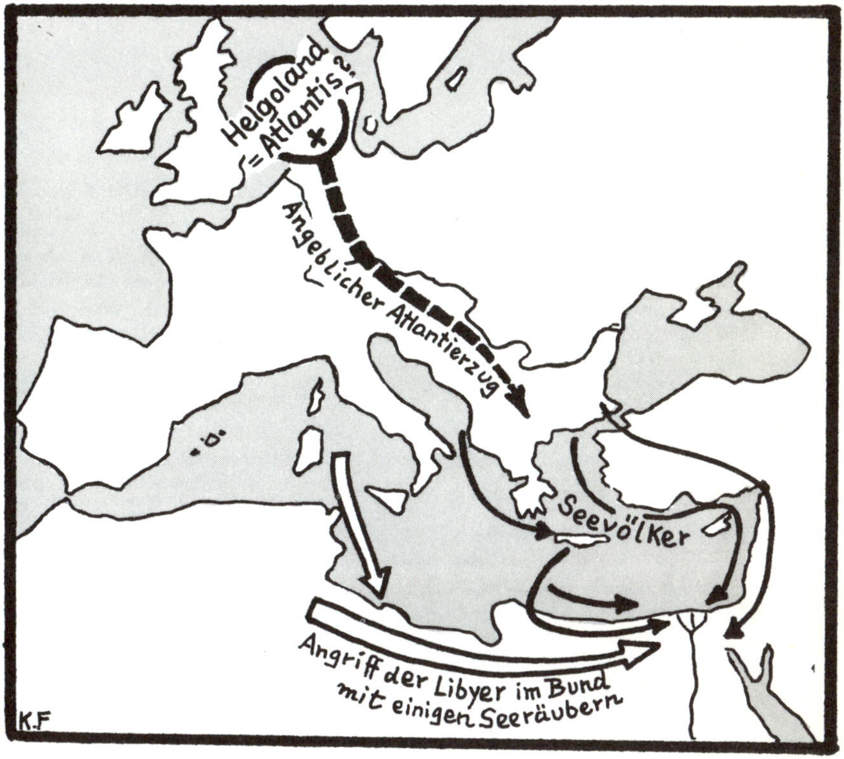

gehen von ihrem festen Inselsitz aus »voll Übermut« auf Eroberungen aus. Die Katastrophe bildet nicht den Anfang, sondern den Abschluß. Ferner kommen die Atlanter nicht über Attika und Kleinasien nach Ägypten, sondern sie marschieren genau umgekehrt. Sie werden von den Ur-Athenern zurückgeschlagen, nicht am Nil von den Ägyptern. Geologisch gesehen haben in der Nordsee zu der fraglichen Zeit keine Umwälzungen stattgefunden, die der bei PLATON geschilderten Katastrophe auch nur annähernd entsprechen würden. Die Lage »vor den Säulen des Herakles« stimmt schon gar nicht, ebensowenig der Zeitansatz: zwischen dem Einbruch der historischen »Seevölker« um 1200 v. Chr. und dem Atlanterkrieg, den die Ägypter ausdrücklich in eine Zeit zurückdatieren, die für die anderen Menschen weit vor deren Geschichtserinnerung liegt, klafft eine Differenz von mehr als 8000 Jahren . . .
SPANUTH hat meiner Ansicht nach eine großartige Zusammenschau des »Seevölkersturms« von Nordeuropa bis ins Mittelmeer gegeben; mit Atlantis aber hat das alles nichts zu tun . . . wovon sich der streitbare Pastor allerdings bis jetzt nicht hat abbringen lassen (J. SPANUTH, Das enträtselte Atlantis, Stuttgart 1953. – . . . und doch, Atlantis enträtselt, 1955. – Atlantis, 1965)

Die Gorgonen-Episode, ein Kulturbild aus der alten Sahara

Im Westen, wo die große Wasserwüste beginnt und die Tore der Nacht sich auftun, hausen die schrecklichen Gorgonen. Die mykenischen Griechen des 2. Jahrtausends kannten unter dem Namen Gorgo eine Unholdin, die so grauenhaft aussah, daß bei ihrem Anblick Tiere und Menschen zu Stein erstarrten. Die bildende Kunst zeigt den Kopf der Gorgo, die man abergläubisch *medusa = Herrin* ansprach, gewöhnlich mit flachnasigem, grinsendem Gesicht, vorstehenden Hauzähnen, heraushängender Zunge und wirren Haaren, aus denen Schlangen emporzüngeln. HESIOD nennt drei Gorgonenschwestern; die beiden älteren waren unsterblich, Medusa, die jüngste, aber war dem Tod unterworfen und wurde von dem Helden Perseus enthauptet. Das Wagestück gelang, indem Perseus das Gesicht abwandte und das Spiegelbild der Medusa in seinem blanken Schild auffing; so vermied er die versteinernde Wirkung des direkten Anblicks.
Die Gestalt der Gorgo-Medusa vereinigt die weitaus absurdesten Deutungen auf sich. Die einen lassen sie dem Märchen entstammen und verweisen sie unter die Spukgestalten der niederen griechischen Glaubenswelt. Andere erklären ihre Entstehung aus dem Alptraumerlebnis. Wieder andere führen ihre Züge zurück auf den Löwenkopf der hethitischen Kunst, den Kopf der ägyptischen Hathor oder auf den assyrischen Dämon Humbaba, dessen Gesicht aus lauter wurmähnlichen Windungen zusammengesetzt ist.
Weitere Deutungen: Personifikation der Schrecken des Ozeans. Symbol der Sonnenglut der Wüste. Vulkanische Eruptionen. Die 3 Gorgonen = Symbole der drei Jahreszeiten in der öden Wüste. Personifikation einer Idee: des höchsten Zornes; der Schrecknisse des

urweltlichen Grauens; der Erstarrung des Lebenslaufes in der Natur, oder auch das Gegenteil: der vom Wasser kommenden, aber gebundenen Lebenskraft. – Gewitterwolke. Betäubende Gewalt von Blitz und Donner. Mondgesicht. Gorilla. Affenähnliche Primaten. Perseusmythus = Kampf zwischen vorgeschichtlichen Anthropoiden. Skalp. Ziegenkopf der Aigis. Oktopus = Krake als Ahne der Gorgonen. (PAULY-WISSOWA VII 1645 ff.).
Ferner hat man den Namen Medusa mit *Medien* im Iran und den der Gorgonen mit der dortigen Provinz *Gurgan* verknüpft, wobei man die Himmelsrichtungen West-Ost vertauschte. Sogar ein Zusammenhang mit den indoarischen *Kuru* des Epos Mahabharata, mit den *Gurkha* im heutigen Nepal und noch weiter mit den *Kurukh-* oder *Kurku-Stämmen* im munda-kolarischen Indien wurde konstruiert (s. KARST, Orig. Med. 545, 718).
In der Antike gibt es bereits eine realistische Deutung: Medusa = Amazonenkönigin, Tochter des Libyerkönigs Phorkys am Tritonsee. Sie verliert Gut und Leben durch den Überfall des Königs Perseus. Diese Notiz bei PAUSANIAS II 21 stammt aus dem Werk des PROKLES von KARTHAGO, also aus einer nordafrikanischen Quelle, und steht ungefähr im Einklang mit DIODOR, der die Medusa ebenfalls als Fürstin eines Amazonenvolkes schildert.

Ihre Schönheit war ihr Verderben

Einige Bruchstücke der alten Sage schildern die Gorgonen keineswegs als Unholdinnen von Geburt an. Pontos, der Gott der offenen See, zeugte mit Gaia, der Erdgöttin,

»den starken, mannhaften Phorkys . . . und die rosenwangige Keto (zwei Halbgötter des Meeres) . . . Keto gebar auch die Gorgonen, die jenseits des großen Ozeans wohnen, hart an der Grenze der Nacht, bei den singenden Hesperiden: Sthenno (die Mächtige), Euryale (die Weitspringende) und auch die leidgeprüfte Medusa; sie allein war sterblich, doch alterlos ewig die anderen, jene zwei. Der letzteren gesellte sich der Bläulichgelockte (= Meeresgott Poseidon) . . .« (HESIOD theog. 237; 274–78)

Klammern wir den göttlichen Stammbaum sowie die Dreizahl der Schwestern und die Unsterblichkeit der beiden älteren als mythologische Ausschmückung aus, dann bleibt Medusa übrig als eine Frau, die menschlichem Leiden und Sterben unterworfen ist, eine tragische Figur, deren Schicksal auch des Dichters Anteilnahme erweckt. Das wäre bestimmt nicht der Fall, wenn er sie für ein feindseliges Scheusal gehalten hätte.
Ein anderes Fragment (erhalten bei OVID met. 792 ff.) schildert sie denn auch als schöne Libyerin, mit der Poseidon seine Liebesnächte in einem Tempel der Athene feierte. Natürlich ist letztere wieder die einheimische Hochgöttin, die »libysche Athene« = Neith, die den Eingeborenen als Tochter des Poseidon und der Göttin des Tritonsees gilt

(HERODOT IV 180). Medusa hatte sich die Feindschaft »Athenes« zugezogen, da sie sich brüstete, schöner zu sein als die Göttin. Als diese eines Nachts in ihrem eigenen Tempel das Liebespaar überraschte, konnte sie zwar ihrem Vater Poseidon nichts anhaben, rächte sich aber an Medusa, indem sie deren Antlitz zu einer Fratze verunstaltete. Mit simplen Worten: die wütende Feindin ließ Medusas Gesicht verstümmeln.
Wieder nur ein grausames Märchenmotiv? Nein; *noch im historischen Ägypten erlitten Frauen, die bei unerlaubten Liebesbeziehungen ertappt wurden, dieselbe Strafe.* Während der Mann, der es gewagt hatte, in eine fremde Ehe einzubrechen, zu Tode geprügelt wurde (1000 Stockschläge überlebte keiner), *schnitt man der treulosen Frau die Nase ab;* denn »man glaubte, einem Weib, das sich schmückte, um zu verbotener Liebe zu reizen, die höchste Zierde eines schönen Angesichts nehmen zu müssen.« (DIODOR I 78)
Nach weiteren Lesarten zog Athene der Medusa – sei es bei lebendigem Leib oder erst nach der Enthauptung durch Perseus – die Haut ab und fertigte sich die Aigis daraus. Auch zapfte sie der Toten das Blut ab und füllte es in zwei Gefäße zu Heil- und Tötungszauber: das Blut aus der rechten Seite diente zum Töten; mit dem aus der linken, der Herzseite, konnte man Tote wiedererwecken. (EURIPIDES Ion 989 ff.)
Mit richtigen Augen gesehen, steckt hier unter dem mythischen Rankenwerk verborgen eine Fundgrube kulturhistorischer Hinweise: barbarische Verstümmelung des feindlichen Gesichts; Schinden, lebendig oder tot; Zaubermedizin.
Für die Schreckensgestalt der Medusa als schlangenhaariges Scheusal, das Mensch und Tier zu Stein erstarren läßt, gibt es ebenfalls eine reale kulturhistorische Erklärung, und zwar aus dem libysch-ägyptischen Schlangenkult:

Die Schlangen im Haar der Medusa und die Uräus-Schlangen an den altlibyschen und ägyptischen Kronen

Das Wesen der Medusa in der Sage ist das einer Schlange. Dafür spricht das Kernmotiv des Mythus: die hypnotische, lähmende, starrmachende Wirkung ihres Anblicks, und die bildlichen Darstellungen bestätigen es: Schlangen im Haar und als Gürtel, krumme Hauzähne, heraushängende Zunge.
Nordafrika, der Schauplatz der Gorgonensage, ist die Heimat uralter Schlangenkulte. Die Kobra genoß göttliche Ehren, ihr Bild wurde als

königlicher Schmuck auf dem Haupt getragen. Als ägyptischer Kronenschmuck geht die Schlange zurück auf die Göttin Uto, die in der Gestalt der Kobra verehrt wurde. Die Herrscher des vorgeschichtlichen Reiches von Buto *(per-uto = Haus der Uto)* setzten sich das Bild ihres Gottestieres aufs Haupt. Damit traten sie mit der Göttin selbst in magische Gemeinschaft; deren Kräfte flossen auf den Kronenträger über. Von Buto im Delta aus verbreitete sich das Schlangendiadem als göttliches und menschliches Herrschersymbol über ganz Ägypten.
Doch bevor es noch ein »Ägypten« gab, war die Schlangenkrone bereits ein königlicher Kopfschmuck in der alten Sahara. Auf den ersten Seiten seines 3. Buches schreibt DIODOR über die Herkunft der Ägypter und ihrer Kultur:

»Die Aithioper behaupten, die Ägypter seien Kolonisten von ihnen, die unter der Führung des Osiris auswanderten. Das ganze Gebiet, das Ägypten jetzt umfasse, sei in der Urzeit ... kein Land, sondern Meer gewesen; erst später habe sich dieses Land durch den Schlamm, den der Nil aus Aithiopien herführte, angesetzt ... Die meisten Gebräuche der Ägypter seien aithiopischen Ursprungs, indem die Auswanderer ihre alten Gewohnheiten beibehielten ... Die Könige tragen hohe Hüte, die oben in einem Knopf enden und mit Schlangen umwunden sind, die sie *aspides* nennen.« (III 3. – griech. *aspis = Schild,* vgl. die Drohhaltung der Kobra mit gespreiztem Hals)

Unter Aithiopien verstand man damals nicht das heutige Land Äthiopien, sondern die am Ozean gelegenen Randgebiete der Erdscheibe im Süden und Westen, wo man auch den Ursprung des Nil annahm; daher die Bezeichnung Aithiopia für die Gegenden an diesem unbekannten Oberlauf des Nil aus ägypt. *ateb = Uferländer.* Oft ist der Begriff Aithiopien identisch mit Libyen oder dem Land der Atlanter.
In der einfachen Form wird das Diadem von einer einzigen Schlange gebildet, die sich stoßbereit über der Stirn des Trägers aufrichtet. Doch gibt es Formen, bei denen sich neben der Stirnschlange noch zwei, vier, sechs, ja acht weitere aufbäumen oder an den Wangen des Trägers nach vorn züngeln. Nicht selten umgibt ein Kranz stoßbereiter Kobras noch den unteren Rand der Kronenhaube. Königinnen trugen sogar einen Ohrschmuck in Form der heiligen Schlange.
Die Abbildungen offenbaren deutlicher als alle Worte den Zusammenhang zwischen den ägyptischen Uräuskronen und der griechischen Vorstellung von dem schlangenumzüngelten Haupt der Medusa.

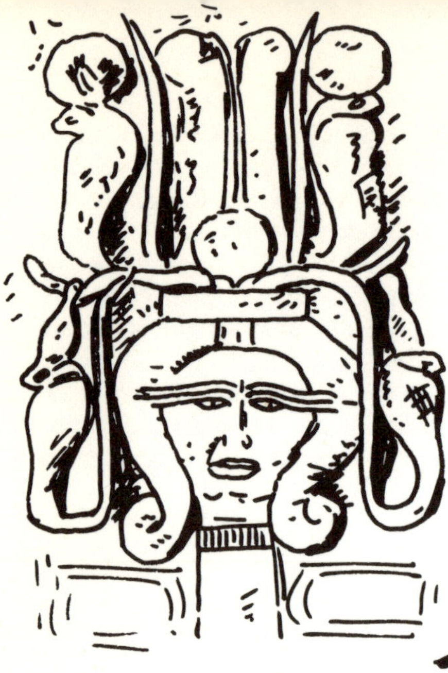

Oben links: Symbol der Hathor, Kairo, 18. Dynastie (HAAS). Der Kopfputz der Göttin besteht aus den seitwärts gedrehten Ziegenhörnern, darauf gesetzt ein Rindergehörn mit Sonnenscheibe und Straußenfedern; das ganze wird umzüngelt von 4 Uräusschlangen, die Sonnenscheiben bzw. die weiße Krone Oberägyptens auf dem Haupt tragen. – Rechts: Ähnlich müssen wir uns die Medusa als Königin des libyschen Gorgonenstammes vorstellen. Den charakteristischen Schmuck bilden ausgestopfte Kobrabälge, die als Gottestiere die Kronenträgerin mit magischem Schutz und Schrecken umgeben (Rekonstr. d. Verf.). – Unten: Gorgo-Medusa auf einer griechischen Amphora, spätes 5. Jh., Detail. London, Brit. Mus. (PINSENT). Im Haar trägt sie, fast identisch mit der Hathordarstellung, 4 stoßbereite Nattern; zwei andere sind als Gürtel um die Hüften geschlungen.

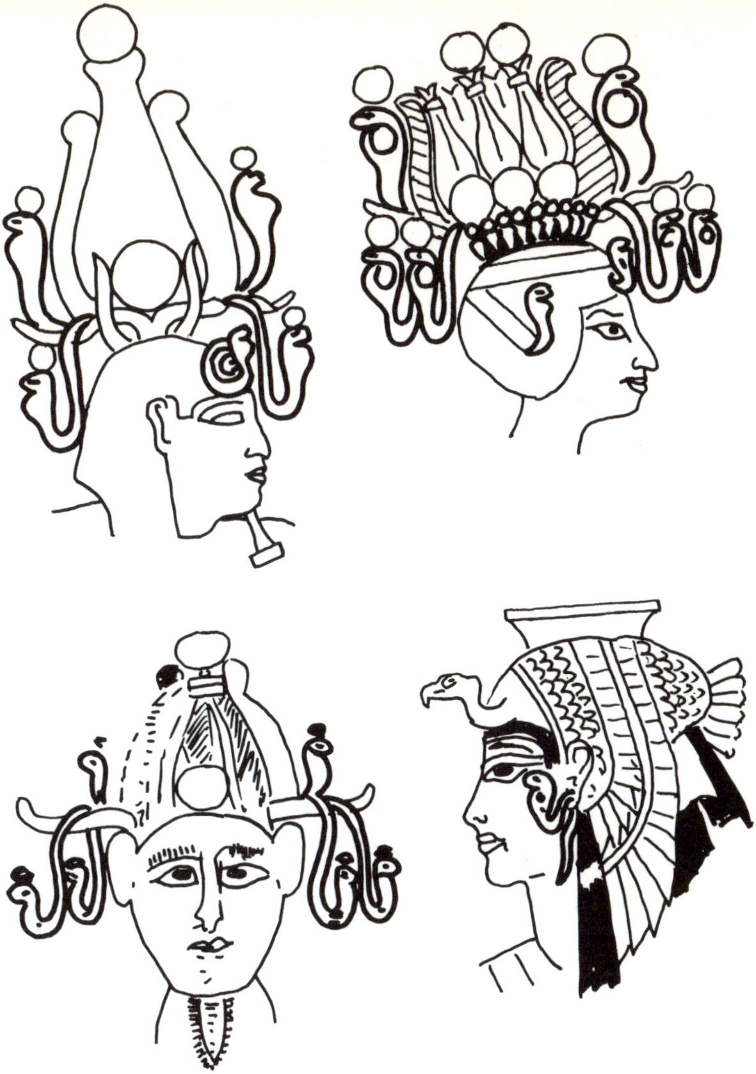

Beim Anblick dieser ägyptischen Kronen mit ihren Uräusschlangen muß es jedem Betrachter klar werden, daß die griechische Sage von der Gorgo-Medusa kein Produkt von »Alptraumerlebnissen« ist oder dem Volksglauben an Dämonen und Spukgestalten entspringt. Sie leitet sich einfach her aus dem Schlangenkult Ägyptens und der alten Sahara, wo das Gottestier eine große Rolle als magischer Kronenschmuck spielt. – Die beiden oberen Bilder zeigen das Gesicht des Trägers im Profil, während die Kronen mit der Stirnseite zum Beschauer hin gezeichnet sind; die perspektivische Darstellungskunst war den älteren Ägyptern fremd. – (BONNET, IONS)
Oben links: Bemaltes Kalksteinrelief im Tempel Sethos I. zu Abydos, um 1300 v. Chr. – Rechts: Tut-ench-Amun mit der dreifachen Atefkrone. Detail aus der Sessellehne in Gold, Silber und Glasfluß. Kairo. – Unten links: Bemalter Sargdeckel aus Theben, Detail, 2. Jh. n. Chr.; hier sehen wir den Kronenträger von vorn und erkennen damit recht gut den Eindruck, den die züngelnden Schlangen auf einen Fremden machen mußten. – Unten rechts: Königin Nefertari mit Schlange als Ohrschmuck. Aus ihrem Grab bei Theben, um 1250 v. Chr.

Die alte Sahara, Land der Schlangen und der »Schlangenleute«

Für die Schauermärchen, die sich im Lauf der Zeit um die Gestalt der Medusa rankten, sind wohl nicht zuletzt die Schreckensgeschichten verantwortlich, die man sich über die Riesenschlangen in Libyen erzählte. HERODOT erfuhr noch um 450 v. Chr., daß es in den Atlasbergen *übermäßig große Schlangen* gebe (IV 91), und wir denken dabei auch an die Riesenschlange Ladon, die in den Gärten des Atlas den Baum mit den goldenen Äpfeln bewachte. Doch so richtig greuliche Hörensagen lesen wir erst bei DIODOR:

»Nach der Aussage der Bewohner in der Nachbarschaft der Wüste ... gibt es dort auch Schlangen aller Art, *an Größe unglaublich anzuschauen.* Einige wollen sogar 100 Ellen lange Schlangen gesehen haben (über 45 m) ... Wenn die größte dieser Bestien sich zusammenrollt, daß die Ringe sich in Kreisen übereinanderlegen, so sehe das in der offenen Ebene von ferne wie ein Hügel aus ...« (III 36)
»Die Aithioper versichern, in ihrem Land könne man Schlangen von solcher Größe sehen, daß sie nicht nur Ochsen und Stiere und andere Tiere von gleicher Größe auffressen, sondern sogar den Kampf mit Elefanten wagen. Die Schlange wickelt dem Elefanten ihre Ringe um die Beine, daß er sich nicht mehr bewegen kann, und hält mit aufgerichtetem Hals ihren Kopf gerade unter dem Rüssel dem Gesicht des Elefanten entgegen. Durch ihre feurigen Augen, die wie Blitze Strahlen schießen, werde er geblendet und falle zu Boden. So überwältigt sie das Tier und frißt es auf.« (III 37)[6])

Bei derlei greulichen Vorstellungen kann man erst richtig nachempfinden, warum die Ägypter ihrem Höllenfürsten, dem Dämon der Finsternis, die Gestalt einer ungeheuren Python gaben. Sein Name ist *Apop,* kopt. *Aphoph = Riesenschlange,* griech. *Apoph-is.* Er ist der Urfeind des Lichts und bedroht die Sonnenbarke auf ihrem Weg am Himmel und bekämpft sie besonders in seinem eigenen Element, dem nächtlichen Dunkel, wenn sie nach dem Untergang im Westen auf dem unterirdischen Nil zum Aufgangspunkt im Osten zurückkehrt. Oft wird Apop mit dem libyschen Kriegsgott Seth gleichgesetzt; denn als Herr der westlichen Wüste sendet dieser auch die von dort einbrechenden Unwetter und Sandstürme. Die späteren Götterannalen verfluchen die aus der Wüste herandringenden Nomadenhorden als *Söhne des Apop.*
Die Pyramidentexte kennen den Ausdruck *ufi = Schlange.* Damit ist das griech. *ophi-s = Schlange* nach Klang und Bedeutung so völlig identisch,

[6]) Elefant und Python waren tatsächlich Todfeinde, solange sie in der grünen Sahara zusammenlebten. Auf den Felsbildern der ägypt. Steinkupferzeit in der benachbarten westlichen Wüste erscheint der Elefant mehrfach, wie er eine oder zwei Pythonschlangen zertrampelt; leider ist es mir nicht gelungen, eine solche Abbildung aufzutreiben.

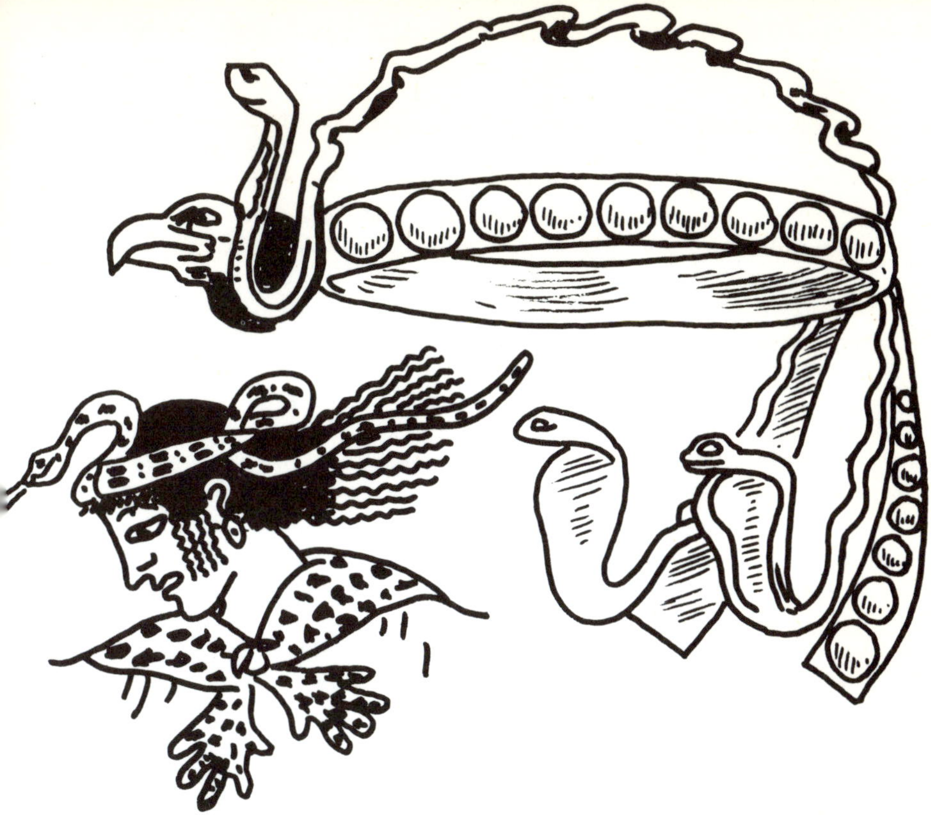

Nach DIODOR (III 3) kamen die Ägypter unter Anführung des Osiris aus der alten Sahara an den Nil und brachten aus ihrer Heimat den königlichen Kopfputz mit, der von einer Schlange umwunden war. Osiris aber ist die ursprüngliche Gestalt des griechischen Dionysos, und so schimmert bei diesem auch das uralte libysch-äthiopische Motiv der königlichen Schlangenbinde selbst in spätester Zeit noch durch; freilich wußten die Griechen von diesem afrikanischen Ursprung nichts mehr.

So steht bei NONNOS zu lesen: »Und der Gott der Reben (Dionysos nach seiner Aufnahme in den Olymp) *wird eine auf schattigem Efeu liegende Natter wie einen Kranz um die Locken sich winden, eine Schlangenbinde, die neue Gottheit bezeichnend.*« (Dionysiaka, Gesang VII 100–102)

Später schildert der Dichter, wie sich Zeus in Semele verliebt und sie in mancherlei Gestalt umwirbt, als Stier, Löwe, Pardel usw., um auf magische Weise seinem Sohn Dionysos, den er mit Semele zeugen will, den Mut und die Stärke dieser Tiere zu verleihen. Auch die Gestalt des erwünschten Sohnes nimmt er an, indem er, wie später Dionysos selbst, mit Reben und Efeu *»sein natterndurchwundenes Haupthaar«* bekränzt. (VII 325)

Auch die Mänade auf der Schale des Brygos (München, 5. Jh. v. Chr.) folgt, wenn auch ohne Wissen ihres Malers, dem alten libysch-ägyptischen Brauch, sich Schlangen (oder Schlangenbälge) um die Stirn zu legen. – Der Schlangenreif aus dem Grab Tutench-Amuns (Kairo) macht noch einmal die Herkunft des griechischen Dionysosbildes und seines schlangenbekränzten Weibergefolges aus dem nordafrikanischen Kulturkreis deutlich.

daß es entweder aus der hamitischen Grundschicht des vorgeschichtlichen Hellas stammt oder auf eine noch ältere Urverwandtschaft hinweist. Die Ägypter müssen irgendwann in der Vorzeit den fernen Westen mit dem Begriff *ufi* in Verbindung gebracht haben; denn die griech. Parallelform *ophi-s* steckt in dem Namen *Ophi-usa, Ophi-ussa = Schlangenland,* und das ist ein Gleichwort für *Libyen und die ozeanischen Küsten der Iberischen Halbinsel.* Zur selben Wurzel rechnet man *Aby-staioi, Abyo-staioi = Schlangenleute,* der Name eines Libyervolkes. (STEPH. BYZ. 415; KARST 349).

Ein unheimlicher Hintergrund fürwahr; aber auf ihm gewinnt das von mythischem Horror verzerrte Bild der Gorgonen erst einen klaren Umriß: DIODOR nennt sie ein Volk kriegerischer Weiber. Wie ihre Nachbarn, die Amazonen = Amazigh, gehören sie zum weiberrechtlichen Kulturkreis im alten Libyen. Medusa ist kein Scheusal aus dem Märchen, aus Alpträumen oder sonstigen absurden Herkünften; sie ist ein weiblicher Häuptling wie Myrina. Die Etymologie der Namen aus dem Libyschen oder Ägyptischen fehlt noch (Gorgonen von äg. *gorch = Nacht?* Medusa von äg. *meddu = Körperteil einer Schlange?*); dagegen schimmert aus dem griechischen Bild der Medusa eine kulturelle Sonderstellung des Gorgonenvolkes hervor: offenbar war es einem Schlangenkult ergeben, der die Phantasie der entfernten Völker mit Grausen erfüllte. Der weibliche Häuptling, zugleich Priesterin, trug das Bild des Gottestieres nicht nur als Herrschersymbol auf dem Haupt, sondern verschmolz mit der Gottheit selber. Die ägyptischen Kronen lassen vermuten, daß die Königin Medusa einen Kopfputz aus ausgestopften Kobrabälgen trug, was für fremde Besucher den schrecklichen Eindruck noch verstärkte. Möglich, daß mit dem Schlangenkult auch barbarische Opferzeremonien verbunden waren, so daß die Schlangenkönigin und -priesterin den Griechen, die den libyschen Westen zunächst nur aus Hörensagen und greulichen Tiergeschichten kannten, als menschenwürgendes Ungeheuer und als Dämonin erschien.

Weitere libysch-ägyptische Motive in den Sagen von Perseus und Herakles

Perseus aus Ägypten:

Die Urmutter des Perseus hieß *Jo* und wurde von Zeus geliebt. Um sie vor seiner eifersüchtigen Gattin Hera zu verbergen, verwandelte er sie in eine silberweiße Kuh. Hera durchschaute jedoch den Schwindel, verschaffte sich mit List die Kuh als ein Geschenk von Zeus und übergab sie einem hundertäugigen Riesen, der sie an einen Baum fesselte und Tag und Nacht bewachte. Zeus sandte den Hermes zur Befreiung. Dieser schläferte durch sein Flötenspiel und durch Berührung mit seinem Zauberstab den vieläugigen Wächter ein und schlug ihm dann mit seinem Sichelschwert den Kopf ab. Hera schickte jedoch eine Stechfliege, und diese jagte die Kuh durch Hellas, Illyrien und Thrakien über den Bosporus bis nach Ägypten. Dort fand sie endlich Ruhe, erhielt ihre menschliche Gestalt wieder und gebar das Kind des Zeus, den Epaphos. – »Der Kern der Jo-Sage ist unerklärbar« (KRÖNER, Wb. d. Antike, 1955). Warum eigentlich? Die Lösung zeichnet sich bereits an den Namen und Gestalten ab.

Die weiße Kuh, die um die Erde kreist, ist eine Lunargestalt; die Mondsichel wird mit den Hörnern einer Kuh verglichen, und dazu kommt die Silberfarbe. Der Name *Jo* führt geradewegs zum ägyptischen Mondgott *Jach,* kopt. *ioch, ooch, aach.* Das weibliche Geschlecht der Jo, wohl unter dem Einfluß der Mondgöttin Selene, darf nicht stören; auch in Ägypten ist der Mond zeitweise weiblich: die Epoche Ramses II. kennt eine Mondgöttin mit Ibiskopf (gebogener Schnabel als Mondsymbol); desgleichen wurde die Göttin Nechbet als Mondgöttin verehrt. Das Kind *Epaphos* wurde schon in der Antike mit dem *Apis-Stier* gleichgesetzt; er gilt als Stammvater der Ägypter und Vater der Libya (HERODOT II 153); ebenso hat der Apis eine alte Beziehung zum Mond, äg. = *Stier des Himmels.* Der Ur-Urenkel Perseus wie auch die Gorgonensage waren im ägyptischen Chemmis bei Theben bekannt; im Tempel der Stadt stand eine Statue des Perseus (HERODOT II 91).
Auch *Hermes,* der dem Perseus auf dem Zug gegen die Medusa das Sichelschwert gab, ist nicht der griechische Gott, ebensowenig in der Jo-Sage. Er führt nie eine Waffe; sein Attribut ist der Zauberstab *(rhábdos)* in Form eines Hirtensteckens; dieser dient zur Versenkung des Gegners in magischen Schlaf. Dagegen hat der ägyptische *Thot,* den die Griechen mit ihrem Hermes gleichsetzten, ein Sichelschwert. Thot ist nach der älteren Auffassung der *Herr des Mondauges* und spielt als solcher auch die Rolle des *Mondbefreiers:* »Er sucht und findet das Entschwundene, er fängt es ein und bringt es zurück« (nach der finsteren Neumondzeit), wie

es Hermes tut, wenn er die gefangene Mond-Jo aus der Gewalt des hundertäugigen Riesen (des mondlosen Sternhimmels) befreit. Seit dem Neuen Reich verschmilzt Thot mit dem thebanischen Mondgott *Joch* zu einer Person *Joch-Thot.* Aus dem Wesen des Thot erklärt sich auch der Hermes mit dem Sichelschwert. Schon ältere Texte des Alten Reiches vergleichen die Mondsichel mit einem Messer und deuten sie als Waffe, die Thot führt: mit ihr schneidet er, den man selbst den *Schneidenden* nennt, die Köpfe der Frevler ab (BONNET 470), wie Hermes dem Wächter der Jo und Perseus der Medusa.
Unter diesem Blickwinkel treten noch andere Parallelen aus dem Schatten. Jo schwimmt auf der Flucht vor der Stechfliege Heras durch den Meeresarm, der dann nach ihrer Kuhgestalt Bosporus = Rinderfurt genannt wird; im ägyptischen Mondmythus rettet sich das Mondauge *auf der Flucht vor dem Dämon Seth über einen himmlischen Wasserlauf.* Die Mondkuh Jo wird von einer Stechfliege vorwärtsgetrieben; in Ägypten wird die Mondscheibe, ähnlich wie die Sonne, *von einem Skarabäus mit ausgebreiteten Flügeln vorwärtsgeschoben.* (BONNET 473; 470)
Alles in allem erweist sich der Jo- und Perseusmythus als eine Sage aus dem libysch-hamitischen Kulturkreis. Sie wurde aus der libysch-hamitischen Grundschicht im vorgeschichtlichen Hellas von den frühgriechischen Eroberern übernommen, mit eigenen Sagenmotiven vermischt sowie auch gründlich mißverstanden und umgestaltet. Unerklärbar aber ist sie nicht.

Herakles' Zweikampf mit Antaios, dem Würger von Libyen, und die ägyptische Sage von Antui, den zwei kämpfenden Göttern

Auf seinem Raubzug zur Roten Insel stieß Herakles in Libyen mit Antaios zusammen, einem Sohn des Poseidon und der Erdgöttin Gaia. Antaios war Herrscher des Landes; er forderte jeden Fremden zum Ringkampf heraus und erschlug den Unterlegenen. Die Schädel der Unglücklichen pflanzte er auf dem Tempel seines Vaters auf. Er selbst wurde nie besiegt; denn sooft er zu Boden geworfen wurde, empfing er aus der Berührung mit seiner Mutter Erde verdoppelte Kräfte. Herakles merkte bald, woran er war, riß den Gegner vom Boden weg in die Luft und brach ihm dort, wo er keine neuen Kräfte mehr empfangen konnte, das Rückgrat.

Antaios war ein Heros vieler Stämme von der Libyschen Wüste bis zum Atlantik. Auf der Kyrenaika hielten ihn die Ahnen der heutigen Beni Irasen für einen ihres Stammes, dessen damaliger Hauptort Irasa als Wohnsitz des Antaios galt. Weiter westlich wurde er in Numidien verehrt. In Mauretanien leitete sich das Königsgeschlecht ab von Herakles und dem Weib des Antaios. Als Ort des Zweikampfes wurde Lixus genannt (El Araisch). Nicht weit von Tingis (Tanger) zeigte man einen Hügel als das Grab des Riesen. Tingis, eine der ältesten Städte Marokkos, soll von Antaios gegründet worden sein. Als der römische Feldherr Sertorius im 1. Jh. v. Chr. die Stadt einnahm, ließ er den Grabhügel öffnen, um zu sehen, ob das Skelett des Riesen wirklich so groß sei, wie es die Überlieferung erzählte. Zu seiner Überraschung maß es 60 Ellen (30 m). Sertorius befahl sofort, das Grab wieder zu schließen, und brachte dem Toten die Opfer dar, die einem Heros zukommen. Die Gebeine waren, wie man heute meint, die eines gestrandeten Wales.

Das Motiv des Zweikampfes selbst ist ägyptisch. Im 10. oberägyptischen Gau (400 km stromaufwärts von Kairo) lag die Kultstätte eines Gottes *Antui.* Ursprünglich waren es zwei Götter in Gestalt eines Raubvogelpaares: *ant-ui = die beiden Krallenbewehrten.* Als der Kult des großen Falkengottes Horus alle lokalen Falkenkulte an sich zog, wurde das Paar Antui als *Horus und Seth, die beiden kämpfenden Götter,* verstanden und blieb noch lange getrennt in *Horus, den Sieger, und Seth, den Besiegten.* Bei dem Heiligtum des Antui fand nach DIODOR (I 21) der Endkampf zwischen Horus und Seth statt:

»Der Kampf fiel am Ufer des Flusses vor, in der Nähe eines Dorfes, das jetzt Antaios heißt (richtiger Antaiupolis = Stadt d. A.); es liegt gegen Arabien zu (= am Ostufer des Nil) und hat seinen Namen von dem durch Herakles überwundenen Antaios, einem Zeitgenossen des Osiris.«

Hier tritt, wie ich meine, der Zusammenhang, den DIODOR nicht erkennen konnte, zutage: der Zweikampf zwischen Horus und Seth, in der verfilzten Mythologie der Ägypter auch mit dem Götterpaar Antui verquickt, ist als Zweikampf zwischen Herakles und Antaios auch irgendwann in das Rankenwerk der Sagen um Herakles verflochten worden, der hier die Züge des Horusbildes übernommen hat. Außerdem gibt es einen Gott *Anti = der Krallenbewehrte,* ebenfalls einen Falkengott, im benachbarten 12. oberägyptischen Gau, der in der Spätzeit mit dem Kult des Antaios und Horus vermischt wurde. Die griechische Form *Antaios* geht also sicher auf das ägyptische *anti = Krallenbewehrter, Raubvogel* zurück. Der älteste Kern der Antaios-Episode ist also wohl der Kampf eines unbekannten, aus dem Norden stammenden Helden oder Volkes (»Herakles«) mit dem Häuptling eines mächtigen libyschen Falken-Clans (»Antaios«) an der libyschen Küste, und zwar, wenn wir der Tradition folgen dürfen, von der Kyrenaika bis an die atlantische Küste

Mauretaniens. – Wieder eine Erinnerung an die sog. »Herakleszüge« im Atlanterkrieg bis zum westlichen Ozean?

Der Fremdenschlächter Busiris und die Menschenopfer im alten Ägypten

Ein den meisten Lesern wohl recht ungewohntes Bild des alten Ägypten enthüllt die Sage von Busiris. Dieser war König von Ägypten, so erzählen die Griechen, und tötete wie sein Bruder Antaios alle Fremden, die an seine Küste verschlagen wurden, zu Ehren der Götter. Auch Herakles sollte dieses Schicksal erleiden. Er ließ sich aus Spaß bis zum Altar zerren; doch dann zerriß er seine Fesseln und brachte alle Gegner mit den bloßen Händen um. – Schon DIODOR (I 88) zeigt den historischen Hintergrund auf: »Auch Menschen, die mit Typhon (Seth) dieselbe Haarfarbe haben, wurden einst von den Königen am Grab des Osiris geopfert. Übrigens findet man bei den Ägyptern nur wenige von rötlicher Haarfarbe, mehr aber unter den Fremden. Daher hat sich bei den Griechen die Fabel von der Ermordung der Fremden durch Busiris verbreitet; denn Busiris ist nicht der Name eines Königs, sondern das Grab des Osiris hat in der Landessprache diesen Namen.« – Der Ausdruck für das Grab des Osiris, *Per-Usire = Haus d. O.,* wurde von den Griechen zu *Busiris* zusammengezogen. Mehrere Städte legten sich diesen Namen bei; einer davon hat sich als arab. *Abusir* am Nilarm von Damiette erhalten.

Skelettfunde aus den Gräbern der 1. Dynastie nach 2900 bezeugen, daß bei der Bestattung der Könige Diener und Frauen getötet und neben ihrem Herrn beigesetzt wurden, um dort ihre Dienstleistungen weiter für ihn zu verrichten. Auch gefangene Feinde wurden geopfert. Es gibt Beweise für die Abschlachtung von Gefangenen noch in der 18. und 19. Dynastie (rund 1600–1200). Auf den Wänden der späten Tempel von Edfu, Dendera und Philae sieht man Menschenopfer dargestellt. In Edfu stehen Trümmer eines Altares, der nach seinem Reliefschmuck für den blutigen Kult bestimmt war. Die Opfer galten dem Osiris, vor dem man einen Menschen abschlachtet, der mit dem Kopf des Seth-Tieres maskiert ist, oder dem Kampfgott Horus, dessen Hilfe der Pharao zu erlangen sucht, indem er vor dem Bild des Gottes gefesselte Gefangene mit der Lanze ersticht. Zu Beginn der 18. Dynastie verbot Ahmose (um 1570) den Ritus der Menschenopfer zu Heliopolis:

»Männer wurden der Hera (Hathor) geopfert; man prüfte sie wie die reinen Kälber, die man aussucht und mit dem Siegel markiert. Drei Männer opferte man jeden Tag. Aber Ahmosis befahl, daß an ihrer Statt dieselbe Anzahl von wächsernen Puppen dargebracht wurde.« – (MANETHO »Über alte Rituale und Religionen« bei PORPHYRUS fragm. 85)

Eine stereotype Darstellung des Königs als Sieger zeigt den Herrscher, wie er einen Feind, der vor ihm niedergesunken ist, beim Schopf packt und die Keule zum tödlichen Schlag erhebt. Die mörderische Pose trägt meist nur noch symbolischen Charakter; dahinter steckt aber ein ursprünglich echter Brauch. Amenophis II. (um 1420) erschlug mit der Keule eigenhändig sieben rebellische Fürsten Syriens vor dem Gott Amun. Die Leichen wurden in verschiedenen Städten zur Schau aufgehängt. Eine wurde, am Bug eines Kriegsschiffes baumelnd und wahrscheinlich mit Natron konserviert, bis in den Sudan hinaufgeschafft und den Nubiern zur Warnung in ihrer Hauptstadt Napata ausgestellt.

Im Neuen Reich kamen also noch Menschenopfer vor. In Theben wurde anläßlich der Beisetzung eines vornehmen Mannes das Totenritual nach altem königlichem Brauch vollzogen, wobei man nubische Höhlenbewohner mit Stricken erwürgte. In der Römerzeit schrieb der Grieche SELEUKOS unter Kaiser Tiberius (um 20 n. Chr.) einen Bericht über Menschenopfer in Ägypten. Nach einer allerdings angezweifelten Behauptung des Mönches RUFINUS (um 400 n. Chr.) fand man im Serapistempel zu Alexandria abgehauene Kinderköpfe mit vergoldeten Lippen.

Abgesehen von derlei Einzelfällen wurden seit dem Ende der Frühzeit die Menschenopfer fast überall durch Tieropfer ersetzt. Doch lebte der alte Brauch in der Erinnerung fort; auf dem Siegel der Urkunden der Totenstadt von Theben waren bis in die Zeit der Ptolemäer gefesselte, der Schlachtung harrende Feinde eingraviert. Auch das Siegel, das den Opfertieren als Zeichen der Makellosigkeit aufgedrückt wurde, zeigt einen knienden Mann mit rückwärts gefesselten Armen und einem Messer an der Kehle. Man war sich bewußt, daß das Opfertier nur stellvertretend für einen Menschen dargebracht wurde, und so konnte der barbarische Brauch der Urzeit bei besonderen Anlässen immer wieder durchbrechen.

Die Amaltheia-Episode

Amaltheia war, nach dem Bericht über den libyschen Dionysos, die Geliebte des Ammon. Eine Libyerin der Vorzeit kann aber nicht den Namen *Amaltheia* getragen haben; dieser ist griechisch = *die milchgebende Göttin* und im Sagenkreis von Kreta beheimatet. Über diese Insel hinaus hat offenbar noch niemand gedacht.

Nach der kretischen Variante des Dionysosmythus rettete Rhea ihren neugeborenen Sohn Zeus vor den Nachstellungen seines Vaters Kronos. Dieser fürchtete, dereinst durch seine Kinder vom Thron gestoßen zu werden, und verschlang deshalb jedes, kaum daß es seine Gattin zur Welt gebracht hatte. Rhea überlistete ihn jedoch, indem sie ihn statt Zeus einen in Windeln gewickelten Stein schlucken ließ. Unterdessen versteckte die Erdgöttin Gaia das Kind in einer Höhle auf dem Aigaion oros = Ziegenberg, dem nachmaligen Ida auf Kreta. Amaltheia war eine Ziege, die das Zeuskind säugte. Die spätere Sage verlieh ihr menschliche Züge als Nymphe, die das Kind mit Ziegenmilch nährte.

Die Parallelen zum Mythus des libyschen Dionysos liegen auf der Hand: bedrohter Thronerbe, Versteck in einer Höhle, Nymphen säugen und erziehen das Kind. In Wirklichkeit versteckt ja auch diese kretische Fassade ein uraltes afrikanisches Sagenmotiv:

Als Seth seinen Bruder, den König Osiris, erschlagen und den Fischen zum Fraß vorgeworfen hatte, flüchtete Isis, die Witwe des Ermordeten, in die Schilfsümpfe des Deltas. Auf der Insel Chemmis, äg. *ach-ebit = Papyrusdickicht der Biene* (*bit* = Wappentier der unterägyptischen Könige), gebar sie ihren Sohn Horus, den rechtmäßigen Thronerben. Um ihn den Nachstellungen des Usurpators Seth zu entziehen, löste die Schutzherrin der Gegend, die Kobragöttin Uto, das kleine Eiland vom Untergrund des Flusses und machte es schwimmend. So wechselte es stets den Ort, und Seth konnte das Versteck nicht finden.

Doch jetzt kommt das Entscheidende: im ältesten Glauben der Ägypter ist nicht Isis die Gemahlin des Osiris und Mutter des Horus, sondern *Hathor (hat-hor = Haus des Horus, im Sinn von Mutterschoß).* Die Göttin wurde in Gestalt einer heiligen Kuh verehrt. Das milchspendende Tier, das den verfolgten neugeborenen Knaben schützt und nährt, ist also, entsprechend der altsaharischen Rinderhirtenkultur, eine göttliche Kuh.

Auf dem gebirgigen Kreta mit seiner Kleinviehzucht herrschte vor der Einführung des minoischen Stierkultes der Kult einer Ziegengöttin. Als in der frühen Geschichte libysch-hamitische Wanderwellen die Insel erreichten, gelangte das ägyptische Original der Sage auch dorthin, wurde aber von den Kretern ihrem eigenen Ziegenkult angepaßt und so an die Griechen weitergegeben, und diese formten das Motiv nochmals zu einer Legende ihres Hochgottes Zeus um. Viele hundert Jahre später stöberten die Alexandriner Mythographen den Bericht des TYMOITES aus dem libyschen Nysa auf. Dieser Bericht war vielleicht schon in die kretische Version mit der Ziegengöttin Amaltheia umgewandelt worden; denn in dieser Gestalt hat ihn DIODOR aus den Abschriften des DIONYSIOS LEDER-ARM übernommen.

Doch Ägypten war selber nur eine Zwischenstation auf dem Wanderweg

Die Göttin Hathor säugt als Kuh den jungen Amenophis II. als den »lebenden Horus«. – Bemalte Plastik aus dem Tempel von Deir el-Bahari, 18. Dynastie, Kairo. (HAAS) Hier klingt das alte, echte »Amaltheia-Motiv« in seiner ursprünglichen Gestalt an: Hathor, die Mutter des von Seth verfolgten Horus, des legitimen Thronerben nach der Ermordung des Osiris, nährt das Kind im Versteck auf der Insel im Nil = Triton.

des Mythus gewesen. Denken wir zurück an die libysche Fassung: als Versteck des bedrohten Thronerben (Dionysos) dient eine Höhle in einem schwer zugänglichen, von Urwald und Dickicht umwucherten Bergkessel auf einer Insel (Nysa), die ein Fluß (Trition) umströmt. Demgegenüber bringt die ägyptische wie die kretische Fassung je nur eine Hälfte dieser Ortsangaben. Im Nildelta gibt es keine Berge und Höhlen; also hat der Mythus dort nur das Motiv der von Strom und Dickicht geschützten Insel aufbewahrt. Auf Kreta finden sich keine großen Flüsse mit Inselverstecken, wohl aber wilde Gebirge mit Höhlen; daher ist dort nur das Höhlenmotiv übriggeblieben.

Man wird zugeben, daß die libysche Fassung, die nicht aus Teilstücken besteht, sondern alle Landschaftsmotive in einer geschlossenen Einheit enthält, die älteste und ursprüngliche sein muß. Der Nil und der heutige Igharghar in der Westsahara führten bei den Griechen den gemeinsamen Namen *Triton*. Das wirft die Frage auf: gehört der Osiris-Mythus in seiner Urfassung – mit der Hathor-Kuh, die das bedrohte Horuskind auf dem Inselversteck im Nil = Triton säugt – nicht überhaupt zum westsaharischen Triton = Igharghar, wohin ihn auch der Bericht vom libyschen Dionysos = Osiris verweist?

Die »singenden Hesperiden« und die Liederhöfe der Tuareg

Der Himmelsträger Atlas hatte sieben Töchter, die seine Gärten am Westrand der Erde bewachten: die *Hesperiden = die Abendlichen, Westlichen,* nach ihrem Vater auch *Atlantiden* genannt. Sie waren nicht nur wegen ihrer Schönheit berühmt, sondern auch wegen ihres Gesanges. Schon um 700 v. Chr. dichtete HESIOD: »Atlas hält unter mächtigem Zwang die Breite des Himmels an den Enden der Erde bei den *singenden Hesperiden.*« (Theog. 517 f) – Woher das merkwürdige Beiwort? Es gehört auch bei allen anderen Dichtern zu der typischen Vorstellung von den Hesperiden. EURIPIDES preist *Hesperos' holdsingende Jungfrauen* (in Hippolytos); APOLLONIOS RHODIOS nennt sie Nymphen *mit schönen Gesängen* (Argon. IV 1390), und so könnte man die Beispiele fortsetzen. – Alltägliche Liedchen, wie sie ein Hirte vor sich hinsummt, oder ein Gesang bei der Hochzeit oder beim Tanz finden nirgends eine solche Bedeutung, daß sie als typisches Merkmal eines Personenkreises in den Mythus eingehen und sich dort über viele Generationen erhalten. Sollte also eine außergewöhnliche Sitte, eine besondere Art von Liedern oder Musik gemeint sein, die sich von den Bräuchen der Nachbarvölker unterschied und dadurch deren Aufmerksamkeit erregte? – Bei diesem Punkt der Überlegung zerreißt plötzlich der mythische Schleier und gibt den Blick frei auf eine Szenerie, die man heute noch in der Sahara erleben kann:

Sterne über Sand und Palmen. Niedrige Zelte aus blutrot gefärbtem Zebu- oder Ziegenleder. Rote Glut des Lagerfeuers. Um das Feuer ein Kreis dunkelblau gekleideter Männer und Frauen. Die Männer sind bis unter die Augen verschleiert; die Frauen tragen das Antlitz offen. Eine von ihnen spielt die Amsad, ein violinartiges Instrument. Der Schallkörper besteht aus Ziegenleder, die einzige Saite aus Pferdehaar. Streicht man mit dem krummen Bogen darüber, erklingen weiche, dunkle Töne. Jetzt singt ein Mann, dann antwortet eine Frau, wie es sich gerade aus den Liedertexten ergibt.
Was hier Auge und Ohr fasziniert, ist der *Ahal,* der Lieder- und Liebeshof der Tuareg. Bei diesen Zusammenkünften erfinden die jungen Männer Gedichte zu Ehren ihrer Angebeteten; aber auch Frauen, ob verheiratet oder nicht, verleihen ihren Gefühlen stolz und frei Ausdruck. Die Veranstaltung steht unter der Leitung einer des Gesanges und der Poesie

kundigen Frau. Alle Stämme haben ihre Troubadoure, ihre Minnesänger, und nichts steht höher in der allgemeinen Wertschätzung als diese Kunst. Einige Beispiele:

»Ihr Männer, sagt, was denkt ihr von Tedinit, / wenn sie ihre Lider färbt mit Antimon? / Herrlicher ist sie als die Kamelstute auf der Düne, / als die Stuten, wenn sie um das Lager wandern. / Geschmeidiger ist sie als die Gazellen, / wenn sie einander folgen, flüchtend vor dem Jäger.«
»O die Augenbrauen und weißen Zähne meiner Frau! / Ihr Haar ist mit gelber Butter gefettet und spiegelt Sonne und Mond. / Und ihr Auge ist rund wie der Kreis im Wasser, / wenn der Stein es zerteilt.«
»Dinbiden macht sich heute wie ein Panther schön, / dort unterm Deg'elet und Afarfar-Baum. / Sie ißt nichts, sie tut nichts, keiner kommt ihr gleich. / Sie ist besser als Datteln, besser als Datteln, Hirse und Käse zusammen. / Besser noch als der schattenreiche Teraket-Baum im weiten Sand. / Bringt noch Holz fürs Feuer, klatscht in die Hände, / es ist gut, Feste zu feiern. / Denn o Gott, bald stirbst auch du! / Wie vielen wird kein Hochzeitsbett mehr aufgestellt. / Ihr, die ihr sagt, daß ich Kiiâr liebe, / ich neige mich gegen sie mit einer Leidenschaft, / die nie ein lebendes Mädchen erlebte. / Alles, was ihr über meine Liebe zu ihr sagt, ich nehme es an.«

Stolz und Freiheit der Frau kommen am leidenschaftlichsten zum Ausdruck in einem Lied, das um die Jahrhundertwende eine Frau der Iforas-Tamaschek sang. Lalla, die Tochter des Amenokal (= arab. Scheich) Illi, hatte einen angesehenen Mann namens Tiub geheiratet. Das hinderte sie nicht, den jungen Mussa ag-Amastan glühend zu lieben und ihm zu gestatten, daß er sie in ihrem Zelt besuchte. Tiub erfuhr davon und machte ihr Vorwürfe. Da sang sie in seiner Gegenwart beim nächsten Ahal:

»Tiub, möge auch dein Vater davon sterben: / Nicht seinesgleichen hat Mussa ag-Amastan. / Jung ist er und ein Mann, für die Liebe geschaffen. Was er verlangt von mir, er wird es haben. / Lalla, die Tochter Illis, ist es, die dir dies sagt.«

Tiub wagte nicht, seine Frau zu verstoßen. Mussa aber, der später Amenokal der Ahaggar-Tamaschek wurde, schenkte ihr sein weißes Rennkamel, als er von diesem Lied erfuhr.
Besonders gut gelungene Lieder singt man immer wieder, so daß sie nie vergessen werden. Früher waren Kriegs- und Heldenlieder beliebt; in zahllosen Strophen wurden Taten mutiger Männer besungen. Seit der Befriedung der Tuareg hat man dafür keinen Stoff mehr; geblieben sind bis heute die Liebeslieder. (Texte nach H. KAUFMANN, Reiten durch Iforas, München 1958, und R. Gardi, Sahara, Bern 1967).
Ob die *singenden Hesperiden, die Töchter des Atlas, die Atlantiden,* in ih-

ren Oasengärten ähnliche Lieder sangen, Lieder von Liebe, Leidenschaft, Stolz und Freiheit, bei den abendlichen Zusammenkünften um das Feuer? Denn die Tuareg mit ihren Troubadours, ihren musik-, dicht- und sangeskundigen Frauen und ihren in Nordafrika einmaligen Liederhöfen sind – daran kann für mich kein Zweifel bestehen – mit diesen *singenden Hesperiden* gleichen Blutes. Sie sind ihre Urenkel und die Erben ihrer Kunst und ihrer Bräuche.
In Hellas durften die gutbürgerlichen Frauen nicht einmal aus dem Haus, um auf dem Markt einkaufen zu gehen. Was Wunder, daß die ersten Gerüchte über die freien, selbstbewußten Libyerinnen wie eine Mär von Halbgöttinnen in den Ohren der Griechen klangen!

Das Ungeheuer von Zabirna und die Drachenkampfmythen des Sudan

Nach einem langen Marsch durch wasserlose Wildnis schlug Dionysos ein Lager auf »bei *Zabirna,* einer Stadt in Libyen. Hier erlegte er ein erdgeborenes Ungeheuer mit Namen *Kampe,* das viele Einwohner getötet hatte.« (DIODOR III 72). – Das griechische *kampe* = *Raupe, Spannerraupe, die sich durch Zusammenkrümmen fortschnellt,* beschreibt das Vieh nach seiner Geschmeidigkeit und der Art seiner Fortbewegung. Es gehört wohl in die abenteuerlichen Kapitel von den Riesenschlangen in Libyen.

Nach dem Textzusammenhang lag *Zabirna* auf dem Weg zwischen Nysa im Wed Igharghar und der Oase Siwa. Diese relativ genaue Fixierung klingt nicht nach einem Phantasieort, sondern nach echter Geographie. Tatsächlich läßt sich der Name im sudanischen Kulturkreis nachweisen. Eine Stadt und einen Distrikt *Zaberma* gibt es im Land der Haussa, etwa 400 km unterhalb des Nigerknies. Die Sprache der Haussa stellt einen Zweig der hamito-semitischen Sprachfamilie dar, wie auch die gesamte westsudanische Kultur zum altmediterranen Ausstrahlungsbereich gehört. Die Entfernung zwischen dem alten *Zabirna* des libyschen Dionysosmythus und den jetzigen Haussa am Niger spielt um so weniger eine Rolle, als die Sudanvölker vor der Austrocknung der Sahara viel weiter nördlich wohnten. Angehörige dieser Gruppe hausten noch in der Antike am Nordrand der heutigen Wüste (Melano-Gaetuli = dunkle Gätuler, und Leuk-aethiopes = helle Äthiopen); in den Kufra-Oasen saß ein Rest sogar noch in der Neuzeit bis zur Eroberung durch die semitischen Araber. Im frühen Mittelalter, um 1100, waren dic Haussa in die Oasen Air und Damergu abgewandert; von dort wurden sie dann abermals

südwärts verdrängt, in ihre heutigen Wohnsitze im Hochland zwischen Sokoto und Bornu. Der prähistorische Städtename *Zabirna* in Libyen kann also durchaus dem heutigen sudanischen *Zaberma* entsprechen und darf als historisch echt angenommen werden.
Hängt *Zabirna* mit dem Haussawort *birni* = *Wall, Mauer* zusammen? Städtenamen dieses Typs finden sich massenhaft in den Guinea-Ländern: *Birni* (Dahome); *El Birni* (bei Kuka, Tschad); ferner in Zusammensetzungen: *Logene-Birni, Sabon-Birni, Birnin, Birni n-Kaura, Birnin Kebbi, Birnin Konni, Birnin Kudu* (Tschad, Niger, Nigeria). Hierzu muß man eine Drachenkampf-Geschichte anhören, die man sich in Sokoto erzählt:
Der Held, ein schlauer, junger Spitzbube namens Dan Auta, kommt auf seiner Wanderung durch den Busch zu einer großen Stadt:

»Die Stadt war mit einer mächtigen *Birni* (Mauer) umgeben. In dieser Mauer war ein großes eisernes Tor, das wurde jeden Abend geschlossen, wenn es dunkel war. Denn jeden Abend, wenn es dunkel wurde, kam ein gewaltiger Dodo . . .«

Dodo bedeutet einen Wasser- oder Flußdämon in der Gestalt einer großen Schlange, oft auch eines Alligators: so in Wukari, wo Dodo »qua qua qua wie ein Alligator« aus dem Wasser spricht und »Hände und Füße« hat. Die Form *dodo* ist wohl eine Verdoppelung, um die Größe des Untiers anzudeuten; im Tschamba von Adamaua ist *do* = *Schlange, Wasserschlange;* im Sonrhai *da* = *Geist, Wasserdämon.* – Wenn das Ungeheuer kommt, darf niemand einen Laut von sich geben, sonst kann der Dodo in die Stadt hinein und die Leute töten. Dan Auta ersinnt einen Plan. Er macht hundert faustgroße Steine auf einem Holzfeuer glühend heiß und steigt mit Anbruch der Nacht

»auf die *Birni.* Dan Auta sah Dodo aus der Ferne kommen; denn Dodos Augen leuchteten wie die Sonne und wie Feuer. Dan Auta hörte Dodo; denn Dodo sang mit starker Stimme durch den Busch hin: ›Wer in dieser Stadt ist wie ich, Dodo!‹ – Als Dan Auta das hörte, sang er von der *Birni* herab in den Busch dem Dodo entgegen: ›Ich bin wie du in dieser Stadt, ich bin wie du, ich, Auta!«

Da nun einer das Gesetz des Schweigens durchbrochen hat, glaubt das Ungeheuer, Macht über die Stadt erlangt zu haben. Es tritt hinauf auf die *Birni* und brüllt seinen Vers. Da

»zitterte das eiserne Tor und zitterten alle Häuser; es war, als wenn tausend Schmiede gleichzeitig den Amboß schlagen und als wenn zehn Gewitter über einen Fluß donnern. Alle Bäume in der Stadt verdorrten unter dem Feuer, das aus den Augen Dodos leuchtete . . .« – (Dan Auta aber fordert ihn weiter heraus) – »Da stieg Dodo von der *Birni* (d. h. jetzt auf der Innenseite). Wo er hintrat, splitterte der Boden auf. Wo Dodo die Augen hinwandte, klappten die Häuserwände auf. Dodo öffnete den Mund . . .«

und da wirft ihm Dan Auta nacheinander die hundert glühenden Steine in den Rachen, so daß das Untier verendet. Der Sieger schneidet ihm den Schweif ab und beweist am nächsten Morgen mit dieser Trophäe seine Tat. Er wird reich belohnt mit Frauen, Sklaven, Tieren und Kleidern und erhält die Herrschaft über die halbe Stadt. »Seit der Zeit Dodos aber ist es, daß die Haussa um ihre Städte *Birnis (= Wallmauern)* bauen.« – (FROBENIUS, Atlantis, Bd. 74. – Dort auch eine Variante des obigen Mythus aus Kano).

Mir scheint es doch sehr einleuchtend, daß die Episode von Zabirna bei DIODOR und der alte heidnische Komplex der sudanischen Drachenkampfmythen eng zusammengehören, und daß wir mit dem Dionysos-Abenteuer wieder ein Stück Nordafrika aus dem alt-mediterranen Kulturkreis zu fassen bekommen haben. Für mich beweist es nicht nur den hervorragenden Wert von DIODORS Exzerpten und die Zuverlässigkeit der Alexandriner Quellen; ich sehe darin auch wieder eine neue und überraschende Farbe für das bisher so umstrittene Bild des griechischen Dionysos.

Literatur und Karten

(Aus Gründen der Übersichtlichkeit steht hier nur eine Auswahl der für die einzelnen Sachgebiete benutzten Unterlagen)

A) Texte

PLATON: Atlantisbericht

Platonis opera. – Oxford Classical Texts, Bd. IV (griech. Urtext)

Platon, Sämtliche Werke. – Rowohlts Klassiker der Literatur und Wissenschaft, Bd. V, 1960. – Nach der Übers. v. Friedr. Schleiermacher u. Hieronymus Müller mit der Stephanus-Numerierung.

Platos Atlantis-Erzählung. – Eine Neu-Übersetzung im Anhang zu J. V. LUCE: Atlantis – Legende und Wirklichkeit. – Reihe »Neue Entdeckungen der Archäologie«. – A. d. Engl. bei Lübbe / Bergisch-Gladbach 1969.

DIODOR: Die Alexandriner Sahara-Berichte

Diodorus Siculus. – Loeb Classical Library, Bd. II u. IV. (griech. Urtext mit engl. Übers. u. Anmerk.) – Heinemann / London + Harvard University Press.

Diodor's von Sicilien historische Bibliothek. – Griech. Prosaiker in neuen Übers., Bd. 20, hrsg. Tafel, Osiander, Schwab. – Stuttgart 1827.

HERODOT: Berichte über Ägypten und Libyen

Herodoti Historiae. – Oxford Classical Texts, Bd. I (griech. Urtext)

Herodot Historien. – Deutsche Gesamtausgabe mit Erläuterungen. – Kröner / Stuttgart 1959.

Sonstige Texte zur Geschichte u. Geographie

NONNOS, Dionysiaka. – Übers. v. Thassilo v. Scheffer. – Bruckmann / München 1933

APOLLONIOS RHODIOS, Die Argonauten. – Übers. w. o. – Dieterich / Wiesbaden 1947

HESIOD, Sämtliche Werke. – W. o.

B) Geographische Namen

STEPHAN VON BYZANZ, Ethnika. – Akadem. Druck- u. Verl. Anstalt Graz / 1958 (griech. Urtext)

EGLI J. J. Nomina Geographica. – Brandstetter / Leipzig 1893

C) Karten

Tunisie. – Carte Taride Nr. 140. – Paris 1956.

Tunis – Sfax. – NI – NJ 32. 5 – AMS (Army Map Service, Washington. – Nachdruck 1955 v. Afrique 1 : 1,000,000, Institut Géographique National 1948)

Fort Flatters. – NH 32. – (Geographical Section, General Staff Nr. 2465. – War Office 1941, 2nd Edition 1942)

Alger – Laghouat. – N 1–31 & pt. of J 31 (w. o. War Office 1939, nach Service Géographique de l' Armee 1930)
Ouargla. – NH 31. – (w. o. War Office 1940)

D) Felsbilder

LHOTE, Henri: Die Felsbilder der Sahara; Entdeckung einer 8000jährigen Kultur. – Dtsch. b. Zettner / Würzburg – Wien 1958.
GARDI, René, und NEUKOM-TSCHUDI, Jolantha: Felsbilder der Sahara im Tassili n'Ajjer. – Orbis pictus Bd. 52. – Hallwag / Bern – Stuttgart 1969.
BRENTJES, Burchard: Fels- und Höhlenbilder Afrikas. – Schneider / Heidelberg 1965
KÜHN, Herbert: Die imaginativen Felsbilder Spaniens und Portugals. – In »Die Felsbilder Europas«. – Kohlhammer / Stuttgart 1952.

E) Sprachen (Ägyptisch, Berber, Guanche, Sanskrit)

ERMAN, Adolf, + GRAPOW, Hermann: Wörterbuch der aegyptischen Sprache. – Bd. 6: Deutsch-aegypt. Wörterverzeichnis nebst Verzeichnissen der koptischen, semitischen u. griechischen Wörter. – Akademie-Verl. / Berlin + Hinrich / Leipzig 1950
SPIEGELBERG, Wilhelm: Koptisches Handwörterbuch. – Winters / Heidelberg 1921.
FOUCAULD, Charles de: Dictionnaire touareg-francais, Dialecte de l'Ahaggar. – Paris 1952.
WÖLFEL, Dominik Josef: Monumenta linguae canariae. – Die kanarischen Sprachdenkmäler. – Graz 1965.
MACDONNEL, Arthur Anthony: A Practical Sanskrit Dictionary. – Oxfort University Press, London 1924.

F) Enzyklopädien und Kultur-Lexika

BROCKHAUS Enzyklopädie (neueste Ausgabe, Wiesbaden 1966–1974)
PAULY-WISSOWA: Realenzyklopädie der klassischen Altertumswissenschaft. – 1894 ff.
Wörterbuch der Antike. – KRÖNER Bd. 96, Stuttgart 1955.
Wörterbuch der Völkerkunde. – KRÖNER Bd. 205, Stuttgart 1965.
Wörterbuch der Religionen. – KRÖNER Bd. 225, Stuttgart 1962.

G) Vorgeschichte, Kultur, Geographie

Gesamte Welt:

VARAGNAC, Andre: Der Mensch der Urzeit. – 600 000 Jahre Menschheitsgeschichte. – Dtsch. b. Diederichs / Düsseldorf – Köln 1960.
MENGHIN, Oswald: Weltgeschichte der Steinzeit. – Scholl / Wien 1931.

Afrika als Ganzes:

FROBENIUS, Leo: Kulturgeschichte Afrikas. – Phaidon / Zürich 1933.
ALCOBÉ Y NOGUER, Santiago: Die Biodynamik des afrikanischen Kontinents. – In »Historia Mundi« I. – Franckhe / Bern – Lehner / München 1952.

WESTERMANN, Dietrich: Geschichte Afrikas – Staatenbildungen südlich der Sahara. – Greven / Köln 1952.

Sahara und Atlasländer

SCHIFFERS, Heinrich: Die Sahara und die Syrtenländer – Gegenwart, Vergangenheit und Zukunft der größten Wüste der Erde. – Franckh / Stuttgart 1950.
ALIMEN, Marie-Henriette: Die Sahara. – Dtsch. in Fischer Weltgeschichte I: Vorgeschichte. – Frankfurt-Main 1966.
BASCH, Martin Almagro: Das alte Nordafrika. – In »Historia Mundi« II. – Franckhe / Bern – Lehnen / München 1953.
FALLS, Ewald: Siwah, die Oase des Sonnengottes in der Libyschen Wüste. – Kirchheim / Mainz 1910.
BLANGUERNON, Claude: Le Hoggar. – Paris 1955.

Ägypten:

ALDRED, Cyril: Ägypten. – (The Egyptians, London 1959) – Dtsch. bei A. Du Mont Schauberg / Köln 1959.
ARKELL, A. J.: Das Niltal. – Fischer Weltgesch. I.
BAEDEKER: Ägypten und der Sudan. – 8. Aufl. Leipzig / 1928.

Kanarische Inseln:

TORRIANI, Leonardo: Die Kanarischen Inseln und ihre Urbewohner. – Eine unbekannte Bilderhandschrift vom Jahre 1590. – Im italienischen Urtext und in deutscher Übersetzung hrsg. v. Dr. Dominik Josef Wölfel. – Koehler / Leipzig 1940.
HARVARD AFRICAN STUDIES: Vol. VII: The Ancient Inhabitants of the Canary Islands. – Peabody Museum of Harvard University, Cambridge, Mass. U.S.A. 1925

Mittelmeer:

KARST, Josef: Origines Mediterraneae. – Die vorgeschichtlichen Mittelmeervölker, mit Exkursen über Atlantis. – Winters / Heidelberg 1931.
SCHULTEN, Adolf: Tartessos – Ein Beitrag zur ältesten Geschichte des Westens. – Abh. a. d. Gebiet der Auslandskunde, Universität Hamburg. – Cram, De Gruyter & Co / Hamburg 1950.
REGEL, Fritz: Landeskunde der Iberischen Halbinsel. – Göschen / Leipzig 1905.
RANDA, Alexander: Der Balkan, Schlüsselraum der Weltgeschichte. – Pustet / Graz – Salzburg – Wien 1949.
FREUND, Wilhelm: Wanderungen auf klassischem Boden. – Zur Einführung in die Kulturgeschichte der Griechen und Römer. – Wolfarth / Breslau 1889.

H) Religion, Mythologie

Ägypten:

BONNET, Hans: Reallexikon der ägyptischen Religionsgeschichte. – De Gruyter & Co / Berlin 1952.
ROEDER, Günther: Urkunden zur Religion des alten Ägypten. – Diederichs / Jena 1923.

HAAS, Hans: Bilderatlas zur Religionsgeschichte Ägyptens. – Deichert / Leipzig – Erlangen 1925.
JONS, Veronica: Ägyptische Mythologie (Egyptian Mythology, London). – Deutsch bei Vollmer / Wiesbaden 1968.

Übriges Afrika:

BAUMANN, Hermann: Schöpfung und Urzeit des Menschen im Mythus der afrikanischen Völker. – Reimer / Berlin 1936.
FROBENIUS, Leo: Atlantis. Volksmärchen und Volksdichtungen Afrikas. Bd. VII: Dämonen des Sudan. – Bd. IX: Volkssagen aus dem Zentralsudan. – Jena 1921–28.

Griechen:

NILSSON, Martin P.: Geschichte der griechischen Religion. – Beck / München 1950.
ROSE, Herbert Jennings: Griechische Mythologie (A Handbook of Greek Mythology, 1953). – Deutsch bei Beck / München 1955.
RANKE-GRAVES, Robert v.: Griechische Mythologie – Quelle und Deutung. – Deutsch b. Rowohlts Deutsche Enzyklopädie, Rororo 1955.
PINSENT, John: Griechische Mythologie (Greek Mythology, London 1969). – Deutsch b. Vollmer / Wiesbaden 1969)
KERÉNYI, Karl: Die Herkunft der Dionysosreligion nach dem heutigen Stand der Forschung. – Arbeitsgemeinschaft f. Forschung d. Landes Nordrhein-Westfalen, Heft 58. – Westd. Verl. / Köln-Opladen 1956.

I) Zum Problem Satyrn = Pygmäen

GUSINDE, Martin: Die Kongo-Pygmäen in Geschichte und Gegenwart. – Nova Acta Leopoldina Bd. 11 Nr. 76. – Halle / Saale 1942.
SCHEBESTA, Paul: Die Bambuti-Pygmäen vom Ituri. – Institut Royal Colonial Belge, Section des Sciences Morales et Politiques, Mémoires. – Bruxelles 1938.

K) Zur Atlantis-Kritik

DEMM, Gregor: Ist die Atlantis in Platons Kritias eine poetische Fiktion? – Programm d. K. hum. Gymn. Straubing 1904/05.
GADOW, Gerhard: Der Atlantis-Streit. Zur meistdiskutierten Sage des Altertums. – Fischer – Tb. 6210. Frankfurt / M. 1973.